报告

中国劳动关系

（2020~2021）

REPORT OF
CHINA LABOR
RELATIONS

乔健 ◎ 主编

社会科学文献出版社
SOCIAL SCIENCES ACADEMIC PRESS (CHINA)

目 录

Ⅰ 总报告

Ⅱ 专题报告

Ⅲ "一带一路" 特别报告

Ⅳ　国际参考专题报告

总 报 告

General Report

第一章 2020：抗疫复工与迈向 "十四五" 时期的中国 劳动关系

乔 健[*]

摘 要： 2020 年在新冠肺炎疫情巨大冲击的背景下，我国职工就业情况从谷底平稳反弹，调查失业率稳中有落；工资增长由负转正，《保障农民工工资支付条例》施行；社会保险提前完成 "十三五" 规划目标，社保费用 "免减缓" 规模空前；安全生产事故和职业病总量继续下降，全国安全生产专项整治三年行动计划启动；劳动争议案件数量持续攀升，劳动报酬、解除或终止劳动关系是此类案件主要争议标的。本文略述了新冠肺炎疫情对劳动者权益的冲击与我国应对危机的劳动政策，对抗疫复工中劳动关系与劳动者权益保障存在的问题提

---

* 乔健，中国劳动关系学院国际交流合作处处长，教授，主要研究方向为劳动关系、职工状况和工会。

出政策建议。对疫情下我国境外劳动者权益保障面临的问题和政策建议进行了阐述。概述了"十四五"时期我国劳动关系面临的挑战、党的十九届五中全会通过的"十四五"规划建议中新发展阶段的劳动政策要点，并对未来劳动关系发展与政策趋向做出预测。

关键词： 抗疫复工　新发展阶段　"十四五"规划　劳动政策

一　疫情背景下的劳动者权益保障现状

（一）职工就业情况从谷底平稳反弹，调查失业率稳中有落

2020年，面对新冠肺炎疫情的巨大冲击和复杂严峻的国内外环境，在党和政府统筹疫情防控和经济社会发展之下，我国经济稳步增长，国内生产总值达1015986亿元，比上年增长2.3%。分季度看，一季度国内生产总值同比下降6.8%，二季度增长3.2%，三季度增长4.9%，四季度增长6.5%。其中，工业生产加快，高技术制造业和装备制造业实现较快增长。全员劳动生产率为117746元/人，比上年提高2.5%。新产业新业态新模式逆势成长，高技术制造业增加值比上年增长7.1%，战略性新兴服务业企业营业收入比上年增长8.3%。货物进出口总额321557亿元，比上年增长1.9%。①

2020年全年城镇新增就业1186万人，有511万城镇失业人员实现再就业，就业困难人员就业167万人。年末城镇登记失业人员为1160万人，城镇登记失业率为4.24%。年末全国城镇调查失业率为5.2%。全国企业就业职工周平均工作时间为46.8小时。② 2020年全国农民工总量28560万人，比上年减少517万人，同比下降1.8%。其中，本地农民工11601万人，同

---

① 《2020年国民经济和社会发展统计公报》，国家统计局官网，2021年2月28日。
② 《2020年度人力资源和社会保障事业发展统计公报》，人力资源和社会保障部官网，2021年6月3日。

比下降 0.4%；外出农民工 16959 万人，同比下降 2.7%。

截至 2020 年三季度末，102 个城市劳动力市场供求呈现以下特点。一是招聘需求人数和求职人数环比"双下降"，求职人数下降更明显，缺口人数扩大，供求关系仍然偏紧。100 个"最缺工"职业的招聘需求人数，从二季度的 148.9 万人下降到 131.6 万人，下降 11.6%。求职人数从二季度的 74.3 万人下降到 49.2 万人，下降 33.8%。缺口人数从二季度的 74.6 万人上升到 82.4 万人，上升 10.5%。总体求人倍率（招聘需求人数和求职人数的比值）从二季度的 2.00 上升到 2.67，上升 33.5%。从一个侧面反映出，二季度复工复产带来的反弹需求出现回落，市场整体供求恢复常态。二是制造业需求复苏明显。新近排行的 28 个职业中，仪器仪表制造工等 19 个职业与制造业直接相关，占比是 67.9%，在用人短缺程度加大的 15 个职业当中，装配钳工等职业与制造业直接相关，占比是 30%。三是与疫情防控相关的职业用人短缺程度明显缓解。除缝纫工等仍保留在排行榜之内外，其他相关的职业均退出了排行。①

中国人民大学中国就业研究所和智联招聘发布的中国就业景气（CIER）指数也表现出逐月改善的趋势。2020 年年初 CIER 指数急剧下降，3 月达到最低谷的 1.02，4 月开始逐月增长，增长趋势一直持续到三季度末，9 月 CIER 指数为 2.01。与上年同期相比，2020 年 9 月招聘需求人数减少 0.4%，求职申请人数增加 0.4%，CIER 指数同比下降 0.15%。综合来看，2020 年第四季度招聘和求职人数均将高于第三季度，且略高于 2019 年同期水平。分行业来看，中介服务行业就业景气指数居于榜首，保险、娱乐/体育/休闲、教育/培训/院校、专业服务/咨询（财会/法律/人力资源等）和外包服务等行业就业景气指数也相对较高；能源/矿产/采掘/冶炼、电气/电力/水利、检验/检测/认证和旅游/度假等行业就业景气指数仍相对较低，竞争激烈。②

---

① 《人力资源和社会保障部 2020 年第三季度例行新闻发布会文字实录》，人力资源和社会保障部官网，2020 年 10 月 28 日。

② 中国人民大学中国就业研究所、智联招聘：《景气度持续回升保就业效果凸显——2020 年第三季度〈中国就业市场景气报告〉》，2020 年 10 月。

总体来看，面对疫情冲击和复杂严峻的国内外形势，国家加大宏观调控力度，多措并举稳企业、保就业，多部门、各地区也纷纷出台了具有针对性的系列就业优先政策，如保障农民工返岗就业、促进高校毕业生就业的政策，助力经济恢复和就业稳定。虽然就业形势逐步改善，总体趋于平稳，但是，重点行业、企业、地区和群体的就业情况仍需关注，深层次就业结构性矛盾越发突出，如线下经营服务业需求恢复相对较慢，去产能产业和传统行业就业景气指数仍较低，小微企业、京津冀和东北地区、一线城市，以及高校毕业生群体的就业市场竞争仍然激烈。

（二）职工工资增长由负转正，《保障农民工工资支付条例》施行

2020年全国居民人均可支配收入32189元，比上年增长4.7%，扣除价格因素，实际增长2.1%。城镇居民人均可支配收入43834元，比上年增长3.5%，扣除价格因素，实际增长1.2%。[①] 2020年1~9月，城镇居民人均可支配收入32821元，较上年名义增长2.8%，实际下降0.3%。[②]

2020年农民工月均收入4072元，比上年增加110元，同比增长2.8%。其中，外出农民工月均收入4549元，比上年增加122元，同比增长2.7%；本地农民工月均收入3606元，比上年增加106元，同比增长3.0%，增速快于外出农民工月均收入增速。分行业看，农民工就业集中的六大主要行业月均收入继续增长。其中，制造业农民工月均收入4096元，比上年增加138元，同比增长3.5%；从事交通运输仓储和邮政业农民工月均收入4814元，比上年增加147元，同比增长3.1%；从事建筑业农民工月均收入4699元，比上年增加132元，同比增长2.9%；从事住宿餐饮业农民工月均收入3358元，比上年增加69元，同比增长2.1%；从事批发和零售业农民工月均收入3532元，比上年增加60元，同比增长1.7%；从事居民服务修理和其他服务业农民工月均

---

① 《2020年国民经济和社会发展统计公报》，国家统计局官网，2021年2月28日。
② 《2020年前三季度国民经济运行情况新闻发布会》，中国新闻网，2020年10月19日。

收入 3387 元，比上年增加 50 元，同比增长 1.5%。[①]

在最低工资和工资指导线方面，截至 2020 年 3 月，全国有 8 个省（区、市）上调月最低工资标准。其中，北京由 2120 元调整到 2200 元，河北第一档由 1650 元调整到 1900 元，辽宁由 1620 元调整到 1810 元，福建第一档由 1700 元调整到 1800 元，湖南第一档由 1580 元调整到 1700 元，广西第一档由 1680 元调整到 1810 元，贵州第一档由 1680 元调整到 1790 元，青海由 1500 元调整到 1700 元。全国最高的月最低工资标准仍为上海的 2480 元，小时最低工资标准最高的仍是北京的 24 元，这两个标准 2020 年都未调整。2020 年是最低工资标准调整面较小的年份，各地主要是考虑到年初的疫情加剧了经济走缓，企业面临更大的关停压力。

在根治工资拖欠问题方面，《保障农民工工资支付条例》经 2019 年 12 月国务院第 73 次常务会议通过，于 2020 年 5 月 1 日起施行。该条例的适用范围是，保障农民工工资支付，适用本条例，保障其他劳动者工资支付，参照本条例执行，但工程建设领域特别保障措施除外。该条例的重点规范内容为，农民工提供劳动后有权依法按时足额获得工资报酬，任何单位、组织或者个人不得无故拖欠或者克扣。该条例明确了治理工资拖欠的政府责任、清偿责任主体、关于建设领域工程款拖欠导致欠薪的预防、关于建设领域用工及工资支付规范，及加强监督检查和欠薪行为的惩戒措施等。

2020 年前三季度，人力资源和社会保障部分两批公布了拖欠劳动报酬典型案件，全国人社部门向社会公布重大欠薪违法行为案例 1167 件，列入拖欠农民工工资"黑名单"信息 587 条。同时，加强劳动保障监察，开展清理整顿人力资源市场秩序专项执法行动，共出动执法人员 11.9 万人次，检查各类用人单位 12.2 万户次。《保障农民工工资支付条例》实施前后，各地普遍开展集中宣传活动；运用大数据，创建根治欠薪智慧监察服务新体系；加大"互联网+调解"服务平台推广力度；相关部门制定车辆登记、银行账户、不动产登记查询规定，完善条例配套措施等。但由于疫情对企业正

---

① 《2020 年农民工监测调查报告》，国家统计局官网，2021 年 4 月 30 日。

常经营的严重干扰，该条例的实施力度受到影响。迄今为止，未公布 2020 年企业拖欠工资和条例实施的情况报告。

（三）社会保险提前完成"十三五"规划目标，社保费用"免减缓"规模空前

截至 2020 年末，全国基本养老、失业、工伤保险参保人数分别为 9.99 亿人、2.17 亿人、2.68 亿人，分别比上年增加 3111 万人、1147 万人和 1285 万人，均超额完成"十三五"规划目标。2020 年全年基本养老保险、失业保险、工伤保险三项社会保险基金收入合计 50666 亿元，比上年减少 8463 亿元，减少 14.3%；基金支出合计 57580 亿元，比上年增加 3087 亿元，增长 5.7%。[①]

疫情期间，政府施行了几项社会保险政策改革，惠及职工和企业。一是社保待遇按时足额发放，全面完成调整退休人员基本养老金工作，惠及超过 1.2 亿退休人员。失业保险简化申领手续，上线失业保险待遇网上申领全国统一入口，加快推进落实阶段性实施失业补助金、失业农民工临时生活补助政策。二是社保"免减缓"政策成效持续显现。各地落实延长阶段性减免企业社保费实施期限政策，截至 2020 年 9 月，基本养老、失业、工伤三项社会保险共为企业减免社保费 9107 亿元，缓缴社保费 616 亿元。三是社保制度改革持续深化。养老保险基金省级统筹工作全面推进，已有 26 个省（区、市）和新疆生产建设兵团实现基金省级统收统支。为做好企业职工基本养老保险基金中央调剂工作，2020 年前三季度的资金已缴拨到位。四是社会保险经办管理服务水平提升。全面推行"不见面"服务，推动网上服务事项应上尽上，在疫情期间为人民群众提供了很大便利。优化国家社会保险公共服务平台功能，截至 2020 年 9 月底，已开通社保查询、失业保险待遇申领、养老金测算、资格认证等全国性、跨地区的 9 类 27 项社保公共服务，总访问数近 6 亿人次。

---

① 《2020 年度人力资源和社会保障事业发展统计公报》，人力资源和社会保障部官网，2021 年 6 月 3 日。

以减免企业社会保险费为例，2020 年 2 月，为支持企业抗击新冠肺炎疫情，稳定就业，人社部、财政部、税务总局下发了《关于阶段性减免企业社会保险费的通知》，规定从 2020 年 2 月起对企业养老、失业和工伤三项社会保险单位缴费部分实行"免减缓"。截至 2020 年 6 月底，三项社保共减免企业缴费 5769 亿元，缓缴社保费 431 亿元，对纾解企业困难，帮助企业复工复产起到了积极作用。为更大力度帮助中小企业渡过难关，根据 2020 年《政府工作报告》要求，2020 年 6 月，人社部、财政部、税务总局三部门印发了《关于延长阶段性减免企业社会保险费政策实施期限等问题的通知》，将 2020 年 2 月开始实施的阶段性免征中小微企业社保费政策延长到年底，大型企业减半征收政策延长到 6 月底，缓缴社会保险费政策也可延长到年底。除这三项延长期限政策外，该通知还明确了 2020 年个人缴费基数下限可继续执行 2019 年标准、允许 2020 年缴费有困难的灵活就业人员可自愿暂缓缴费、2021 年年底前补缴等新政策。

总体上看，2015 年以来政府先后六次下调社保费率，职工五项社会保险总费率从 2015 年的 41% 降至 2020 年的 33.95%，共为企业减费近万亿元。这次减免政策，2020 年释放出来的实惠预计将达 1.6 万亿元，总体上 2020 年养老、失业和工伤三项社会保险总减费将达到 1.9 万亿元①，减费力度规模空前，这将对助力企业走出困境、稳定和扩大就业起到积极的促进作用。

（四）安全生产事故和职业病总量继续下降，全国安全生产专项整治三年行动计划启动

近年来，全国安全生产形势保持了稳定向好的态势，继 2019 年实现了事故总量、较大事故起数、重特大事故起数"三个继续下降"后，也由于疫情带来的企事业单位急剧的"停摆"形势，截至 2020 年 5 月，全国安全生产事故起数和死亡人数进一步下降，共发生重特大事故 16 起，死亡 262

---

① 《人力资源和社会保障部 2020 年第二季度新闻发布会》，人力资源和社会保障部官网，2020 年 7 月 21 日。

人，同比分别下降 11.1% 和 22%，不仅创造了历史新低，而且首次实现未发生 30 人以上特别重大事故。四个重点行业（化工、烟花爆竹、非煤矿山、工商贸）同时未发生重特大事故，也突破了历史纪录。①

但是，我国安全生产形势总体上仍处于爬坡过坎期，危险化学品、煤矿、非煤矿山、消防、交通运输、建筑施工等传统高危行业中的生产风险没有得到全面有效防控，在污染防治、城市建设、新能源等领域新情况、新风险不断涌现，重特大事故时有发生。特别是安全发展理念还不够牢、安全责任不落实、安全预防控制体系不完善等瓶颈性、根源性问题仍未得到有效解决，全国安全生产整体水平还不高。

2020 年 4 月，国务院安委会印发《全国安全生产专项整治三年行动计划》，其内容主要分 2 个专题和 9 个行业领域专项。2 个专题：一是学习贯彻习近平总书记关于安全生产的重要论述，重点解决思想认知不足、安全发展理念不牢、抓落实上有很大差距等问题；二是落实企业安全生产主体责任，主动推动解决安全生产责任和管理制度不落实等突出问题。9 个行业领域专项是聚焦风险高、隐患多、事故易发多发的煤矿、非煤矿山、危化品、消防、道路运输、民航铁路等交通运输、工业园区、城市建设、危险废物 9 个行业领域，组织开展安全整治。

2020 年 9 月，应急管理部印发《生产经营单位从业人员安全生产举报处理规定》，对举报严重违法违规行为和重大风险隐患的有功人员予以重奖和严格保护。该规定的基本定位是：充分利用现有工作基础，将生产经营单位从业人员安全生产举报处理制度纳入安全生产领域举报奖励总体制度设计之中，将其作为《安全生产领域举报奖励办法》的补充规定。总体思路是：以习近平总书记关于安全生产的重要论述为指导，严格落实《安全生产法》关于"任何单位或者个人对事故隐患或者安全生产违法行为，均有权向负有安全生产监督管理职责的部门报告或者举报"的规定，深入研究借鉴食品药品安全领域举报奖励制度，结合安全生产工作实际，在《安全生产领

① 《应急管理部副部长宋元明：落实安全责任 推动安全发展》，央广网，2021 年 3 月 9 日。

域举报奖励办法》有关规定的基础上，进一步提高对生产经营单位从业人员举报的奖励标准，强化保护措施。[①] 在安全生产领域建立生产经营单位从业人员举报处理制度，对于及时发现并有效查处生产经营单位违法违规行为，提高监管效率，有效遏制重大事故的发生具有重要意义。

2019年，全国共报告各类职业病新病例19428例，同比降低17.15%。职业性尘肺病及其他呼吸系统疾病15947例（其中职业性尘肺病15898例，同比下降18.34%）。[②] 2020年，全国共报告各类职业病新病例17064例，同比下降12.17%。职业性尘肺病及其他呼吸系统疾病14408例（其中职业性尘肺病14367例，同比下降9.94%），因尘肺病死亡6668例。[③]

（五）劳动争议案件数量持续攀升，劳动报酬、解除或终止劳动关系是此类案件的主要争议标的

2019年，全国调解仲裁机构共受理劳动争议案件211.9万件，同比增长16%；涉及劳动者238.1万人，同比增长9%。其中，80%的案件涉及劳动者的工资、社保、经济补偿金等切身利益问题，80%的案件涉及非公有制企业侵害劳动者合法权益。[④] 到2020年末，全国各级劳动人事争议调解组织和仲裁机构共处理劳动人事争议案件221.8万件，同比增长4.7%；涉及劳动者246.5万人，同比增长3.5%；涉案金额530.7亿元。全年办结争议案件212.3万件，调解成功率为70.6%，仲裁结案率为96.2%，仲裁终结率为70.5%。[⑤]

截至2020年9月末，北京市仲裁机构共受理劳动人事争议案件8.44万件，审结7.25万件，结案率为85.90%，调解成功率为66.91%，仲裁终结

---

① 《应急管理部有关负责人就〈生产经营单位从业人员安全生产举报处理规定〉答记者问》，应急管理部官网，2020年9月24日。
② 《2019年我国卫生健康事业发展统计公报》，国家卫生健康委官网，2020年6月6日。
③ 《〈2020年我国卫生健康事业发展统计公报〉公布》，《健康报》，2021年7月13日。
④ 《2019年度人力资源和社会保障事业发展统计公报》，人力资源和社会保障部官网，2020年9月11日。
⑤ 《2020年度人力资源和社会保障事业发展统计公报》，人力资源和社会保障部官网，2021年6月3日。

率为 70.49%，此类案件呈现以下特点：一是案件以劳动报酬、解除或终止劳动（人事）关系争议为主，两项争议案件占审结案件总数的 78.8%；二是涉及的用人单位以非公企业为主，非公企业劳动争议案件占审结案件总数的 96.1%；三是涉及外地劳动者的争议案件较多，占审结案件总数的 70% 以上；四是一半以上劳动争议案件发生在服务行业，服务行业（不含房地产行业）案件占审结案件总数的 65%。[①]

在河北省，2020 年前三季度共受理劳动人事争议案件 2.23 万件，涉及劳动者 2.53 万人，案件量和案件人数较上年同期分别下降 8.2% 和 13.5%，结案率为 83.3%，终局裁决率为 33.7%，调解成功率为 67.2%，仲裁终结率为 71.8%。从案件争议类型看，劳动报酬、社会保险和解除终止劳动合同争议为引发劳动争议案件的主要类别，其中劳动报酬类争议案件 9288 件，占受理案件总量的 41.6%；社会保险类争议案件 4569 件，占受理案件数量的 20.5%；解除终止劳动合同类争议案件 4389 件，占受理案件数量的 19.7%，三类争议案件占受理案件数量的 81.7%。从争议发生的主体类型看，私营企业劳动争议案 16764 件，占受理案件数量的 75.1%。[②]

总的来看，受疫情防控常态化及经济下行、化解过剩产能等复杂因素的影响，劳动争议案件的处理面临更大挑战。此类案件的发生有以下主要原因：一是受到疫情影响，企业效益普遍不佳，私营企业，尤其是小微企业，因疫情资金款项不能及时到位而影响工人工资发放。二是劳动者对涉及切身利益的维权意识不断加强，对政策的关注度越来越高，有意识地通过法律武器维护自身权益。三是部分用人单位不签订劳动合同或在劳动合同的订立、变更、解除、终止等方面不明确，管理粗放，侵害职工合法权益而引发的争议。四是涉疫情案件复杂程度高、处理难度大，企业生产经营状况不佳造成调解难、仲裁结果执行难，容易导致矛盾积压。同时，基层调解组织基础薄

---

① 北京市劳动和社会保障法学会编《京津冀第 22 届劳动人事争议案例研讨会会议材料》，2020 年 11 月。

② 北京市劳动和社会保障法学会编《京津冀第 22 届劳动人事争议案例研讨会会议材料》，2020 年 11 月。

弱、力量不强，仲裁办案信息化水平不高、办案队伍保障激励措施不足等短板亟须补齐，完善多元处理机制任务繁重。

二 新冠肺炎疫情对劳动者权益的冲击与我国应对危机的劳动政策

新冠肺炎疫情不仅对人类生命安全健康造成巨大威胁，而且为全球经济、社会发展带来严重危机。国际劳工组织（ILO）在 2020 年 4 月发布的第二份疫情监测报告指出，世界经济和劳动力市场正面临"毁灭性"的冲击，这是"自第二次世界大战以来最严重的全球危机"[①]。在我国，疫情防控较及时，疫情防控与复工复产交织进行，多数企业缺员严重，无法正常开工，2020 年 3 月初仅有 50% 企业复工。而 3 月中旬以后情形急转直下，由于海外疫情加剧，外贸企业面临订单撤销而"无工可复"的情况，加之服务业复工不理想，美日等国倡导将本国企业从中国撤出，使我国就业面临十分严峻的局面。

第一，大量劳动人口或陷入"摩擦性失业"。据国家统计局数据，2020 年 2 月，全国城镇调查失业率为 6.2%，约 4340 万人，较 2019 年全年平均失业率（3.62%）增长 71%。[②] 2020 年 3 月，全国城镇调查失业率为 5.9%，环比下降 0.3 个百分点，稍有缓解。一季度，全国规模以上工业增加值同比下降 8.4%，第三产业增加值同比下降。货物进出口总额 65742 亿元，同比下降 6.4%，其中，出口总额 33363 亿元，下降 11.4%。[③] 疫情导致大量劳动者陷入失业，尤其以住宿餐饮、批发零售、旅游娱乐等服务行业为甚。春节后农民工外出务工平均比往年推迟两个月，近三成外出农民工失业，近三成外出后又返乡的农民工未找到工作。

第二，劳动关系面临新的挑战。疫情期间，企业由于经营困难，拖欠工

---

① 国际劳工组织：《COVID-19 与工作世界——更新估算和分析》，国际劳工组织官网，2020 年 4 月 7 日。

② 《国新办举行 2020 年 1—2 月份国民经济运行情况发布会》，新华社官网，2020 年 3 月 16 日。

③ 《国新办就 2020 年一季度国民经济运行情况举行新闻发布会》，中国网，2020 年 4 月 17 日。

资的情况仍时有发生；工时不足导致的减薪，有的企业未与员工进行协商从而引发争议；部分企业关厂结业的裁员问题成为疫情期间劳动关系矛盾的焦点。疫情的不确定性导致灵活就业规模继续扩大，除劳务派遣、平台用工以外，还出现了"共享员工"等新用工形式，在缓冲失业的同时，也使劳动者面临收入不稳定和保障缺失的风险。员工工作方式转换为远程办公，一方面，由于缺乏法律和企业管理规程的保护，员工权益受损；另一方面，企业也为员工工作效率低下而多有抱怨。面对此类问题，中共中央政治局常委会特别要求，在复工复产中要及时化解劳资关系等纠纷。[①]

公共应急服务领域的劳动者权益亟待保护。公共应急服务领域的劳动者，如一线医护人员、社区工作人员、超市营业员、快递员、环卫工人及志愿者等，在疫情防控的过程中承受了极限过劳压力，由于对应急服务劳动者权益保护法规缺失，对他们的权益保护不充分，部分医护人员的经济补贴未能落实，亟须加强对其劳动权益的保护。

面对突如其来的疫情，我国为应对危机对人民生活的冲击，主要采取了下列劳动政策。

第一，将卫护人民生命安全和健康置于全局之首。习近平总书记指出，生命重于泰山。各级党委和政府要把人民群众生命安全和身体健康放在第一位，全力以赴救治感染患者，努力提高收治率和治愈率、降低感染率和病死率，要坚决做到应收尽收。我国政府从2020年1月23日就果断封城武汉，各省（区、市）也随即启动一级响应，有效防止了疫情扩散和蔓延。疫情发生后，疫区实行网格化管理，大量干部下沉基层，群防群控。调动全国医疗资源驰援武汉，在赴武汉的医护人员中45岁以下的医生占54%，护士占83%，与欧美国家医护人员老龄化严重相比，中国这种年轻化的医护队伍对于应对疫情更有战斗力。这种举国模式有利于更快速地控制疫情。[②]

为体现国家对新冠肺炎患者的关爱，避免因医疗费用问题影响规范救治和

---

① 《中共中央政治局常务委员会召开会议 习近平主持》，新华社官网，2020年3月18日。

② 《始终把人民群众生命安全和身体健康放在第一位》，《新华每日电讯》，2020年2月6日。

疫情防控，各地下发文件，对患者留观期间的门诊费及前期的检查、诊查费给予免费，由政府负担。在隔离点收治人员、进驻康复驿站观察人员，相关医疗费用给予免费，由政府负担。住院的新冠肺炎确诊病例、疑似病例、核酸检测双阴患者，其住院期间所产生的个人负担医疗费用，对参加基本医疗保险的费用扣除基本医保、大病保险、医疗救助等按规定支付后，个人负担部分由政府负担；对未参加基本医疗保险但有固定单位，享有其他保障方式的患者，相关医疗费用从原医疗报销渠道解决；其他未参加基本医疗保险的患者，相关医疗费用由政府负担。同时，不断更新完善诊疗方案，提高治疗的科学规范水平。上述社会保障政策做法，体现了我国政府始终坚持以人民为中心的发展理念，以及始终把人民群众生命安全和身体健康放在第一位的抗疫思路。

第二，减负、稳岗、扩就业多措并举，推动就业优先战略实施。一方面，我国实施积极的财政政策与稳健的货币政策，促使经济复苏并帮助更多企业减负。政策主要涉及税收减免、财政补贴、出口退税、贷款延期及贴息、担保费优惠、部分税费缓期缴纳等内容，如从 2020 年 2 月起，免征中小微企业基本养老、失业、工伤三项社会保险单位缴费部分，免征期限不超过 5 个月；对大型企业等其他参保单位（不含机关事业单位）三项社会保险单位缴费部分可减半征收，减征期限不超过 3 个月。对职工医保单位缴费部分实行减半征收，减征期限不超过 5 个月。同时，阶段性缓缴住房公积金，以此提升中小微民营企业生产扩张动能。

2020 年的《政府工作报告》中强调，2020 年财政赤字规模比 2019 年增加 1 万亿元，同时发行 1 万亿元抗疫特别国债，上述资金全部转给地方政府，主要用于保就业、保基本民生、保市场主体，包括支持减税降费、减租降息、扩大消费和投资等。继续执行下调增值税税率和企业养老保险费率等制度，新增减税降费约 5000 亿元。前期出台 6 月前到期的减税降费政策，包括免征中小微企业养老、失业和工伤保险单位缴费部分，减免小规模纳税人增值税，免征公共交通运输、餐饮住宿、旅游娱乐、文化体育等服务增值税，减免民航发展基金、港口建设费，执行期限全部延长到 2020 年底。小微企业、个体工商户所得税缴纳一律延缓到 2021 年。目标全年为企业新增减负超过 2.5 万亿元。另一方面，将企业稳岗的政策提标。在前期扩大中小微企业享受失业保险稳岗返还政策受益面的基础上，对那些不裁员或少裁员的中小微企业，返还标准由原来的企业及其职工上年度缴纳失业保险费的 50%，提高到最高达 100%。2020 年 1～9 月，共向 564 万户企业发放失业保险稳岗返还 850 亿元，惠及职工 1.45 亿人。

第三，强调"就业是最大的民生"，实施就业优先战略，为扩就业的政策加力。2020 年 3 月 18 日，国务院办公厅印发《关于应对新冠肺炎疫情影响强化稳就业举措的实施意见》。该意见包括五个方面举措：一是通过加快推动复工复产，加大减负稳岗力度，提高投资和产业带动就业能力，优化自主创业环境，支持多渠道灵活就业，更好地实施就业优先政策。二是通过引导农民工安全有序转移就业，鼓励就地就近就业，优先支持贫困劳动力就业，帮助农民工就业增收。三是通过扩大企业吸纳规模、基层就业规模、招生入伍规模、就业见习规模等，拓宽高校毕业生就业渠道。四是通过失业保障、就业援助、重点地区倾斜支持，加强困难人员兜底保障。五是通过大规模开展职业培训，优化就业服务，加强劳动者就业帮扶。2020 年《政府工作报告》要求，资助以训稳岗，2020～2021 年职业技能培训 3500 万人次以上，高职院校扩招 200 万人，要使更多劳动者长技能、好就业。同时，用好用足促进就业创业的各项补贴政策。如对企业，通过社保补贴、定额税收减免、担保贷款和贴息，鼓励企业吸纳重点群体就业。对个人，通过限额税收减免、担保贷款和贴息、场地安排，支持劳动者自主创业。

在防疫与复工交织开展的复杂局面中，我国倡导"精准施策"与"分类指导"的政策经验：从"加强重点地区疫情防控"到"实行分级分类诊断救治"；从"在确保疫情防控到位的前提下，推动非疫情防控重点地区企事业单位复工复产，恢复生产生活秩序"到"落实分区分级精准复工复产"[①]；实现了防疫复产两不误。

---

① 《分类指导精准施策做到精准高效防控》，《人民日报》，2020 年 2 月 27 日。

第四，保护各类劳动者权益，协调疫情中的企业劳动关系。首先是保障弱势劳动者群体的基本生活。鉴于疫情确实对困难职工的基本生活造成了一定的冲击，财政部增加困难群众救助补助资金投入，并阶段性加大价格临时补贴力度，照顾低保对象、特困人员、优抚对象及失业人员生活。为保障失业人员基本生活，人社部门延长大龄失业人员领金期限，阶段性实施失业补助金政策。2020 年，我国对领取失业保险金期满仍旧没有就业以及不符合法定领取失业保险金条件的参保失业人员发放 6 个月的失业补助金，截至 2020 年 3 月底，全国已经向 230 万名失业人员发放失业保险金 93 亿元，代缴医疗保险费 20 亿元，发放价格临时补贴 6 亿元，向 6.7 万名失业农民合同制工人发放了一次性生活补助 4.1 亿元。

其次，在疫情防控与促进经济复苏的同时，重视在微观领域保护工作场所的劳动者、调整工作环境和形式、为保护湖北等疫区劳动者权益出台反歧视措施等，同时加强疫情中的企业劳动关系协调工作。比如，落实应急工作人员待遇。一是针对参加防治工作的一线医务人员和防疫工作者，按照其工作类型，分别给予每天 300 元、200 元的临时性工作补助。对在重症危重症患者病区工作的一线医务人员，按实际工作天数的 1.5 倍计算应发工作天数。二是根据承担疫情防治工作任务情况向承担防控任务重、工作量大的医疗卫生机构核增一次性绩效工资总量。三是疫情防控期间，将湖北省（含援鄂医疗队）一线医务人员临时性工作补助相应标准提高 1 倍，中央财政对湖北省全额补助；及时核增医疗卫生机构一次性绩效工资总量，将湖北省一线医务人员薪酬水平提高 2 倍；扩大卫生防疫津贴发放范围，覆盖全体一线医务人员。针对环卫工人，除了日常保洁，他们还承担了一定的应急任务，如集中隔离点和方舱医院的消毒、医疗废弃物的处置等工作，住建部要求落实好对环卫工人的关心关爱措施，通过轮休、调休、补休等措施，让一直高负荷奋战在一线的环卫工人身心得到调整。同时，落实补贴措施，帮助环卫工人解决实际生活困难。又如，保护来自疫区的劳动者免受歧视。要求各类人力资源服务机构和用人单位不得发布拒绝招录疫情严重地区劳动者的招聘信息。各类用人单位不得以来自疫情严重地区为由拒绝招用相关人员。

再次，在劳动关系协调方面，人社部，全国总工会中国企业联合会/中国企业家协会、全国工商联于2020年2月7日颁布《关于做好新型冠状病毒感染肺炎疫情防控期间稳定劳动关系支持企业复工复产的意见》，加大对特殊时期企业劳动关系处理的指导服务，政策举措主要有：一是协商解决复工前的用工问题，首次在工作方式上提出远程工作；鼓励符合规定的复工企业灵活安排工作时间，错峰复工。二是规范用工管理。明确疫情期间企业不得解除受相关措施影响不能提供正常劳动职工的劳动合同或退回被派遣劳动者。对仍需裁员的，指导企业制定裁员方案，依法履行相关程序。三是协商疫情期间的工资待遇，保障职工工资权益。劳动者未返岗期间的工资待遇，参照国家关于停工、停产期间工资支付相关规定与职工协商。同时，支持困难企业协商工资待遇。保障职工工资待遇权益。对因依法被隔离导致不能提供正常劳动的职工，要指导企业按正常劳动支付其工资；隔离期结束后，对仍需停止工作进行治疗的职工，按医疗期有关规定支付工资。四是采取多种措施，如减少招聘成本，合理分担企业稳岗成本，提供在线免费培训等，减轻企业负担。五是主动化解劳动关系矛盾。推动企业建立健全内部劳动争议协商解决机制。加强专业性劳动争议调解工作，创新仲裁办案方式，大力推广"互联网+调解仲裁"模式，切实提高争议处理效能。

最后，在2020年4月，国家劳动关系协调三方还开展了2020年"和谐同行"千户企业培育共同行动，全面实施集体协商稳就业促发展构和谐行动计划，推进援企稳岗政策落实，建立健全劳动关系风险会商研判机制和重大事件的沟通协调机制，加大对受疫情和经济下行压力影响企业的劳动用工指导和服务。北京、上海等16个省级工会就做好疫情期间集体协商工作印发专项通知，浙江、山东等省级三方以"同舟共济、共渡难关"为主题开展集体协商集中要约行动。

针对我国抗疫复工中劳动关系与劳动者权益保障存在的问题，本文提出以下政策建议。

首先，对公共应急服务领域的劳动者权益进行立法保障。所谓公共应急服务领域的劳动者，在此次疫情中包括一线医护人员、承担政府疫情防控保障任务需要工作的企业员工、民警、社区工作人员、超市营业员、快递员、市政环卫工人及志愿者等。我国有《突发事件应对法》，但现有法律法规并未对参与应急服务的劳动者权益加以保障，这方面是一个空白。由于缺乏法律保护，才会出现医护人员补贴政策不具体、待遇不兑现，及在医院工作的环卫工人防护条件差、待遇偏低的问题。国际劳工组织于2018年通过的《关于公共应急服务体面工作的准则》应当成为相关立法的基本依据和遵循。该文件对公共应急服务人员的范围、定义，如何确保公共应急服务人员的体面工作，包括工作环境、职业安全与健康、压力、暴力和骚扰、传染病、个人防护装备、辐射、温度、社会保障都做出明确规定，对政府的责任，包括与员工的社会对话、培训、监测与评估、公共应急服务中的协调与合作进行了概括，值得我国在立法规制中借鉴。

其次，推进应急服务领域心理援助计划建设。社会心理服务体系建设是党的十九大报告中提出的一项社会治理工作，应急服务领域心理援助计划的建立是其必然要求。应急服务领域心理援助计划应当包括风险评估、压力评估、压力管理与创伤后应激障碍诊疗等。在应急服务领域应当开展常态化的培训与咨询、提供必要的心理治疗服务、周期性开展员工心理健康调研摸底，以及设立24小时心理援助热线等，确保这支劳动者队伍的身心健康状况与战斗力。同时还需要根据不同类型的应急人群提供具体的分层分类心理援助，比如奋战在岗位上的医护、病毒中穿行的环卫工作者、因公殉职者家属等，应分层分类提供心理危机干预。

最后，推动财政预算加大社会救助与防返贫工作力度。疫情防控情况下，防返贫工作面临的任务更加艰巨，需要密切关注失业职工、困难职工和农民工等贫困群体，关注灵活就业中的弱势群体工人，精准施策，扎扎实实把防返贫工作不断推向深入。从其他国家疫情期间的劳工施政来看，这些政策中较好的经验是通过免费保健、带薪病假、工资或收入支持和抵押、租金或贷款减免等措施，为工人和实体经济提供即时支持。为此，建议政府在继续实施就业优先战略的同时，加大力度支持社会保障和社会救助事业，比如给予包括失业职工、困难职工、农民工以及非正规经济中受灾严重工人在内的弱势群体更多现金、实物援助支持等政策，以保障他们的基本生活，帮助他们渡过难关。2020 年《政府工作报告》强调，积极的财政政策要更加积极有为。2020 年赤字财政和抗疫特别国债主要用于保就业、保基本民生、保市场主体。稳健的货币政策要更加灵活适度。综合运用降准降息、再贷款等手段，引导广义货币供应量和社会融资规模增速明显高于 2019 年。

三 疫情下我国境外劳动者权益保障面临的问题和政策建议

受新冠肺炎疫情在全球蔓延影响，2020 年我国共建"一带一路"国家境外劳务合作①遇到了前所未有的压力和挑战。由于业务链条受到严重冲击，业务规模大幅下滑，企业经营困难已成为行业发展的共性问题，危害劳动权益纠纷和突发事件频发，境外劳动者权益保障问题引起了国内有关部门和社会的广泛关注。

（一）疫情下我国境外劳动者权益保障面临的问题与挑战

据商务部统计数据，截至 2020 年 9 月末，我国对外劳务合作派出各类劳务人员 63.5 万人，较 2019 年同期减少 37.5 万人，下滑速度较快。在新冠肺炎疫情持续蔓延、国际形势不稳定性、不确定性更加突出的背景下，我国共建"一带一路"国家境外劳动者权益保障面临的突出问题和挑战有以下几点。

1. 劳务人员出入境受到限制

受疫情影响，全球 190 多个国家相继出台了新的出入境管制措施，包括入境、出境、签证等，部分国家宣布进入"紧急状态"，甚至一些国家还实施封城、封国等强制规定，导致大量劳务人员无法正常出入境，造成了境外劳动者"出不去、回不来"的两难局面。

---

① 主要涉及中国企业对外承包工程所雇用的国内员工，也涉及中国劳务派遣公司雇佣中方员工向国外建设项目提供的劳务工作，不包括中国在境外直接投资及并购境外企业雇佣的所在国员工。

2. 境外劳务人员面临的安全形势更为严峻复杂

一方面，各国经济均受到不同程度的冲击，失业、贫困与社会治安问题愈发凸显，境外劳动者安全隐忧加大。另一方面，我国对外劳务合作仍以劳动密集型行业为主，工人工作、居住环境相对集中，而个别国家公共卫生条件有限，极易引发群体性感染事件。

3. 劳务人员境外务工的积极性受挫

境外企业生存压力大，大量订单被取消或推迟，出现了减产、停工甚至破产的情况，用工需求的不确定性增加，短期内造成我国境外劳务人员薪资收入减少，被迫转换用工单位，甚至提前回国。长期来看，全球疫情形势仍面临很大的不确定性，劳动者境外务工的主动意愿受到很大影响，企业"招工难"的情况愈发明显。

4. 疫情引发了大量境外劳资纠纷事件

在全球疫情的影响下，不少境外劳务人员与派出企业国外雇主产生了权益纠纷。截至 2020 年 9 月 30 日，中国对外承包工程商会外派劳务人员投诉中心共受理外派劳务人员信访 16 件，涉及劳务人员 22 人。上访 2 批次，涉及劳务工 4 人。提供电话咨询 500355 人次，微信咨询 659 人次。从投诉咨询情况来看，境外劳资纠纷有以下特点。

（1）从咨询人员居住地分布情况来看，河南、山东、河北、江苏、四川、湖北、辽宁境外劳务人员咨询数量明显较多，在一定程度上反映出以上省份境外劳务人员占比较高。

（2）从涉及国家和地区分布来看，印度尼西亚、以色列、马来西亚位列前三，咨询人员数量较多，同时这些国家也是我国对外劳务合作业务发展的主要国别市场。

（3）从咨询事项来看，一是涉及工资纠纷问题的咨询投诉占比较高；二是咨询出国后工作经历和企业资质人数较多。疫情造成了国内就业困难，希望出国工作的人员有所增加，但有黑中介扰乱市场经营秩序，使有出国意愿的职工心存疑虑。

（4）从投诉与咨询的影响因素来看，一是个别境外企业应对疫情不力，重视程度不高，员工工作、生活安全防卫措施不到位；二是企业拖欠员工工资现象增多，对员工合理诉求不做积极沟通和了解；三是劳务人员在维权投诉过程中遇到困难。由于他们身处海外，产生劳务纠纷时如何投诉、向谁投诉成了一大问题。

（二）疫情下境外劳动者权益受损的原因

我国境外劳务合作行业主要分布在建筑业、制造业和交通运输业三大传统领域。2019年三大行业的在外劳务人员为71.9万人，占各类在外劳务人员总数的72.4%。劳务人员派出地区主要在亚洲和非洲。2019年我国向亚洲地区派出各类劳务人员35.3万人，占当年派出总人数的72.5%；向非洲地区派出各类劳务人员7.4万人，占当年派出总人数的15.2%。疫情不仅严重冲击了我国对外劳务投资合作，也造成了不少劳动权益纠纷和突发事件，其主要原因有以下几点。

1. 不少劳务人员维权能力有待提高

境外劳务人员既是一个弱势群体，又是一个整体综合素质亟待提高的群体。他们缺乏对国家有关政策法规的了解，也难以分清外派劳务合法渠道与非法渠道。此外，他们依法务工的意识淡薄，对自身权利和义务认知不足，风险防范意识、履约意识、依法维权意识不强。

2. 部分企业经营行为不规范

少数企业在业务开展中存在多收费、滥收费、收费不开具发票等现象；劳务合同不规范，适应性培训走过场；个别企业违规雇用持旅游签证的劳务人员，长期拖欠工资，消极回应劳务人员合理诉求，劳务人员与经营公司在违约责任认定方面的争执较多。

3. 网上信息泛滥，正规渠道乏力

随着互联网深入发展、自媒体覆盖面迅速扩大，劳务人员获取出国务工信息更加便利，但也带来一定的负面影响：网上充斥着大量虚假出国招工信息，特别是去发达国家且承诺高收入的岗位招聘信息，甚至会要求缴纳高额费用，极易使劳务人员上当受骗。

4.非法中介违法经营活动猖獗

由于缺乏有效的部门联动机制，地方部门之间配合较少，对非法中介查处打击力度不够。特别是在劳务发达地区，在外派劳务招聘环节中，非法中介经常夸大境外劳务项目的好处引诱劳务人员上当，赚取高额中介费，甚至冒充央企境外劳务公司来欺骗劳务人员。

5.派出公司对劳务人员外派前的培训、选派把关不严

个别劳务派出公司对合同中规定双方各自的权利和义务宣讲不到位，甚至对项目所在国的工资、福利待遇及工作、生活等条件做不实介绍，承诺与实际不符也是导致纠纷的重要原因之一。

（三）加强境外劳动者权益保障的政策建议

1.政府层面

（1）在做好疫情防控的前提下，进一步建立健全对外劳务合作相关政策，强化服务监管和风险防控体系。一是健全管理体系，进一步完善和落实《对外劳务合作管理条例》，加强对劳务合作统筹协调，推动形成多方参与、职责清晰、协同高效的工作机制。二是规范企业海外经营行为，指导企业加强合规经营管理建设，强化内控机制，规范劳务合同签署，加强劳务纠纷处置。三是继续深化对外劳务合作服务体制改革，不断优化审批方式，加强事中事后监管，研究推进减少对外劳务合作经营资格审批时间，给企业经营活动提供更多的便利。

（2）创新工作平台，充分发挥金融企业和对外投资合作服务平台作用。强化信息数据分析，建立健全对外经济合作领域信用信息采集、共享规则，严格保护组织、个人隐私和信息安全。同时，推进外派劳务信用体系的建设和完善，依法依规推进信用信息共享应用，有效规范企业经营行为和市场秩序，营造守法、合规、优质、诚信、公平开放、竞争有序的对外劳务合作大环境。

（3）强化地方主管部门属地化管理体制，完善本地区对外劳务合作政策体系。抓好资格审批、信息服务、统计报送、代理人管理、权益保护、应急处置、联合惩戒等方面的工作，加强对本地区对外劳务合作服务平台的指

导和服务，充分发挥服务平台的政策支持、信息对接、劳动保障、纠纷处置、行业规范等方面的作用，从而推进对外劳务合作业务可持续发展。

2. 企业层面

（1）坚持"以人为本"的发展理念。切实关注境外劳务人员的工作生活和心理健康等情况，注重日常管理和沟通，保障劳务人员的基本权利；在符合当地用工政策法规的前提下，认真对待劳务人员的诉求，及时化解劳务人员与境外机构之间可能存在的矛盾和纠纷；联合国内优质医疗资源，为劳务人员提供远程定期医疗服务，妥善解决境外欠发达地区就医难的问题，从而进一步促进企业文化融合，增强劳务人员的归属感和凝聚力。

（2）树立"诚信履约、合规经营"的理念。持续推进对外劳务合作的基础工作，建立健全各项规章制度，完善外派劳务管理模式，统筹安排劳务人员培训教育，更好地服务于对外劳务合作业务的发展。企业只有树立正面的合规形象，促进行业合规文化发展，才能营造和谐健康的内外部合规环境；只有坚持合规经营、诚信履约，才能克服疫情带来的不利影响，实现自身的可持续发展，在国内外市场竞争中站稳脚跟。

（3）大力提升外派劳务资源的挖掘和培育能力。国际劳务市场的竞争归根结底是人力资源技能素质的竞争，要占稳海外市场，实现业务结构的优化和升级，就迫切需要企业提升外派劳务资源的挖掘和培育能力：一方面结合国内职业技能提升行动来开展，加快培养高技能、高素质的外派劳务资源；另一方面要进一步夯实劳务扶贫成果，以"扶贫先扶志、扶贫必扶智"为目标，促进相关地区劳务人员向可外派劳务资源转化。

（4）及时对标市场需求，调整经营模式和业务结构。近年来，在全球经济发展不平衡加剧、人力资源流动形势复杂多变的背景下，跨境人力资源服务的业务形态丰富多样，企业需要立足于自身优势和特点，合理选择专业化或多元化经营模式，主动调整业务结构，逐步形成具有差异化优势的可持续发展模式。

3. 行业组织层面

（1）研判当前对劳务合作发展的制约因素，加强行业自律，认真开展规则制定和信用体系建设方面的工作。行业组织作为政府与企业之间的桥梁和纽带，在向政府传达企业共同要求以及协助政府制定和实施相关政策、法规等方面发挥重要的协调作用；在企业积极履行社会责任和合规经营、加强行业纪律和维护市场经营秩序方面起引导作用。

（2）积极研究疫情防控中行业发展新路径，引导企业合规经营，推进对外劳务合作管理制度的不断完善，提高企业外派人员权益保障水平。引导企业主动发布权威外派劳务招聘信息，形成行业信息主流渠道；进一步创新外派劳务人员咨询服务手段，不断改进工作方式，提高服务水平；积极配合各级政府相关部门妥善处置涉外劳务纠纷，促进行业有序健康发展。

（3）在现有双边劳务合作机制下，重点加强与境内外机构的沟通协作，适时推动相关合作的恢复启动和运营的有序开展。引导企业提升经营水平和服务能力，助力企业破解供需匹配难题，强化对疫情期间以及未来境外劳动者权益保障的分析研究，联合地方政府主管部门和广大企业共同做好矛盾纠纷的疏导协调和解决工作，共同规范市场秩序，维护行业稳定发展。

4. 工会组织层面

目前我国境外劳务合作企业组建工会的情况很少。主要原因在于，境外劳务合作企业组建工会的法律依据、工会性质、员工会籍转移和劳资纠纷沟通协调机制等问题在法律规定、中方劳资之间及与国外政劳各方之间尚未取得共识，导致当境外劳务合作企业在对外承包工程发生劳务纠纷和群体性事件时，员工与企业缺乏必要的沟通和协调渠道，极易引发过激行为。虽然部分外国工会允许中国员工加入工会，并在企业发生涉外劳资纠纷事件时给予工人声援，但中方劳务企业"走出去"时间较短，并不熟悉当地工会的社会地位、工作方式及缺乏劳资谈判协商经验，致使员工合法权益得不到保护。

本文建议，根据企业用工脉络，以我为主，建立境内外一体的劳务工工会组织，发挥维权服务作用。首先，将境内劳务输出企业工会组建起来，为派遣输出员工提供政策法规咨询和技能培训服务；其次，在境外用工企业，宜探索建立"职工之家"或"员工俱乐部"之类的员工维权平台，发挥该组织的独立性，整合员工权益保障、人力资源发展及促进劳资合作等议题，使之成为联系、协调、维权、服务中外员工的"职工之家"，向员工介绍当地劳动法、劳动关系规制及工会活动情况，为劳务合作企业和员工服务，在境外经营中构建和谐劳动关系。

境外我方企业"职工之家"应以人力资本建设为核心，突出"以人为本"的工作理念；在工作思路上，突出协调劳动关系这条主线；在履行工会的基本职责上，建立既符合中国国情和企业实际，又符合国际惯例的维权机制；在活动方式上，遵循业余、分散、小型、多样、适度、有效的原则；在工作策略上，综合考虑法律法规政策和企业内外部各种因素，掌握能进能退、有取有舍的原则，需要因时、因地、因事、因人采取不同策略；在工作方法上，继承和发展我国工会行之有效的做法，并总结创新适应境外企业特点的工会工作方法；在工会与党的关系上，自觉接受党的领导和实行党群工作方式一体化的模式。

目前，多个国家的新冠肺炎疫苗已进入临床试验阶段，相信通过国际社会的团结合作，全球疫情终将得到缓解。而随着各国恢复生产、重振经济，或将在原有劳务人员数量的基础上产生新的劳务合作需求。未来，在政府促进、行业助力、企业合规、工会维权的共同努力下，提高对外劳务人员整体素质水平，促进对外劳务合作业务发展与权益保护协调发展，是贯彻"以人民为中心"的重要举措。

四 "十四五"时期我国劳动关系面临的挑战与政策趋向

当前，世界进入百年未有之大变局。国际环境日趋复杂，不稳定性和不确定性明显增加。2020 年初新冠肺炎疫情肆虐全球，导致经济急剧衰退、停滞。在经济领域，逆全球化的态势逐渐形成，全球产业链开始重新布局，新的产业革命和数字经济的发展正在推动深刻的产业结构升级和经济结构调整。凡此种种，都对即将迈向"十四五"时期的劳动力市场和劳动关系产生深刻影响。

展望"十四五"时期及未来中长期的劳动力需求结构，不难发现，劳动力市场供需将保持基本平衡，劳动力供给相对短缺的情况将持续存在。"十四五"时期，15~64 岁劳动年龄人口、新增劳动力、经济活动人口以及农民工规模将延续下降态势。到"十四五"时期末，15~64 岁劳动年龄人口约为 9.7 亿人，比"十三五"时期末减少 3000 万人左右；新增劳动力规模约 1400 万人，其中城镇新增劳动力规模为 700 万~820 万人，农村新增劳动力规模约为 650 万人；外出农民工规模保持在 1.7 亿人左右，本地农民工维持在 1 亿人左右，经济增长的非农就业弹性继续提升，加剧放缓对就业需求和劳动力市场供需平衡影响有限，劳动力供给相对短缺的情况持续存在[1]。

技术变革对劳动关系也将带来深远影响。由于技术的快速发展带来了生产和组织方式的变革，新就业形态劳动者数量不断增多，截至 2020 年，我国参与数字经济活动的人数约 8.3 亿人，参与提供服务者约为 8400 万人，其中通过互联网平台的就业人员 631 万人[2]，疫情加速了这一就业群体的扩张。传统的劳动关系规制方式已难以适应形势的发展变化，需要重新研究这部分劳动者群体的劳动保障制度机制，变对劳动关系的规制为对劳动的规制，从侧重岗位的保护向侧重社会保护转变，实现普及化的包含高中低水平的劳动保障权益的连续保护。[3]

疫情对工作方式的长期化影响也不容低估。在抗疫复工过程中，我国有超过 1800 万家企业选择了线上远程办公，超过 3 亿用户使用了远程办公应用设备。[4] 在疫情持续和数字经济普及的背景下，远程工作将成为未来不可或缺的一种工作形式并长期存在。但它也会对劳动者如何适用工作时间、休息休假等法定劳动标准带来一定的挑战，例如，远程办公可能模糊了工作和个人生活之间的界限，使工作侵蚀原本属于个人的空间和时间。迄今为止，我国尚未对这种工作形态进行立法规制。

在此背景下，党的十九届五中全会于 2020 年 10 月召开，会议通过的《中共

---

① 张车伟等：《"十四五"中国就业新变化和新机遇》，《新经济导刊》2020 年第 3 期，第 46 页。
② 《中国共享经济发展报告（2020）》，国家信息中心官网，2021 年 3 月 4 日。
③ 《人社部劳动关系司聂生奎司长在 2020 年全国劳动和社会保障科研工作会议上的发言》，2020 年 9 月 12 日。
④ 叶迎：《加强远程工作中的劳动者权益保障》，《中国劳动保障报》，2020 年 4 月 11 日。

中央关于制定国民经济和社会发展第十四个五年规划和二〇三五年远景目标的建议》中提出坚持新发展理念，构建新发展格局，实现更高质量、更有效率、更加公平、更可持续、更为安全的发展。要求加快形成以国内大循环为主体、国内国际双循环相互促进的新发展格局，促进社会公平正义、逐步实现全体人民共同富裕，统筹发展和安全。其中，第十二部分以"改善人民生活品质，提高社会建设水平"为题，重点阐述了新发展阶段的劳动政策要点。

首先，将提高人民收入水平放在首位。提高劳动报酬在初次分配中的比重，完善工资制度，健全工资合理增长机制，着力提高低收入群体收入，扩大中等收入群体。健全各类生产要素由市场决定报酬的机制。这既是以国内大循环为主体对启动内需和扩大消费的新发展格局的必然要求，也是实现全体人民共同富裕的题中之义。近年来，国民收入占 GDP 的比重不高，区域之间、城乡之间、不同收入群体之间的收入差距仍然较大，中等收入群体仍然不足。李克强总理在 2020 年"两会"中有关 6 亿人人均月收入 1000 元的说法引发社会强烈关注。如何推动企业和劳动者在共建共享的基础上，促进企业发展和实现劳动者合理分享企业发展成果，既是经济增长又是社会进步的重要源泉。

其次，强化就业优先政策和劳动者权益保护。要求千方百计稳定和扩大就业，提升就业质量，促进充分就业，保障劳动者待遇和权益。健全就业公共服务体系、劳动关系协调机制、终身职业技能培训制度。更加注重缓解结构性就业矛盾，加快提升劳动者技能素质。扩大公益性岗位安置。完善促进创业带动就业、多渠道灵活就业的保障制度，支持和规范发展新就业形态，健全就业需求调查和失业监测预警机制。

最后，健全多层次社会保障体系。要求健全公平统一、可持续的多层次社会保障体系。推进社保转移接续，健全基本养老、基本医疗保险筹资和待遇调整机制。实现基本养老保险全国统筹，实施渐进式延迟法定退休年龄。发展多层次、多支柱养老保险体系。健全灵活就业人员的社保制度。

比较而言，"十四五"规划建议强调高质量发展和更高质量的就业，实体经济是立国之基，提高中低阶层群体收入成为发展的战略基点，都有利于规范劳动关系和加强劳动者权益的安全性。另外，为构建更有利的贸易营商环境而推进放管服改革，应对人口老龄化而重提"延迟退休"，则是深化劳动力市场灵活化改革的具体例证。如何处理好灵活化与安全性的关系，是"十四五"时期劳动关系面临的一个重大理论课题。

围绕着"十四五"时期我国经济社会的发展目标及劳动关系面临的挑战，本文对如何完善新发展阶段的和谐劳动关系建设提出以下政策建议。

第一，完善中国特色和谐劳动关系体系。包括以健全组织和完善职能为重点加强协调劳动关系三方机制建设；推动企业集体协商与区域和行业协商结合的"提质增效"；加强劳动争议多元参与的"大调解"机制和效能建设，都面临制度完善和效能提升。加强劳动保障监察，完善和落实劳动保障监察执法制度，健全违法行为预警防控机制，建立劳动保障监察执法与刑事司法联动等多部门综合治理机制，及时有效查处违法案件。强化劳动关系预警系统建设，包括组织机构、指标体系、信息系统、评价与警报系统及劳动争议分类处理系统。

实施劳动关系"和谐同行"能力提升三年行动计划。紧扣新时代经济社会发展变化和新冠肺炎疫情防控常态化的新形势，以防范和化解劳动关系领域矛盾风险为主线，改进和完善对企业劳动用工、工资分配的指导和服务，提升劳动关系公共服务能力和基层调解仲裁工作效能，扎实推进劳动关系治理体系和治理能力建设。实施和谐劳动关系千百万计划，打造金牌劳动关系协调员，扩大劳动关系协调员覆盖面，解决劳动关系"最后一公里"问题；实施重点企业用工指导计划，以用工规模较大、生产经营存在较大困难的企业为重点，指导企业采取多种措施稳定工作岗位，发挥集体协商协调劳动关系重要作用，引导企业与职工共渡难关，尽量不裁员、少裁员，稳定劳动关系；实施企业薪酬指引计划，形成公开发布、定向反馈与针对性指导相结合的信息服务体系，优化企业工资收入分配指导服务。

第二，推动劳动基准立法，保障新业态劳动者权益。习近平总书记在2020年"两会"要求"新就业形态"顺势而为、补齐短板。一是保障快递员的休息休假权利。针对快递员疫情期间配送任务激增，处于不规律工作、深夜无休的状态，应限制其工作时间，保障其休息休假的权利。二是建立快递员职业伤害保障机制。由于平台新的算法压缩派件时间，快递员在送件过程中极易发生交通安全事故，但他们没有工伤保险。企业可根据自身实际，为员工参加单险种工伤保险，并选择性购买补充商业保险，实现工伤保险、商业保险与新业态企业三方共担机制。比如浙江省《关于优化新业态劳动用工服务的指导意见》中提出探索构建政府、商保、平台三方协作的新业态从业人员职业伤害保障机制。建立多重劳动关系的新业态从业人员，各用人单位均需履行参保义务。这项规定为快递员、外卖骑手等高危职业人群，在发生职业伤害时，提供了一条工伤保险保障路径。此外，构建公平共享的收入分配机制。深化推动工资和其他劳动标准集体协商制度，推动技能要素参与收入分配，引导员工、企业、平台在共享共商共建的基础上形成命运共同体，推动国内循环和扩大内需。

此外，2020年末，中国和欧盟领导人共同宣布完成了《中欧全面投资协定》（CAI）的谈判。根据商务部和欧盟披露的消息，该协定包含了投资自由化、投资保护、争端解决，以及可持续发展四大部分的内容，其中可持续发展部分专门涉及了劳工权益保护的规定。据欧盟声明，中国在谈判中做出了两项重要承诺：一是在劳工和环境领域不为吸引投资而降低保护标准，不利用劳工和环境标准达到保护主义目的，并尊重相关条约规定的国际义务。中国将支持本国企业承担企业社会责任。二是中国承诺致力于批准尚未批准的国际劳工组织基本公约，并对尚未批准的两项国际劳工组织关于"强迫劳动"的基本公约做出具体承诺。迄今为止，我国尚未批准的国际劳工组织基本公约除了与强迫劳动有关的第29号和第105号两项公约外，还有第87号结社自由及组织权利的保障公约，及第98号组织权和集体谈判权利的公约。尽管中欧投资协定已被搁置，但"十四五"期间中国扩大开放的势头不变，这意味着我国将加速批准国际核心劳工公约的进程，并完善国内劳动法律，提高劳动者权益保护的水平。

第三，加快建立劳动关系公共服务体系。加强对企业劳动用工的指导和服务，推动企业依法妥善处理劳动关系，是完善治理体系和提升治理能力的重要方面。政府对劳动关系的规制，除传统的立法、设定底线、确立规则、制定标准，以及校正性的劳动保障执法监察、劳动争议处理和利益争议协调之外，更多的是引导和服务工作。如劳动关系法治宣传、组织协调、专项行动等推动劳动关系主体自主协调，加强趋势研究、信息发布、典型经验推介、咨询指导、风险会商研判、提前预警及小微企业托管等。

第四，在"一带一路"中资企业大力宣传"合法合规""文化融合""人才支撑"三位一体的跨文化和谐劳动关系新模式。随着中资企业海外投资并购规模的迅速扩大，劳动关系风险已成为与安全风险、政治风险、经济风险、法律风险、社会风险并列的第六大投资风险。在合规管理日益重要的今天，劳动关系合规已经成为无法忽视的重要环节，良好的劳动关系治理和风险防范，是中国企业走向"一带一路"的可靠保障，也是促进实现"民心相通"的基石。一是合法合规，防范劳动关系风险，这需要多管齐下，综合治理，如企业人力资源和劳动关系管理的合规，学会与强势工会打交道，熟练掌握集体谈判的相关技巧，劳动争议的预防和处理。二是建立文化秩序，推进文化融合，在跨文化管理中贡献中国方案与中国智慧。三是为企业国际化战略夯实人才队伍支撑，在"一带一路"进程中传承中国基因。

参考文献

《中共中央关于制定国民经济和社会发展第十四个五年规划和二〇三五年远景目标的建议》，新华社，2020 年 11 月 3 日。

《2020 年国民经济和社会发展统计公报》，国家统计局官网，2021 年 2 月 28 日。

《2020 年度人力资源和社会保障事业发展统计公报》，人力资源和社会保障部官网，2021 年 6 月 3 日。

北京市劳动保障法学会编《京津冀第二十二届劳动人事争议案例研讨会会议材料》，2020 年 11 月。

国际劳工组织：《COVID-19 与工作世界——更新估算和分析》，国际劳工组织官网，2020 年 4 月 7 日。

张车伟等：《"十四五"中国就业新变化和新机遇》，《新经济导刊》2020 年第 3 期。

专题报告

Special Report

第二章　去技能化陷阱：警惕零工经济对制造业产生的结构性风险

闻效仪 *

摘　要： 零工经济的繁荣对生产制造业的影响正在得到社会的关注。在当前中国劳动力市场的变革过程中，既有研究普遍从零工经济自身的发展与规制的角度进行探讨，缺乏从产业劳动力转移的角度对零工经济与制造业间角力的分析。零工经济的发展已经展现出就业创造、劳动控制与制造不稳定的三类图景，本质上是通过"自由"的劳动体验、"制造同意"的管理模式和"政策红利"下的溢价优势三种途径，加速形成对实体经济领域劳动力的虹吸效应。在此基础上，零工经济过

* 闻效仪，中国劳动关系学院人事处处长，劳动关系与人力资源学院院长，教授，主要研究方向为劳动关系、工会和人力资源管理。

度发展的结构性风险在经济、社会和文化三个层面呈现。为破解零工经济与实体经济困局，本文从拆解与连续的视角，认为要防止中国经济转型陷入去技能化陷阱，必须要把技能、数字经济、企业治理与更广范围内的社会关系放在国家转型发展的目标下综合考量。

关键词： 零工经济　用工模式　劳动者技能　产业空心化　去技能化

借助互联网信息技术，过去处于劳动力市场边缘的零工经济焕发出新的生命力，成为全球流行的趋势，越来越多的劳动者参与到零工经济之中。在中国，符合目前零工经济范畴的劳动力的潜在市场有 2 亿人。据阿里研究院预测，至 2036 年，中国将会有大约 4 亿人参与零工经济。在这种以互联网平台连接供给和消费两端的工作模式中，劳动者日益以自我雇佣的身份参与经济活动，并使传统的工作组织方式以及工作伦理发生了重大的变革。劳动者依托互联网平台的灵活就业可能成为未来主要就业方式，固化在正式组织结构中的终身就业时代将一去不复返，取而代之的是一种将全职员工转换为承包人、供应商及临时工的新型经济。这种全新的经济业态和用工模式得到了资本的青睐、政策的支持和社会的关注，越来越多的劳动者正在通过互联网平台获取收入，零工经济的劳动力市场规模在不断扩大。2019 年，全国餐饮外卖骑手总数突破 700 万人，网约车司机总数突破 3000 万人。

然而零工经济的崛起却是发生在特定时期劳动力市场背景下的，即中国劳动力市场已经越过"刘易斯拐点"，劳动力市场供给从过剩向短缺转变。2012~2018 年，我国劳动年龄人口的数量和比重连续 7 年出现双降，7 年间减少了 2600 余万人，2018 年末全国就业人员总量也首次出现下降。这就产生了一个重要的问题：在全国劳动年龄人口不断下降的同时，不断上涨的零工经济从业人员从何而来？全世界的零工经济主要有两种模式，分别是众包模式（crowd work）和在线工作模式（online work）。中国的零工经济具有鲜明的"临时工"特征，这一特征在在线工作模式中格外明显，互联网平台把需求信息发送给个体劳动者，并在线指引个体劳动者完成工作任务。这种工作模式广泛应用于快递、外卖、驾乘、货运、保洁等劳动密集型领域，平台就业者主要依靠体力劳动来获取收入。而传统制造业流水线工人和低技术能力的服务人员，自然就成为零工经济从业人员的重要来源。

实际上，快速发展的零工经济，结合中国劳动力市场供求关系的逆转，正对传统劳动密集型的产业和行业形成"虹吸效应"，各类互联网平台新增劳动力大多数来自生产制造业，过去活跃在工厂生产线的青壮劳动力正源源不断地从线下走到线上，使得中国的经济结构和形势发生了重大变化。以往去沿海工厂打工是无数年轻人实现城市梦的首选，而如今，到大城市去送快递和外卖，正在变成他们职业选择的优选选项。本文将从产业劳动力转移的视角，分析零工经济如何展现出对实体经济劳动者的吸引力，以及这种转移对制造业的影响会是什么，会产生怎样的结构性风险，我们如何加以政策规制和引导。

一 零工经济展现的三类图景

随着云计算、大数据、物联网等数字技术的发展，各种基于互联网的商业模式和产业形态重组了社会生产与再生产的各个过程，以往处于次级劳动力市场的非正规就业也卷入了这个进程。在这个过程中，传统的正规就业和用工模式正在减少，取而代之的是越来越灵活的工作种类、工作时间和工作形式，而越来越多的稳定发展的企业经济组织也加入其中。学者们用"零工经济"的概念来描述这种数字技术体系下新经济组织形式，并为我们展示了"零工经济"三类不同的图景。

第一类图景认为零工经济是"就业创造者"。零工经济平台作为一种借助数字技术平台而出现的新型劳动力供需匹配模式，得益于互联网所带来的人们的连接性（connectivity）或互连性的前所未有的增加，这也为现有的劳动力市场增加了重要的新元素。零工经济提高了劳动者与企业以及消费之间的匹配效率，创造了传统工作之外的就业途径。新技术运用不仅降低了劳动者的求职成本，大大减少搜索时间，而且使劳动者更加容易地找到工作。而劳动者的技能、体力、知识和时间也不需要依靠传统企业组织形式，个人就能成为独立的服务提供商，从而产生了劳动者通过平台获取就业收入的激励效应。然而也有人对零工经济是"就业创造者"还是"就业蓄水池"的性质存有疑问。"零工经济"的快速发展得益于技术变革，可能只是一种错觉，实体经济衰退和糟糕的就业市场可能才是主要原因，这是一种"劳动力市场滞后"的现象。在西班牙和希腊等失业率高的国家，其零工经济的发展程度就比较高。不仅如此，零工经济的"就业创造"很大程度是建立在实体经济"就业损失"的基础上，同时也掩盖了就业极化和就业质量低下的问题。

第二类图景认为零工经济是"劳动控制者"。许多零工经济研究者借用了工厂制度中的劳动控制理论来分析平台与就业者之间的关系。只不过劳动控制手段从泰勒制转向了基于数字技术的供需控制算法。算法以其精准的解析和控制能力，使得一切变得透明可视化、直观可理解，它不断地通过优化算法来预测并修正劳动者的认知和行为。算法可以使平台能够更详细地规定工作规则，例如规定劳动者必须接受的工作比例，他们必须提供的劳动时间，以及他们期望的评级水平，使平台比劳动者更清楚地了解劳动过程，有学者用了"下载劳动"的概念来描述这种控制关系。虽然，这些有着丰富工厂制度劳动控制研究经验的学者，能对零工经济的劳动控制做出更有力的判断，但这不能解释为何工人们还愿意源源不断地涌入零工经济。事实上，零工经济劳动过程发生的新变化，是基于任务控制的，而工厂则是基于机器控制。前者的劳动控制与自主工作时间并存，而后者则是全天候、全空间的劳动控制，劳动控制的整体强度显然更强。

第三类图景认为零工经济是"不稳定制造者"。许多学者从政治经济学的角度分析零工经济。互联网平台利用众包技术和手段，对劳动技能进行分解和重组，消解劳动技能，降低劳动成本。同时数字平台推动的新一轮标准化和模块化，使传统劳动的外包更为普遍和深化，加之数字信息技术造成的去技能化，在世界范围造就了规模日益庞大的产业后备军，为资本提供了一个取之不竭的劳动力蓄水池，也为劳动力市场价格的下降打开阀门，劳动力市场的不稳定性风险日益凸显。然而，认为这种不稳定是由零工经济引起的学者，既夸大了其影响，也忽略了其背后的实质推动力，这其实是自由市场经济制度下后福特主义弹性积累制度的整体要求。制造业向服务业系统性转型，企业与金融市场的关系日益密切，资本市场成为评价企业经营绩效的风向标，并不断助推企业自身商品化的过程，企业经营需要更加流动和弹性。企业早已纷纷通过劳务派遣、业务外包、使用临时工等方式来致力于雇佣关系灵活化，减少员工技能发展投入，降低员工职业生涯预期，不论企业高管还是普通工人都难以与企业维持稳定的雇佣关系，零工经济只不过延续和扩展了这种更广泛的趋势。

二 零工经济用工模式吸引力的来源

对于零工经济的互联网平台而言，劳动力资源是核心资源，是决定其市场规模和获利能力的关键。社会对于零工经济的讨论，更多的是把它当成一种新兴的用工模式，强调其与传统雇佣组织的用工模式有巨大的差别。这一方面是因为平台需要把分散的劳动力进行系统的组织和管理，才能提高供需匹配的效率和范围，并由此形成了工作任务化和时间弹性化的用工模式，另一方面也是因为这种用工模式需要显示出相较于传统用工模式的优势，从而能够吸引劳动力资源源源不断地从线下走到线上。

首先，零工经济的用工模式营造出"自由"的劳动体验。脱胎于大规模生产时代的工厂制度时期，机器往往处于中心地位。为了保持机器持续高速稳定的运转，用工模式需要固定在特定空间和地点上。工人要长时间轮班照料机器的运转，按照机器的节奏和指令完成动作，并以此形成计时工资制度。而零工经济则是按需用工模式（On-Demand），工作任务处于中心地位。工作任务本身呈现多样性以及不连续性的特点，多样性是因为工作任务服务于不同个性特点的需求，快速和临时性使得工作任务之间没有连续性，也使得工作时间不需要连续性，并以此形成计件薪酬制度。在传统用工模式中，要成为工厂工人，劳动者要经历面试、入职、签订合同、培训、工作任务分配、管理指导、工作考核、薪资发放等复杂环节，而在平台上只需经历两个程序即可，即注册和接单。在工厂制度中，劳动者需要服从机器的高速节奏。为了防止个性化对于标准化的挑战，工厂会形成严苛的管理制度以及半军事化的管理作风，使劳动者能够服从机器指令。而零工经济中，劳动者只需要完成非连续性的工作任务，自己提供劳动工具，可以自由决定工作时间和工作地点，没有管理者的训斥，也不需要随时保持紧绷的工作状态，有一种"自由"的工作感觉。虽然，平台通过互联网技术对于劳动者完成工作任务的过程实行监管和控制，但相比于工厂中的"全天候"作业，平台劳动者在工作时间上是自主的，这一点对于有过工厂经历的劳动者而言至关重要。

其次，通过先进的人力资源管理技术和手段"制造同意"。由于零工经济的参与和退出都是零成本的，为了保持足够的劳动者参与强度，平台需要形成以强激励为导向的一整套技术和手段。一是使用累进激励的手段。把任务完成单量分为不同的收入档次，单量越多，收入累进的越多。如某网约车平台，根据单量完成的不同阶段，陆续推出新司机首周奖、普通翻倍奖、优秀司机额外翻倍奖、金牌服务奖等，并对应着不同的奖励强度。这种具有激励作用的计费机制，极大地增加了司机工作的积极性以及在线工作时长。二是使用评分评价机制。平台劳动者工作业绩的好坏是通过评分高低得出的。但与传统用工模式的绩效考核不同，平台劳动者的分数高低不是由管理者而是由消费者来给出的。消费者根据服务体验对平台劳动者进行评价打分，使得平台劳动者并没有感觉自己是被平台监督和管理，从而转移了平台与劳动者的冲突风险，消解劳动者对平台的不满。与此同时，评分高低与劳动者奖励程度高度相关，劳动者表现出对高分评级的强烈偏好，分值已然成为劳动者在平台的"个人资产"，并通过更多在线时间和接单任务来实现"保值增值"。三是使用公开透明的计酬规则。工厂制度的薪酬体系依附着过多的政策和管理空间，加之把产品产量转化为劳动时间的过程，使得劳动者计酬成为一个复杂的体系。而平台的计件工资制度简单直接，劳动者能够在客户端软件中快速而直观地看到自己收入的变化，使得劳动者产生了"多劳多得"的公平感，促使他们参与到内嵌于平台生产制度的"赶工游戏"。

最后，零工经济通过享用"劳动政策红利"，获取了对正规就业的收入溢价优势。零工经济在兴起之初，由于获取了大规模的风险投资，往往采取大规模补贴的方式来迅速吸引劳动者的参与。然而经历了平台上线之初每月2万~3万元的黄金收入期后，随着劳动者大规模涌入，劳动者的收入迅速出现递减的趋势。但即便如此，劳动者通过零工经济获得的平均收入比在工厂的收入还是多出近20%。2019年《农民工监测调查报告》显示，从事交通运输仓储邮政业农民工月均收入4667元，从事制造业农民工月均收入3958元。这并不是因为劳动力在零工经济中有更大的技能价值，这主要是因为零工经济中的平台不需要像工厂主一样承担雇主责任。在传统用工模式中，劳动关系的确立使得企业需要遵守国家用于保护劳动者的法律和政策，这其中，社会保险费用成为企业重要的支出成本。我国养老、医疗、失业、工伤、生育五项社保的缴费比例，企业为29.8%，个人为11%左右，合计近工资的41%，再加上公积金，这个比例超过60%。而对于劳动密集型的生产制造业而言，社保的支出成本已经成为较重的负担。而零工经济中的平台则不需要承担这些成本，从而直接反映在相对较高的薪酬水平上。不仅如此，平台就业人群普遍年轻，相较于中老年人，风险保障意识较低，普遍缺乏参加社会保险的动力，由于不用缴纳社会保险个人支付部分，实际拿到手的钱"变多了"。

凭借具有吸引力的用工模式，越来越多的劳动力开始选择在零工经济中长期工作，而零工经济也早已经不是当年在街头巷尾摆摊、做黑车司机、做家政这样零散、临时性、没有规范的工作状态，而是借助互联网实现了高度组织化、高度平台化、高度技术化、高度资本化。在零工经济的推动下，灵活就业开始具有结构明晰的中心结构和领导结构，几个大平台底下有几百万、上千万名灵活就业人员，并日益呈现集中化的态势。在这样的背景下，当前我国劳动力市场呈现出正规就业不断减少、灵活就业不断增多的态势。从历年《农民工监测调查报告》可以看到，2008~2018年，从事制造业的农民工占农民工总量的平均年增长率为-2.84%，呈现明显的下降趋势。农民工签订劳动合同的占比，从2009年的42.8%一路下滑到2016年的35.1%（见图1）。劳动合同签订率是反映正规就业最重要的衡量指标，劳动者与用人单位只有通过签订劳动合同，才能建立劳动关系，保障劳动条件待遇，实现稳定长期就业。与此同时，灵活就业的比重在不断上升，把自由职业、自主创业、灵活就业等类别数据归纳在一起，2003 年的占比只有 4.01%，而到了 2017 年已经快速增长到了 18.77%（见图 2）。现在很多学者测算，我国当下的灵活就业比重应该已经超过 20%。随着更多的劳动力流向零工经济，制造业持续面临招工难以及劳动者年龄老化的问题。历年的《农民工监测调查报告》显示，50 岁以上农民工在农民工整体占比中快速提升，2008 年 50 岁以上农民工占比为 11.4%，在 2017 年首度超过 20% 之后，2019 年达到 24.6%。

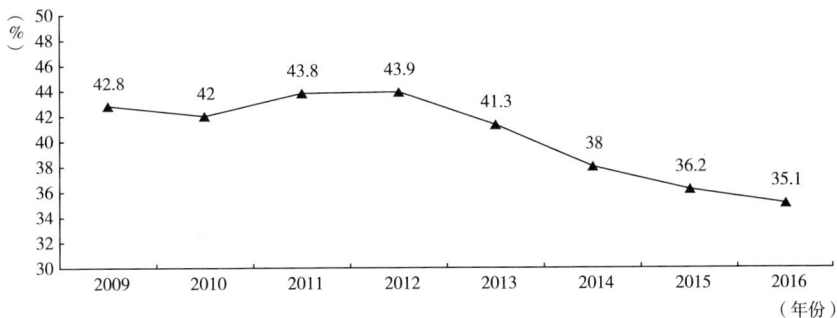

图 1　2009~2016 年农民工签订劳动合同占比

资料来源：国家统计局《农民工监测调查报告》（2009~2016 年）。

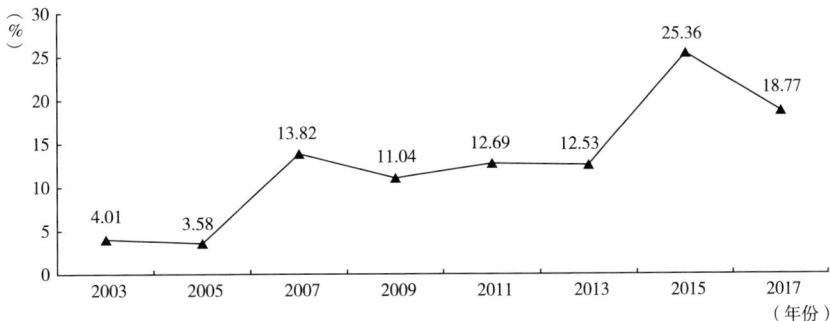

图 2　2003~2017 年灵活就业比重

资料来源：曾湘泉《互联网时代的灵活就业》。

三 零工经济过度发展的社会后果

零工经济发展对于生产制造业影响的背后，依然是中国到底优先发展服务业还是发展先进制造业的历史争论。在新冠肺炎疫情期间，由于在稳就业和保就业中的重要作用，零工经济受到了更多的关注，也得到了更大的政策支持。但零工经济是作为"就业创造者"还是作为"就业蓄水池"是两个不同性质的问题。如果作为"就业蓄水池"，零工经济的非全日制、临时性工作、缺乏保障为特征的就业形式是相对于正规就业而言的一种补充就业形式，也是承接实体经济就业状况不好的一种兜底手段。而如果作为"就业创造者"，随着国家大力推动复工复产，实体经济招聘需求复苏，零工经济还将面对与实体经济争夺劳动力的问题，孰先孰后，这将成为摆在决策者面前的重大议题。当大量年轻劳动力投入零工经济的浪潮时，我们也需要警惕零工经济过度发展可能带来的结构性风险。

首先，零工经济的过度发展在经济层面可能形成"产业空心化"风险。产业空心化是指以制造业为中心的第一、第二产业在国家经济中所占的比重过低，从而导致实体经济衰落，走向以服务业为主的经济模式。从各国的发展历程看，制造业向服务业转型的过程，更多地代表了一种潜在风险。以2012年发生欧债危机的南欧五国为例。作为最早发生工业革命的地区，欧洲主要国家都拥有不错的工业底蕴和较多的工业企业。然而，欧盟一体化进行了产业结构调整，制造业在德国以及北欧国家大量聚集，而西班牙、意大利、希腊等南欧国家重点发展服务业和旅游业，这些国家大量削减工业企业，或者把工厂卖给跨国公司。同时，近半个世纪以来的欧洲金融服务业快速发展，资金更多地流入资本市场，通过各种衍生的金融工具投机获利，而没有投入实体经济，从而进一步恶化工业企业的发展环境。随着新兴工业国家融入全球经济，劳动力成本的巨大落差促使欧洲制造业大量外迁，劳动密集型的产业消失殆尽，南欧各国只能靠自然风光发展服务业，从而过度依赖外部需求。而服务业总体税收少、劳动生产率低、保障支出成本高，抗风险能力较低。2008 年金融危机的发生，欧洲各国为了尽早摆脱危机，只能通过扩张性的财政政策来调节经济，而希腊等国不断突破欧盟规定的"公共债务占 GDP 比重上限 60%"的标准，形成财政收入无法覆盖财政支出的恶性循环，并最终酿成传染性欧债危机，带来了一系列经济、社会和政治上的不良后果。

美国本身作为全球科技创新的高地，在 2008 年金融危机后，国内主张发展制造业、改变经济过分依赖服务业特别是金融业的呼声不断高涨。一方面，美国制造业显著"空心化"，制造业就业人数从 1979 年的 1960 万人下降至 2018 年的 1280 万人，制造产业普通岗位的流失带来大量产业工人失业进而激化社会矛盾，甚至催生社会瓦解的风险。另一方面，各种研究也发现，价值链中研发与生产环节的跨国分离，在空间上实际上阻碍了技能形成中隐藏知识的传播，而研发与生产环节无法及时互动反馈会产生所谓的"创新死亡峡谷"，进而直接拖累产业创新升级的步伐。这也就意味着，随着生产岗位的流失，研发岗位最终也会随之慢慢流失。由此，美国从奥巴马政府开始便启动了再工业化战略，推动制造业回流。疫情下，欧美日等国均在采取更多的措施促使制造业回流，并上升到国家安全层面。

反观中国的情况，服务业增加值占 GDP 的比重从 1980 年的 22.31%，增长到 2018 年的 52.16%；而工业增加值占 GDP 的比重从 1980 年的 48.06%，下降到 2018 年的 40.65%。尤其近年随着平台经济的快速发展，由于不需要支付传统企业劳动关系所需要承担的大额劳动保障成本，凭借自由灵活的就业方式以及高市场工资溢价的优势，农民工群体纷纷从第二产业转向了第三产业，从线下走到线上。农民工从事第二产业的比例从 2013 年的 56.8%，下降到 2019 年的 48.6%；而从事第三产业的比例从 2013 年的 42.6%，增长到 2019 年的 51%，并形成了"剪刀差"效应（见图 3）。这其中，从事交通运输、仓储和邮政业的农民工快速增长，比重从 2013 年的 6.3%，增长到 2019 年的 6.9%（见图 4）。加之劳动力市场供给总量不断减少，更加剧了制造业的实体经济招工难的问题，最终推动我国沿制造业出现跨国迁移的现象，我国也开始面临产业空心化的挑战。

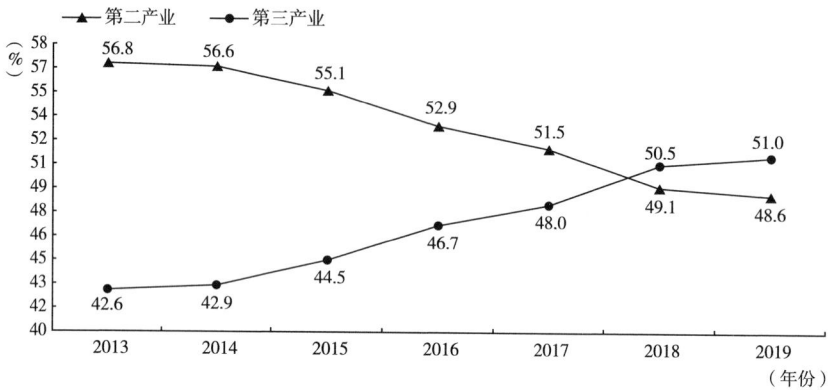

图3　2013～2019年农民工第二、三产业的分布

资料来源：国家统计局《农民工监测调查报告》（2013～2019年）。

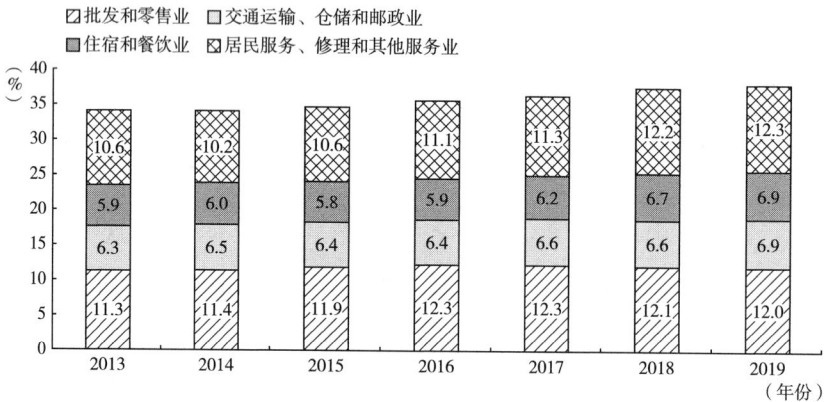

图4　2013～2019年农民工第三产业行业分布

资料来源：国家统计局《农民工监测调查报告》（2013～2019年）。

其次，在社会层面可能形成劳动者权益"逐底竞争"的局面。为了应对零工经济的政策溢价优势，制造业也尽可能在劳动力成本上进行削减，采取更灵活的用工方式。其中，劳务派遣已经成为企业灵活用工的重要渠道，并在全世界都处于不断发展壮大的趋势。我国2012年的《劳动合同法》修订案专门针对劳务派遣滥用问题进行了规制。但实际上，劳务派遣依然处于飞速发展的阶段，只不过进化为更为高级的形态。相关数据也显示，劳务派遣工的数量在 2012 年《劳动合同法》修订以后有减少，但是劳务派遣的企业数量却一直在飞增（见图 5）。一方面，大量企业把公司内的部分业务或职能工作内容发包给劳动派遣结构，以业务外包的方式取代传统劳务派遣，以规避劳动合同法的规制。另一方面，劳务派遣与零工经济相互融合，并不断衍生出新的灵活化用工方式。不少平台公司把劳务派遣人员注册成为个体工商户，通过转变劳动者身份的方式与企业形成商事合作关系，并凭借国家对个体工商户和小微企业相关免税的政策，把工资关系转变为企业间经营业务关系。劳务派遣凭借灵活性，日益受到企业青睐，并形成"不求所有，但求所用"的流行用工观念。沿海地区，劳务派遣中介公司甚至成为劳动力配置的主要渠道。企业和劳动者在劳动力市场相互搜寻已经不是面对面，而是陷入"通道垄断"的状态，链条上游的企业和链条下游的求职者之间间隔着大量劳务公司、黄牛、劳务中介三层组织，通过复杂的"返费"制度才能串联起来。

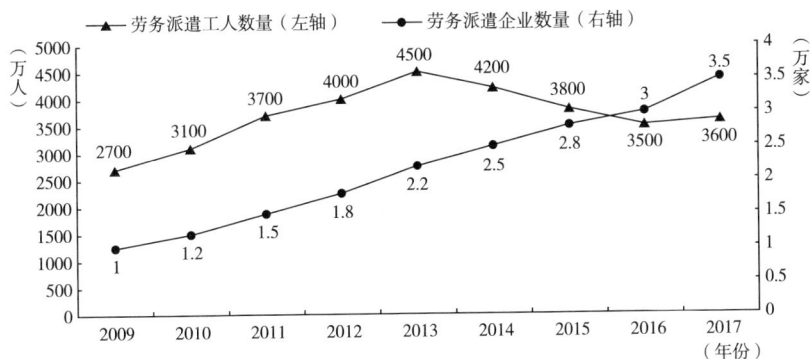

图 5 2009~2017 年中国劳务派遣工人和企业数量

资料来源：智研咨询《2019—2025 年中国劳务派遣行业现状分析及投资前景评估报告》。

在这场零工经济与实体经济的逐底竞争中，灵活就业将大行其道，劳动力市场将可能重回"丛林"时代，过去多年劳动法治建设的成果面临失效，劳动者权益保护将成为重要的社会问题。一方面，由于没有底薪，缺乏休息休假的制度安排，没有技能培训，平台就业者陷入收入不稳定的局面。作为原子化的个体，为了获取工作机会，劳动者之间还要逐底竞价，并不断产生工作时间长，劳动强度大、安全事故多等劳动问题。另一方面，灵活就业人群只能以个体的力量独自应对复杂多变的市场风险，他们整体上处于缺权的状态，不能像正规就业一样享受社会保障体系、集体劳动协议以及劳动法律规定的基本社会福利。劳动力市场由此陷入灵活性过度的泥潭，社会上的一批以打零工、收入不稳定、低技能、缺乏社会保障、主要从事服务业为主要特征的灵活就业人群大量涌现，盖伊·斯坦丁（Guy Standing）把这个群体称作"不稳定无产阶级"。

最后，在文化层面出现贫富差距现象。灵活就业群体扩大的背后也是贫富差距不断扩大的结果，零工经济中存在"所有利益都流向前10%的顶层人群世界里"的现象。实际上，无论是实体经济还是平台经济，都在通过低工资和低成本寻求在金融市场的经营绩效，大量采用灵活雇佣的方式来减少人力成本并规避企业劳动关系责任，企业价值和利润分配则不断向股东倾斜，握有股票的股东以及企业高级管理者获取了大量社会财富，而普通劳动者群体的工资长期增长缓慢，难以维系自身和家庭的再生产，从而陷入贫困化的陷阱，造成资本所有者和普通劳动者收入差距的不断扩大。美国工会组织劳联-产联（AFL-CIO）发布的年度调查报告显示，2015年标普500成分股公司CEO的平均薪酬是普通员工的335倍，而在1980年，这一比例是20倍左右。2017年美国最大的350家上市公司中，CEO平均加薪17.6%，平均薪酬为1890万美元，而普通员工的工资则停滞不前，同比增长仅为0.3%，CEO的平均收入比普通员工多312倍。

虽然，贫富差距现象有待改善，但是零工经济就业人群的职业规范问题将可能是我们未来面临的社会风险。由于缺乏收入安全和保障安全，他们无法学习和提升技能，也没有职业生涯可言，也会缺乏基于工作的认同。一方面，基于职业社群基础的社会记忆（social memory）无法传承，由于处于不断分散和流动的工作状态，职业伦理、职业道德、行为规范、同事间的相互合作和友谊无法累积生成，灵活就业人群自身也会缺乏认同感和归属感。另一方面，他们在决定目标时，出现更强烈的疏离感和工具性质，在不稳定的状态下，他们的行为和态度能趋向于机会主义。随着灵活就业人群的不断扩大，与之相伴的社会风险也与日俱增，这不仅包括他们在劳动过程中遇到的工伤、患病、养老的风险，也包括他们在收入降低、缺乏保障，失业等风险。而一旦发生这样的风险，不公平意识和仇富心态就可能蔓延，并形成向社会传导，进而有引发社会恶性事件的可能。这将在日后成为中国重要的社会问题，需引起各方高度关注和警惕。

四　从拆解到连续：政策调整的未来方向

无论是对零工经济还是生产制造业的讨论，深层次的发展困局实际是劳动者技能的减少和低技能化，而零工经济对于生产制造业影响的本质是加速了去技能化的进程。优先发展低端的零工经济还是同样低端的生产制造业，实际是伪命题，因为无论哪种发展，结果都会带来劳动者收入减少、贫富差距扩大和风险社会的形成。中国摆脱低技能、低成本的经济发展方式，转向高质量发展，大力支持和发展先进制造业，筑牢现代化经济体系的坚实基础，形成稳定体面的正规就业格局，才是抵御和防范风险的主要方向。

霍尔（Hall）和索斯凯斯（Soskice）区分了两种政治经济类型——自由市场经济和协调性市场经济。在自由市场经济中，以美国为代表的资本集团，关注技术创新和商业模式变革，促使企业关注股东回报率，培养"超级独角兽"，追求短期盈利能力和快速投资回报，企业兼并重组日益常态化，劳动力作为成本尽力"轻资产化"。零工经济是风险资本的投资热土。在数论融资的轰炸下，一些平台成为估值过100亿美元的"超级独角兽"。在协调性市场经济中，以德日为代表的资本集团以及劳工团体深度介入企业治理结构之中，聚焦于制造行业的竞争力，企业追求长远经营目标，提供高的就业保护，鼓励劳资对话，投资企业专用性技能，并格外重视自身的声誉。过去 20 多年，管理学家赫尔曼·西蒙收集了全世界生产制造业中 2734 家隐形冠军公司的数据，德国拥有 1307 家隐形冠军公司，是数量最多的国家，而这些公司的员工流动率非常低。

自由市场经济和协调性市场经济导致了劳动政治类型的不同，进而形塑了各自技能生产体制的不同走向，并分为技能的拆解模式和连续模式。在拆解模式中，零工经济进一步延续了泰勒制的传统，通过数字化"众包"技术，不断把岗位职责拆解为微小的工作任务，工作计量单位逐渐缩小化、精确化，工作时间也不再固定，工作是基于一小时甚至更小长度为单位的自由随意的弹性化交易模式，劳动者只需要从事碎片化和低技能的工作，成为按平台指令"从事简单劳动的操作工"。拆解模式在拆解劳动者技能的同时，也在通过数字连接拆解工人与社会的关联，促使劳动者个体化，剥夺工人的关系空间，并总体上形成个体化社会。在连续模式中，劳动者技能需要以"人机协同"的方式与机器长期运行保持同步。劳动者被鼓励提高技能并掌握多项技能，不断对劳动过程和机器运行进行改善。连续模式强调高技能要靠劳动者在实践中长期学习和经验积累，劳动者对于企业权力结构的参与以及集体劳动关系制度是工人技能长期形成的制度基础。在连续模式中，工人和机器一样都是企业的固定成本，从长远来看，工人们甚至是更为重要的固定成本，企业从工人长期的技能、知识、经验和精力中获取竞争力。

中国正处于一个发展转型，多种模式共存的阶段，蓬勃兴起的服务业与完善发达的工业相互角力，但如果陷入去技能化的发展路径，将不仅失去制造业的竞争优势，也会陷入零工经济的"全球化陷阱"，成为发达经济体外包简单劳动和输出不稳定社会风险的低端平台。因此，决策者们需要必须要把技能、数字经济、企业治理与更广范围内的社会关系放在国家转型发展的目标下综合考察。

首先，保持产业转型升级与劳动技能升级的协同。从产业经济学的角度看，产业转型升级必然对技能提出更高要求并带来对不符合新技能要求的劳动者的淘汰，这些劳动者通过国家、企业和社会的构建的再教育体系和保障体系，获得和掌握新技能和新知识，并重新回到就业岗位上，从而实现产业转型升级与劳动技能升级螺旋上升的良性格局。借鉴德国"工业4.0"的思路，中国也要从制造大国转变为制造强国，其中将"智能制造"定位成中国制造业转型的主攻方向，并带动了制造业智能化改造和装备水平升级，以及对劳动者技能升级的需求。然而就在"机器换人"后开始对劳动者技能培训的关键阶段，零工经济开始大规模发展，低技能劳动者源源不断地进入零工经济领域，一方面，劳动者技能升级路径断裂，无法再回到转型升级后的工厂岗位，另一方面，转型升级的长度和难度不断加大，高技能劳动者极度短缺，对中国制造业的发展造成现实困境。我国现实的情况很不乐观，2017年开展的第八次全国职工队伍状况调查中发现，产业工人中无技术等级的比例达72.8%，没有专业技术职称的达61.3%，有高级职称的仅为4.5%。

其次，调整劳动法律政策。我国的劳动法律政策规制的主要对象是正规就业。然而这些规制基础都基于劳动关系，基于企业与劳动者之间签署的劳动合同。从法律文本看，基于劳动合同的正规就业的规制水平是比较高的，而非全日制用工等灵活就业的规制水平则很低，甚至是自由灵活。正是规制水平过高，才带来了灵活就业的快速兴起。劳动法律在保护部分劳动者的同时，也对另一部分劳动者产生负面影响，形成了劳动力市场的制度分割。从理论上看，政府制定劳动法律的初衷在于增加正规就业，但企业的对策行为常常会使法律的净效应适得其反。企业在减少解雇行为的同时，也可能降低雇佣人数，从而加重失业或灵活就业问题。而且，劳动法律可能会增加内部人的谈判力量，迫使企业支付效率工资给那些因此不受失业威胁的员工，从而对增加正规就业也极为不利。OECD的统计数据也证明了这一点，随着劳动法律保护程度的提高，劳动力变动率趋于下降，虽然会促进男性、青壮年劳动者、有一定技能工人的就业，但也损害了年轻人、妇女和低技能劳动者的就业，而这些人群恰恰是灵活就业的主要活动人群。

再次，激发劳动者技能升级动机。需要在制度上激发企业和劳动者两个主体在劳动者技能升级上的积极性。在劳动法律制度上，降低"劳动者任意辞职"制度的影响，建立长期雇佣心理契约，增强企业对劳动者的技能培训动机，加大人力资本投资。在失业保险制度上，大幅增加失业保险制度中的职业培训功能，针对失业者设计和实施技能培训项目，与市场化的外部技能形成机制相匹配，成为积极的劳动力市场政策的重要组成。在户籍制度上，实现公共资源均等化服务，给予农民工平等的公民权。农民工群体城市生活质量差、归属感与安全感低，是劳动者无法长期安心工作并形成技能养成的主要障碍性因素。2020年4月，党中央在《关于构建更加完善的要素市场化配置体制机制的意见》中，要求推动超大、特大城市调整完善积分落户政策，探索推动在长三角、珠三角等城市群率先实现户籍准入年限同城化累计互认，这将对我国职业技能制度以及产业工人技能养成产生深远的影响。

最后，推动工会和集体协商制度建设。劳动者技能形成的背后是企业权力结构问题，只有劳动者参与并影响到权力结构，形成稳定的劳动关系体系，企业才不能随心所欲地去技能化，人机协同的效应才能发挥，劳动者技能才能长期发展。德国和日本制造业强盛的根基都是拥有一大批高技能的产业工人队伍，而这无一例外都是依赖稳定和长期的劳动关系，工会在其中发挥至关重要的作用。在德国的"共决制"的体系中，监事会是企业最高决策机构，但委员并不只是单方由股东代表选出，而是由股东代表与工人代表共同组成，而这些工人代表与股东代表具有同等的权利。通过在企业治理结构中形成劳资制衡，使得企业关注自身长期可持续性发展的同时，保障工人的长期利益，也使得企业在技术升级时，非常强调工会等工人代表机制的协商谈判和社会对话，让工会可以参与决策企业的升级改造方案以及工人在新的生产方式中的角色，并且对被裁减或转移的工作岗位做好善后安排。虽然它使得资方的持股成本有所提高，但带来了社会整体能力和福利的增加，并最终转化为产业竞争力。

参考文献

王宁：《互连性与可替代性：零工之别的内在逻辑》，《探索与争鸣》2020年第

7 期。

诸大建：《U 盘化就业：中国情境下零工经济的三大问题》，《探索与争鸣》2020 年第 7 期。

郑广怀等：《"平台工人"与"下载劳动"：武汉市快递员和送餐员的群体特征与劳动过程》，《澎湃新闻》，2020 年 3 月 30 日。

姚建华：《在线众包平台的运作机制和劳动控制研究：以亚马逊土耳其机器人为例》，《新闻大学》2020 年第 7 期。

吴清军、李贞：《分享经济下的劳动控制与工作自主性——关于网约车司机工作的混合研究》，《社会学研究》2018 年第 4 期。

张车伟主编《中国人口与劳动问题报告 No.19》，社会科学文献出版社，2019。

闻效仪：《欧债危机对欧洲工会的影响》，《中国劳动关系学院学报》2013 年第 4 期。

王星：《制造产业升级路径与产业工人技能形成》，《高等职业教育探索》2019 年第 3 期。

刘子曦、朱江华峰：《经营"灵活性"：制造业劳动力市场的组织生态与制度环境——基于 W 市劳动力招聘的调查》，《社会学研究》2019 年第 4 期。

Guy Standing, *The Precariat*, London：Bloomsbury Academic，2011.

王星：《零工技能：劳动者"选择的自由"的关键》，《探索与争鸣》2020 年第 7 期。

杨典，欧阳璇宇：《金融资本主义的崛起及其影响——对资本主义新形态的社会学分析》，《中国社会科学》2018 年第 12 期

熊易寒：《穷人心理学：社会不平等如何影响你的人生》，《经济观察报》2019 年 8 月 26 日。

田丰、林凯玄：《岂不怀归：三和青年调查》，海豚出版社，2020，第 20～30 页。

Guy Standing，"The Precariat：From Denizens to Citizens？"，*Polity*，2009，44（4）.

Peter A. Hall & David Soskice（ed），*Varieties of Capitalism-The institutional Foundations of Comparative Advantage*，New York：Oxford University Press，2001.

谢富胜等：《平台经济全球化的政治经济学分析》，《中国社会科学》2019 年第 12 期。

〔德〕赫尔曼·西蒙：《隐形冠军：未来全球化的先锋》，张帆等译，机械工业出版社，2019。

杨伟国等：《数字经济范式与工作关系变革》，《中国劳动关系学院学报》2018 年第 5 期。

封凯栋等：《生产设备与劳动者技能关系在工业发展中的重要性——从工业 4.0 模式谈起》，《经济社会体制比较》2015 年第 4 期。

李玉赋主编《第八次中国职工状况调查（报告卷）》，中国工人出版社，2017。

杨伟国、苏静：《欧洲就业战略：从就业抑制到就业激励》，《欧洲研究》2005年第6期。

许怡、许辉：《"机器换人"的两种模式及其社会影响》，《文化纵横》2019年第3期。

第三章 疫情下中国工会参与和谐劳动关系治理体系的作用和思考

郭宇强*

摘　要： 2020年新冠肺炎疫情突袭而至。以习近平同志为核心的党
中央高度重视，统筹推进新冠肺炎疫情防控和经济社会发
展工作，劳动关系领域也面临许多新问题与新挑战。中华
全国总工会与各级工会组织发挥政治优势、组织优势与人
员优势，全力参与疫情防控与复产复工等工作，在积极推
进劳动关系治理中展现了中国工会的责任担当、组织力量
与独特作用。

关键词： 疫情防控　工会　劳动关系治理

2020年，新冠肺炎疫情突袭而至。以习近平同志为核心的党中央高度重视，统筹推进新冠肺炎疫情防控和经济社会发展工作。2020年1月25日，中共中央政治局常务委员会召开会议，听取新型冠状病毒感染的肺炎疫情防控工作汇报，对疫情防控工作进行研究与部署。中共中央总书记习近平主持会议并发表重要讲话指出，生命重于泰山，疫情就是命令，防控就是责任；各级党委和政府必须按照党中央决策部署，全面动员，全面部署，全面加强工作，把人民群众生命安全和身体健康放在第一位，把疫情防控工作作为当前最重要的工作来抓。2020年1月27日，习近平作出重要指示，要求

---

* 郭宇强，中国劳动关系学院人事处副处长，副教授，主要研究方向为工会与劳动关系。

各级党组织和广大党员干部团结带领广大人民群众坚决贯彻落实党中央决策部署，紧紧依靠人民群众坚决打赢疫情防控阻击战。中华全国总工会与各级工会组织坚决贯彻落实习近平总书记重要指示和讲话精神，发挥政治优势、组织优势与人员优势，成立工作机构，发出倡议书，全力参与疫情防疫等工作，在和谐劳动关系治理中发挥积极作用，展现了中国工会的责任担当与组织力量。

一　工会面临的形势与要求

（一）经济状况受到一定影响

2020年1～2月，我国国民经济受到新冠肺炎疫情冲击，影响范围广泛。第一，工业生产下滑，重要物资生产保持增长。1～2月，全国规模以上工业增加值同比下降13.5%。分经济类型看，国有控股企业增加值同比下降7.9%；股份制企业同比下降14.2%，外商及港澳台商投资企业同比下降21.4%；私营企业同比下降20.2%。从产品产量看，医疗防护和生活所需物资增长较快，口罩、发酵酒精产量同比分别增长127.5%和15.6%，基本原材料生产平稳。第二，服务业生产下降，全国服务业生产指数同比下降13.0%，新兴服务业持续发展。第三，市场销售减少，生活必需品销售和实物商品网上零售继续增长。社会消费品零售总额52130亿元，同比下降20.5%；城镇消费品零售额44881亿元，同比下降20.7%，乡村消费品零售额7249亿元，同比下降19.0%；餐饮收入4194亿元，同比下降43.1%；商品零售47936亿元，同比下降17.6%。[①] 第四，工业企业利润明显下降。1～2月全国规模以上工业企业利润同比下降38.3%。[②]

---

① 《1—2月份国民经济经受住了新冠肺炎疫情冲击》，国家统计局官网，2020年3月16日。
② 《2020年1—2月份全国规模以上工业企业利润下降38.3%》，国家统计局官网，2020年3月27日。

（二）党中央高度重视疫情防控与经济社会发展等工作

新冠肺炎疫情发生以来，中共中央政治局常务委员会多次召开会议，聚焦疫情防控与复工复产等工作。2020 年 2 月 3 日召开的会议提出，要着力做好重点地区疫情防控工作；要切实维护正常经济社会秩序；在加强疫情防控的同时，努力保持生产生活平稳有序；聚焦疫情对经济运行带来的冲击和影响，围绕做好"六稳"工作，做好应对各种复杂困难局面的准备；要在做好防控工作的前提下，全力支持和组织推动各类生产企业复工复产。2020 年 3 月 18 日召开的会议分析国内外新冠肺炎疫情防控和经济形势，研究部署统筹抓好疫情防控和经济社会发展重点工作；要以省域为单元推动经济社会秩序恢复，所辖县区均为低风险的省份，要全面恢复正常生产生活秩序。2020 年 4 月 8 日召开的会议研究部署落实常态化疫情防控举措、全面推进复工复产工作；要坚持在常态化疫情防控中加快推进生产生活秩序全面恢复，抓紧解决复工复产面临的困难和问题，力争把疫情造成的损失降到最低限度，确保实现决胜全面建成小康社会、决战脱贫攻坚目标任务；千方百计创造有利于复工复产的条件，不失时机畅通产业循环、市场循环、经济社会循环。截至 2020 年 4 月 14 日，全国规模以上工业企业平均开工率已达99%，人员复岗率达到 94%。[①] 2020 年 4 月 17 日召开的会议指出在常态化疫情防控中经济社会运行逐步趋于正常，生产生活秩序加快恢复。我国经济展现出巨大韧性，复工复产正在逐步接近或达到正常水平，应对疫情催生并推动了许多新产业新业态快速发展。

（三）劳动关系领域面临许多新挑战

受新冠肺炎疫情影响，企业停工停产增多，用工需求呈现一定的减少趋势，劳动关系不稳定性增加。第一，部分行业受到影响较大。2020 年 2 月，上海国家会计学院会计信息调查中心发布的《新冠肺炎疫情对企业经营影

---

① 《国务院联防联控机制新闻发布会》，中国政府网，2020 年 4 月 16 日。

响的调查报告》显示，住宿和餐饮行业受到的影响最大；其他受到疫情影响较大的行业主要有：文化、体育和娱乐业；批发和零售业；交通运输、仓储和邮政业等。第二，失业率明显上升。2020 年 2 月，全国城镇调查失业率为 6.2%，31 个大城市城镇调查失业率为 5.7%。全国企业就业人员周平均工作时间为 40.2 小时，比 1 月减少 6.5 小时。① 第三，灵活就业人员规模持续扩大。2020 年 8 月 7 日，在国务院政策例行吹风会上，有关部门表示，灵活就业成为吸纳就业蓄水池，包括个体经营、非全日制以及新就业形态，就业规模持续扩大，达 2 亿人左右。这些行业的劳动用工、职业安全、劳动工时等问题日益凸显。第四，农民工就业形势还面临一定压力。截至 2020 年二季度末，农民工外出务工总人数达 1.78 亿人，恢复至上年同期的 97.3%，目前仍有部分农民工没有外出务工或外出务工稳定性不高。截至 2020 年 7 月底，全国新增返乡留乡农民工就地就近就业 1300 多万人。其中，有 5% 的返乡留乡农民工通过云视频、直播直销等新业态创业。② 第五，部分行业劳动关系领域风险呈现上升趋势。交通运输、餐饮旅游、影视文娱等行业职工面临合同解除、辞退待岗、收入减少等风险，部分企业与员工就劳动报酬、劳动工时、劳动合同履行等方面的劳动争议数量呈现一定的增长趋势；返工复工、工资支付、高负荷加班、居家办公等也成为企业与职工关注的重要问题。

二　工会参与和谐劳动关系治理体系的做法

（一）加强组织领导与动员工作

中华全国总工会及时传达学习党中央统筹推进新冠肺炎疫情防控和经济社会发展工作部署会议等会议精神，全国人大常委会副委员长、中华全国总工会主席王东明对工会统筹做好疫情防控和推动经济社会发展提出明确要

---

① 《1—2 月份国民经济经受住了新冠肺炎疫情冲击》，国家统计局官网，2020 年 3 月 16 日。
② 李心萍：《努力创造更多灵活就业岗位》，《人民日报》，2020 年 8 月 8 日，第 2 版。

求，把疫情防控作为最重要最紧迫的工作。

2020 年 1 月 26 日，全国总工会成立以全总党组书记、副主席、书记处第一书记李玉赋为组长的全总应对新冠肺炎疫情工作领导小组，统筹指导工会系统疫情防控各项工作。1 月 27 日，全国总工会发出《关于抗击新型肺炎疫情的倡议书》，号召全国各行各业的广大职工和各级工会干部要坚决响应党中央号召，坚决贯彻落实党中央、国务院的决策部署，迅即行动起来，为做好疫情防控工作贡献智慧和力量。倡议书包括五个方面的内容：第一，把思想与行动统一到党中央、国务院决策部署上来；第二，积极有序参与疫情防控工作；第三，带头遵守疫情防控各项制度规定；第四，督促身边亲友提高防范意识；第五，实做好职工舆论引导工作等。2 月 2 日，全国总工会下发《关于充分发挥工会组织作用，团结动员广大职工坚决打赢新型冠状病毒感染肺炎疫情防控阻击战的通知》。各级工会响应上级工作要求，成立疫情防控工作机构，在地方党委、政府统一领导下参与疫情防控工作，贡献工会力量。2020 年 5 月，全国总工会就学习宣传贯彻习近平总书记给郑州圆方集团职工回信精神下发通知，要求各级工会深刻理解把握习近平总书记回信的精神实质和重大意义，把学习宣传贯彻习近平总书记回信精神作为当前和今后一个时期的重大政治任务抓紧抓实，在广大职工和工会干部中迅速掀起学习宣传贯彻的热潮，以学习宣传贯彻习近平总书记回信精神为强劲动力，团结动员亿万职工在夺取疫情防控和实现经济社会发展目标双胜利中更好地发挥工人阶级主力军作用。

（二）参与相关制度与政策的制定工作

2020 年 2 月，国家协调劳动关系三方下发《关于做好新型冠状病毒感染肺炎疫情防控期间稳定劳动关系支持企业复工复产的意见》，要求高度重视疫情对劳动关系领域带来的新挑战，从灵活处理疫情防控期间的劳动用工问题、协商处理疫情防控期间的工资待遇问题、采取多种措施减轻企业负担、统筹各方力量加大指导服务力度等方面开展工作，充分发挥中国特色和谐劳动关系的制度优势，为打赢疫情防控阻击战做出积极贡献。

2020 年 3 月，中华全国总工会办公厅下发《关于做好新冠肺炎疫情防控期间支持企业安全有序复工复产和劳动关系协调工作的通知》，要求各级工会组织进一步做好疫情防控期间支持企业安全有序复工复产和维护职工合法权益、协调劳动关系工作，积极协助做好稳就业工作、切实维护职工合法权益、充分发挥集体协商制度的基础性作用、坚持依法协调劳动关系、坚决维护劳动关系和职工队伍稳定，团结动员亿万职工为夺取疫情防控和实现2020 年经济社会发展目标双胜利贡献力量。

2020 年 5 月，国家协调劳动关系三方下发《关于应对疫情影响进一步做好集体协商工作的通知》，要求各级协调劳动关系三方深入贯彻习近平总书记关于统筹推进新冠肺炎疫情防控和经济社会发展重要指示精神，积极应对疫情影响，发挥集体协商协调劳动关系作用，努力做好"六保"工作，保障职工权益，助力企业发展。在 2020 年全国"两会"期间，全国政协总工会界委员向全国政协十三届三次会议提交界别提案——《关于常态化疫情防控期间和谐劳动关系构建的提案》，聚焦新冠肺炎疫情背景下和谐劳动关系构建，并提出以下具体建议，主要包括：千方百计做好稳就业工作；全面提升劳动关系治理能力；充分发挥"有事好商量、众人的事情由众人商量"制度优势，凝心聚力共克时艰；充分发挥工会组织团结引领职工、推动构建和谐劳动关系的作用等。[①]

2020 年 6 月，中华全国总工会发布《关于在做好"六稳"工作落实"六保"任务中充分发挥工会组织作用的意见》，并从以下几个方面提出工作要求：要围绕落实保居民就业任务，积极推动全面强化就业优先政策落地见效；要围绕落实保基本民生任务，着力加大困难职工帮扶和解困脱困工作力度；要围绕落实保市场主体任务，在常态化疫情防控中助力企业全面复工复产；要围绕落实保基层运转任务，确保基层工会有序运转、坚决维护职工队伍和劳动关系和谐稳定。

---

① 郝赫、陈晓燕、李丹青：《有事好商量、众人的事情由众人商量》，《工人日报》，2020 年 5 月 22 日，第 2 版。

（三）稳步推进劳动关系协调工作

面对劳动关系领域的新挑战，全国总工会与各级工会组织认真研判形势，积极主动作为，加大对特殊时期企业劳动关系处理的指导服务，确保劳动关系总体和谐稳定，成为这一时期工会参与劳动关系协调的主旋律。

将协商与主动原则贯穿于劳动关系的全过程、全领域。第一，灵活处理疫情防控期间的劳动用工问题，包括鼓励协商解决复工前的用工问题，鼓励灵活安排工作时间，指导规范用工管理等。第二，协商处理疫情防控期间的工资待遇问题，包括支持协商未返岗期间的工资待遇，支持困难企业协商工资待遇，保障职工工资待遇权益等。第三，采取多种措施减轻企业负担，包括帮助企业减少招聘成本，合理分担企业稳岗成本，提供在线免费培训等。第四，统筹各方力量加大指导服务力度，包括加强劳动用工指导服务，主动化解劳动关系矛盾，做好表彰先进典型工作。

发挥三方机制在劳动关系协调中的作用。新冠肺炎疫情发生后，工会与三方机制中相关主体密切合作，采取多种方式了解企业经营情况、职工工作与生活状况，加强劳动关系风险监测和研判，聚焦当前劳动关系领域的重点事项与焦点问题，及时制定有关政策文件，提出工作建议与操作指引，有效引导企业与职工相互理解、相互支持，将矛盾与风险化解在基层。2020年9月，国家协调劳动关系三方印发通知，部署实施劳动关系"和谐同行"能力提升三年行动计划，自2020年9月至2023年9月在全国范围实施"和谐劳动关系百千万计划""重点企业用工指导计划""企业薪酬指引计划"，推进劳动关系治理体系和治理能力建设。

提高对集体协商作用与地位的认识。要发挥集体协商对于助力企业复工复产、稳定职工就业岗位、维护劳动关系稳定的重要作用，深入推进集体协商"稳就业促发展构和谐"行动计划，引导企业和职工确立"同舟共济、共克时艰"的协商目标，坚持合法合理、利益兼顾、因企制宜、稳定有序的协商原则，通过开展集体协商，妥善解决当前劳动关系的突出问题，维护劳动关系和谐稳定。

实行分类指导，推进集体协商工作。要针对企业经营发展现状和职工的现实诉求，着力围绕稳定劳动关系开展协商。一是对复工复产难度大、订单大幅减少、生产经营较困难的企业，突出协商稳岗位保企业，通过协商调整薪酬、灵活安排工作时间、轮岗轮休、组织培训等方式稳定工作岗位，尽量不裁员或少裁员；不得不裁员的企业要在裁员方案制定和实施中充分听取职工意见，依法充分协商方能实施。二是对受疫情影响企业延迟复工、职工待岗、工作时间调整等期间的工资待遇问题，引导双方依法依规协商确定；对受疫情影响的企业，根据企业经济效益情况，依法适度协商调整工资水平；对暂无工资支付能力的企业，协商约定依规合理延期支付工资；对效益较好、生产经营正常的企业，协商合理确定工资增长幅度。三是拓展协商内容。围绕就业培训、工资收入、劳动保护、休息休假、社会保障、劳动争议等劳动关系重要问题开展协商，同时关注复工后的工作方式、时间安排、带薪休假使用、劳动保护措施、女职工特殊权益保护等。四是关注重点领域和群体。交通运输、旅游、餐饮住宿、娱乐文化、商贸会展等疫情影响严重行业和出口外向型企业；劳务派遣工、农民工、试用期职工以及湖北地区职工等特殊群体权益；平台企业与平台就业劳动者等。五是创新开展协商的方式方法。在确保程序规范的前提下，线上线下相结合，通过电子邮件、内部OA系统、微信群等形式，听取职工意见建议，履行民主程序。

多形式开展劳动关系调处工作。各级工会充分利用工会组织网络优势，主动对接企业，通过电话、网络、视频、邮件等方式了解企业生产经营、劳动用工等情况，提前介入劳动风险领域；与企业沟通，宣传国家和地方关于疫情防控的相关政策要求，开展劳动用工政策诊断，帮助企业规范劳动用工；与职工交流，帮助职工了解企业目前生产经营困境与难点，寻求职工理解与支持；发挥基层调解组织作用，协同处理涉疫情劳动争议案件，有效化解劳动领域社会风险。

（四）助力复工复产

加大援企稳岗力度。工会配合有关部门开通"点对点、一站式"专车、专列、专机等，有序组织职工返岗复工；通过为重点企业工会提供补贴、给返岗职工提供交通补助、向小微企业提供贴息贷款等形式，开展就业招聘月活动，助力职工返岗复工复产。2020 年 1 月 16 日，福建省总工会联合广东省总工会开通"工会平安返乡号"（福建）专列，组织 377 位闽籍在粤务工人员搭乘动车从深圳返闽。2 月 6 日，河南省总工会下发通知，要求各级工会加强复工复产企业职工劳动安全卫生保护、开展岗位建功。上海市工会通过电话、微信等多种形式了解企业复工情况；督促企业落实职工安全防控措施，配好口罩、消毒液和洗手液等用品，确保安全就餐等。①

开展劳动和技能竞赛。2020 年 3 月，全国总工会办公厅下发《广泛深入持久开展劳动和技能竞赛，助力夺取疫情防控和实现经济社会发展目标双胜利的通知》，要求各级工会广泛深入持久开展"当好主人翁、建功新时代"主题劳动和技能竞赛，团结动员广大职工充分发挥主力军作用，为奋力夺取疫情防控和实现 2020 年经济社会发展目标双胜利做贡献。在医疗、能源、生活必需品等生产企业中开展保生产、保供给竞赛，组织开展交通物流领域竞赛，打通人流、物流堵点，央企、国企要针对重点行业、龙头企业和产业链核心企业开展企业内、企业间和区域竞赛，带动全产业链加快复工复产，深化"安康杯"竞赛活动，为复工复产和经济社会发展营造安全稳定的环境。要深化重大战略、重大工程、重大项目和重点产业竞赛，努力克服疫情不利影响，着力抓好在建和新开工项目建设劳动和技能竞赛，进一步深化全国引领性劳动和技能竞赛，围绕发展智能制造、无人配送、在线消费、医疗健康等新兴产业开展技术创新竞赛。针对疫情对非公企业特别是中小企业影响较大的实际，发动职工献计献策，组织劳动模范、技术能手深入企业开展技术服务、技术帮扶等。

发挥劳模先进的示范引领作用。劳动模范是中国共产党在新民主主义革命、社会主义建设和改革开放不同历史阶段，为调动和激发工人阶级的先进性、创造性、历史主动精神，通过发现并开展选树先进典型活动而造就的优

---

① 《全国各级工会力量下沉基层战"疫"》，中工网，2020 年 2 月 21 日。

秀人物，具有先进性、引领性、示范性等特征。① 疫情发生后，广大劳动模范充分发挥劳动、劳模精神与工匠精神，主动投入复工复产第一线，确保重点行业与领域的生产任务；积极开展劳动竞赛与技术研发活动，解决生产与技术难题，确保生产的有效运行；影响带动其他职工加班加点，全力奋战在生产一线，高质量完成各项工作。

（五）开展就业服务，提升劳动者技能水平

开展就业服务。2020 年 3 月 12 日，全国总工会开通"工会就业服务号"平台。全国 27 个省（区、市）工会，协调企业信誉、劳动关系、劳动保护等方面比较好的用工单位提供岗位信息。累计发布招聘信息 6 万余条，提供线上岗位超过 110 万个，组织上海、江苏、浙江、广东、福建等省（市）工会与湖北省总工会开展"助力荆楚、共创未来"对口就业援助活动；实施"阳光就业暖心行动"，为建档困难职工家庭应届高校毕业生提供就业帮扶。②

开展在线培训，提升劳动者技能水平。2020 年 2 月 5 日，国家发改委、人力资源和社会保障部、工业和信息化部、全国总工会四部门联合印发《关于应对新型冠状病毒感染肺炎疫情、支持鼓励劳动者参与线上职业技能培训的通知》，从免费开放线上职业技能培训资源、提升线上职业技能培训资源质量、完善线上职业技能培训配套服务、加大线上职业技能培训扶持力度、积极开展宣传动员、强化组织实施六个方面提出了工作要求，鼓励劳动者通过线上学习的方式参加职业技能培训。2 月 7 日，全国总工会开通"技能强国—全国产业工人技能学习平台"，涵盖 20 多个工种、18 个行业的 1.3 万学时课程，劳动者可以通过 PC 端、手机端等方式进行学习。截至 2020 年 8 月 18 日，平台累计培训职工 7251.08 万人次，112 名劳模工匠专家开展直播培训。③

---

① 杨冬梅、赵建杰：《劳模学概论》，人民出版社，2020。
② 《全总第三季度新闻发布会》，中华全国总工会官网，2020 年 8 月 27 日。
③ 《全总第三季度新闻发布会》，中华全国总工会官网，2020 年 8 月 27 日。

（六）关注重点群体

关爱一线医务人员及其家属。2020年1月22日，全国总工会发出通知，号召各地工会积极行动，关心支持坚守防疫抗病一线医务人员全力以赴投身抗击新冠肺炎疫情工作。通知从做好防治工作一线医务人员自身防护工作、保障防治工作一线医务人员休息、解决防治工作一线医务人员家庭困难、开展送温暖慰问活动、加大典型宣传力度等方面提出要求。3月25日，首批国家援鄂医疗队返京①，全国总工会国际交流中心承担医疗队返京隔离休养任务，共接待301名队员；全国35家工人疗休养院（职工医院）参与了疫情防控、病患治疗、一线人员休整等工作。② 全国总工会女职工委员会及时协调在中国职工发展基金会捐赠湖北省总工会的500万元防疫资金，为参加疫情防控的女职工购买特殊保护用品、为直接从事防疫的女职工发放女职工特殊保护用品等。③ 各级工会协助为医务人员家属提供老人照料、子女托管、物资采购、心理咨询等服务。

为进一步落实国务院《关于印发新冠肺炎疫情心理疏导工作方案的通知》精神，中国教科文卫体工会联合中国科学院工会，依托中国科学院大学心理健康教育中心，启动公益心理援助"启明灯"项目，聚焦抗疫一线医务人员及社会公众心理需求。疫情期间，提供24小时心理援助（援助热线：4006-525-580），以及中英双语服务。截至2020年4月30日，汇集近200名心理学工作者，接听求助来电369人次，开展团体心理辅导活动60余次，实行个体心理辅导300余人次，处理危机个案几十例，推送科普文章95余篇。④

帮扶生活困难职工。2020年3月，全国总工会办公厅下发《关于拨付2020年中央财政专项帮扶资金保障疫情期间困难职工基本生活有关事项的通

① 张锐：《全国总工会、国家卫健委欢迎国家援鄂医疗队首批返京队员凯旋》，《工人日报》，2020年3月26日，第1版。
② 《全总2020年全国"两会"新闻发布会》，中华全国总工会官网，2020年5月14日。
③ 郝赫：《工会女职工维权行动月关注复工复产中的女职工权益维护》，《工人日报》，2020年3月8日，第1版。
④ 孙庆玲：《国科大将启动"启明灯"二期项目、24小时心理热线继续运行》，中青在线，2020年5月5日。

知》，下拨 2.5 亿元帮扶资金，对各地工会建档的深度困难职工发放疫情期间生活补贴，保障困难职工家庭基本生活。各级工会还将对不同困难职工群体开展生活救助，保障疫情期间困难职工家庭基本生活。各级工会要加大地方财政、工会经费、社会捐助等配套资金筹措，结合当地实际可对深度困难职工增发疫情期间生活补贴，适当提高补贴标准；可将刚脱困一年内的困难职工家庭、感染新冠肺炎职工和病亡职工家属纳入发放范围。截至 2020 年 5 月，全国总工会共下拨中央财政专项帮扶资金 6.18 亿元，其中 2.55 亿元专门用于疫情期间生活补贴，拨付送温暖资金 8590 万元，用于支持湖北等地区各级工会开展对受疫情影响低收入职工、感染新冠肺炎以及染病病亡职工家庭。[1]

高度关注女性职工。全国总工会女职工委员会提出关于疫情期间协商安排孕期、哺乳期女职工居家远程办公、灵活安排休假及工作时间等方面的工作建议；26 个省（区、市）通过发文、公众号宣传等方式发出工作建议，其中安徽、湖北、山东、广东、重庆等地分别将孕期哺乳期女职工劳动保护纳入省（区、市）疫情防控指挥部、省（区、市）政府、省（区、市）三方机制文件中。在 2020 年国际劳动妇女节来临之际，结合疫情防控工作实际需要，全国总工会女职工委员会组织各地开展女职工维权行动月活动，主题为"创建安全健康平等的工作环境，依法维护女职工合法权益和特殊利益"。2020 年 5 月，全国"两会"期间，代表委员们高度关注"三期"（孕期、产期、哺乳期）女职工的合法权益保障问题，并从劳动时间、休假安排、健康保护、法律监督等方面提出建议。

在其他方面，各级工会按照工作要求，统筹做好医务人员、救援人员、志愿服务者等疫情防控一线职工的关爱工作，联合高校、科研院所、咨询公司、社会组织等提供心理关爱、情绪减压与疏导服务；各级工会高度重视特殊时期职工的合法权益，明确要求用人单位不得歧视湖北及武汉外出务工人员。2020 年 5 月，全国总工会印发《关于充分发挥工会组织优势，开展消费扶贫行动助力贫困地区决战决胜脱贫攻坚的通知》，最大限度地降低新冠

---

① 《全总 2020 年全国"两会"新闻发布会》，中华全国总工会官网，2020 年 5 月 14 日。

肺炎疫情对贫困地区特别是湖北省农产品销售带来的不利影响，助力贫困地区脱贫攻坚，为决战决胜脱贫攻坚战贡献力量。2020 年 8 月，全国总工会向香港工会联合会等爱国工会团体赠送防疫物资，支持其抗击疫情，体现"一方有难，八方支援"的民族精神。

（七）多方面助力疫情防控

加大资金支持力度。全国总工会和各级工会根据工作需要从工会经费中设立新型冠状病毒感染肺炎防控工作专项资金，用于疫情防控保障和慰问等专项工作。为进一步加强各级工会防控专项资金使用管理，2020 年 1 月 31 日，中华全国总工会办公厅发布《关于加强新型冠状病毒感染肺炎防控工作专项资金使用管理的通知》，要求各级工会充分考虑疫情防控工作的需求，安排一定规模的防控专项资金，纳入 2020 年度收支预算管理；县级以上总工会防控专项资金要体现向疫情防控工作一线倾斜的原则，用于下级工会对参与疫情防控工作的医护人员、公安干警、环卫工人、物资保障人员等一线工作人员及其封闭工作和防疫期间无法照顾的直系亲属的慰问，用于对参与疫情防控重点工程项目建设者的慰问，用于购买物品物资支援疫情防控工作；基层工会防控专项资金用于本单位直接参与疫情防控工作人员及其不能照顾的直系亲属的慰问，用于购买口罩、消毒液、测温仪等与疫情防控工作相关的物品物资。截至 2020 年 4 月，全国总工会和省级工会累计拨出 22.25 亿元专款并提供防控设备和物品。①

参与基层疫情防控日常工作。各级工会积极行动起来，下沉基层社区、街道，参与基层疫情防控工作。主要工作内容包括：站岗执勤；协助开展出入人员登记、排查、测体温、检查出入证等工作；协助完成消杀登记工作；开展防疫知识宣传工作；完成数据汇总、简报编写、工作总结等工作。湖北省总工会组织 4 万余名工会干部下沉社区、进驻村组，当好"疫情防控员""物资保供员""心理疏导员"；浙江组织

---

① 刘维涛、易舒冉：《动员联系群众、投身疫情防控》，《人民日报》，2020 年 4 月 16 日，第 1 版。

135.76万人次工会干部、志愿者、劳模先进、职工群众，河南组建21312支67.8万余人的职工志愿服务队，参加村（社区）、企业联防联控。① 2020年2月，全国工会职工书屋建设领导小组办公室向基层一线单位免费赠送《新型冠状病毒职工防护知识50问》图书2.6万册；配送对象为直接参与抗疫的相关单位、保障民生的一线生产建设和服务单位以及具有向职工分发图书的能力和条件的单位。②

加强舆论引导与宣传工作。2020年1月25日，中共中央政治局常务委员会会议提出，要及时准确、公开透明发布疫情，回应境内外关切。要加强舆论引导，加强有关政策措施宣传解读工作，增强群众自我防病意识和社会信心。各级工会充分利用线上、线下相结合的方式，发挥网上工会等平台优势，通过微信公众号（服务号）、工会网站、App等途径开展疫情防控政策宣传，及时转发最近疫情进展、专业解答等信息，传递权威声音，回应社会关切；大力宣传疫情防控中涌现出来的优秀典型，弘扬时代正能量。

在其他方面，全国总工会通过中国能源化学地质工会，并在江汉油田工会的协助下，采购200吨消毒剂作为第一批捐赠物资，于2020年1月28日运抵湖北荆州、孝感、仙桃、天门、潜江等地。

（八）推进工会自身建设

各级工会发扬改革创新精神，采取多种措施，不断加强自身建设，增强环境适应性，提升工会工作水平。通过视频会议、电话、微信等多种形式，开展集体协商指导员队伍建设；编撰制度手册、工作指引、文件汇编等为各级工会提供工作依据；组织专家学者以及实务部门就疫情中劳动关系的新变化、新需求、新问题等进行广泛研讨与交流；通过微信、App、公众号等多种形式加强对基层工会在劳动关系协调、集体协商等领域进行精准指导；加

---

① 《全总2020年全国"两会"新闻发布会》，中华全国总工会官网，2020年5月14日。
② 《全国工会职工书屋向基层单位赠送职工防疫知识读本》，《工人日报》，2020年2月21日，第2版。

强工会组织建设，在化解劳动关系领域社会风险、构建企业与职工命运共同体中赢得信任，有效推进工会组建与会员发展工作。

三　工会参与和谐劳动关系治理体系的启示

（一）坚持党对工会工作的领导

工会组织坚持党的领导，以习近平新时代中国特色社会主义思想为指引，把党的政治建设摆在首位，增强"四个意识"、坚定"四个自信"、做到"两个维护"，把党的领导落实到工会工作全领域，把党的宗旨、政策主张与维护职工权益、服务职工统一起来，不断保持政治性、先进性与群众性，在参与和谐劳动关系治理体系中发挥群团组织的独特作用，有效提升了广大职工群众的满意度。

（二）工会积极参与国家治理并发挥重要作用

党的十九届四中全会提出，健全联系广泛、服务群众的群团工作体系，推动人民团体增强政治性、先进性、群众性，把各自联系的群众紧紧团结在党的周围。习近平指出，这次抗击新冠肺炎疫情，是对国家治理体系和治理能力的一次大考。工会充分发挥桥梁和纽带作用，把党的政策传达给职工群众，在贯彻落实中心工作中把党的政策变为群众的自觉行动；同时把职工群众的想法与需求传递给党和政府，有效提高政策制定的科学性与精准性；工会依靠政治优势、组织优势与人员优势，发挥组织动员与资源整合功能，通过参与、合作、主导等多种模式参与疫情防控与复产复工等任务，从理念、制度、行动等层面把制度优势转化为工会治理效能，在参与国家与社会治理、维护社会稳定、推进经济发展、巩固工人阶级团结等方面发挥了积极作用。

（三）突出协商的地位，发挥协同作用，构建中国特色和谐劳动关系

百年未有之大变局对工会工作提出要求，突发新冠肺炎疫情对工会工作

形成新考验。立足于新发展阶段、新发展理念与新发展格局，中国工会从中国国情出发，推进学习型、服务型、创新型职工之家建设，不断提高工会的感知能力、决策能力、执行能力、反馈能力与服务生产能力，充分展现了工会的组织韧性。我国劳动关系的性质是基本利益一致基础上的个别利益差别，可以通过协商、调解等方式进行有效化解。在推进劳动关系建设过程中，工会组织打破封闭循环、主体单一的运行模式，运用生态理念与系统思维，加强部门协同，发挥多元共治功能，从总体上推进劳动关系治理体系与治理能力建设。劳动关系建设具有专业性强、内容多样、形态复杂等特点，工会组织逐步整合资源与力量，加强制度与服务供给，不断提升劳动关系公共服务能力，进而构建具有制度性、人民性、生态性、开放性等特征的中国特色和谐劳动关系制度与运行体系。

（四）维护职工合法权益，建立企业与职工的命运共同体

中国共产党始终坚持把人民群众的生命安全和身体健康放在第一位。工会组织立足维护职工合法权益、竭诚服务职工群众的基本职责，把竭诚为职工群众服务作为一切工作的出发点和落脚点，不断满足职工群众日益增长的美好生活需要。推进企业与职工命运共同体建设，发挥广大职工的聪明才智、劳模工匠的引领作用，助力企业技术进步、生产革新等，提升企业核心竞争力，促进企业实现高质量发展。中国工会从关注宏观叙事向微观个体日常，关注职工群众的工作与生活，在彰显"人民对美好生活的向往就是我们的奋斗目标"时代取向中讲述中国故事、中国工人阶级故事、中国工会故事。

参考文献

《中国共产党第十九届中央委员会第五次全体会议公报》，人民出版社，2020。

《中共中央关于坚持和完善中国特色社会主义制度、推进国家治理体系和治理能力

现代化若干重大问题的决定》，人民出版社，2019。

《党的十九大报告辅导读本》，人民出版社，2017。

人力资源和社会保障部、全国总工会、中国企业联合会/中国企业家协会、全国工商联：《关于做好新型冠状病毒感染肺炎疫情防控期间稳定劳动关系支持企业复工复产的意见》，2020。

全国总工会办公厅：《关于做好新冠肺炎疫情防控期间支持企业安全有序复工复产和劳动关系协调工作的通知》，2020。

人力资源和社会保障部、全国总工会、中国企业联合会/中国企业家协会、全国工商联：《关于应对疫情影响进一步做好集体协商工作的通知》，2020。

杨冬梅、赵建杰：《劳模学概论》，人民出版社，2020。

第四章　公共应急服务领域劳动者权益保障问题与对策

叶　迎 *

摘　要： 公共应急服务领域的劳动者是本次抗击新冠肺炎疫情的中坚力量，但目前对该领域劳动者的特殊权益保障认识不足及规制缺失，导致对该群体的权益保障还存在诸多不足。2020年5月22日在十三届全国人民代表大会第三次会议上，李克强总理在《政府工作报告》中提到，在疫情防控中，公共卫生应急管理等方面暴露出不少薄弱环节，未来的工作中将努力改进，以及提高应急救援和防灾减灾能力。为此，需要积极推进公共应急服务领域劳动者的权益保障立法，建设常态化的公共应急领域心理援助计划，推动该领域劳动条件和社会保险政策完善等，以优化人员储备，稳定劳动关系，保障应急人才队伍持久稳定。本文以参与本次疫情应急工作的主力军——医护人员、环卫工人、快递员为例，在对他们的应急工作状态及权益保护现状进行分析的基础上，提出相应对策建议。

关键词： 公共应急服务　劳动者权益　新冠肺炎疫情

---

* 叶迎，中国劳动关系学院劳动关系与人力资源学院副教授，主要研究方向为劳动经济学和人力资源管理。

一　公共应急服务领域劳动者的含义

2020年"五一"劳动节前夕，习近平总书记给圆方集团职工的回信指出，面对突如其来的疫情，从一线医务人员到各个方面参与防控的人员，从环卫工人、快递小哥到生产防疫物资的工人，千千万万劳动群众在各自岗位上埋头苦干、默默奉献，汇聚起了战胜疫情的强大力量。

回信中提及的劳动者来自一个共同的领域——公共应急服务。公共应急服务主要针对突发性灾害，立即采取措施以减少不利后果。公共应急服务领域的劳动者是指在现场和场外处理重大事故和疾病及其后果的机构人员。

"公共应急服务"涵盖的范围较为丰富，既包括对流行性疾病、自然灾害，又包括对重大责任事故、恐怖袭击等事件的处理，因而应对不同应急事件的劳动者群体也较为广泛。以此次疫情为例，民警、快递员、超市营业员、一线医护人员、市政环卫工人、社区工作人员、承担政府疫情防控保障工作的企业员工及志愿者等都是公共应急服务领域的劳动者，其工作状态及权益保护状况存在较多共性。本文以医护人员、环卫工人、快递员为例，对他们的应急工作状态及权益保护现状做出分析。

二　公共应急服务领域劳动者权益保障现状与问题

（一）医护人员

抗疫中的医护人员既包括各级医院的临床工作者，也包括公共卫生领域的疾控工作者，他们是应对此次疫情的主力军，同时也是面临生理和心理健康威胁最高的人群。其抗击疫情期间的工作状态与权益状况具有如下特点。

1. 工作高风险、高强度、超负荷

疫情暴发初期，无论是感染者还是医护人员都不可能有足够的心理准备，医护人员处在最危险的第一线。2020年3月6日下午，国务院新闻办召开的新闻发布会上公布的数据表明，湖北省有超过 3000 名医护人员感染新冠肺炎，其中 40% 的医护人员在医院感染，60% 的医护人员在社区感染，且大部分是非传染科的医生。疫情发生后，医护人员往往来不及多想就立刻投入对病患的救治工作，但由于应对资源不足，面临很多预料之外的困难。疫情期间医护人员日均工作 8.15 小时，81.54% 的医护人员日均工作超过 8 小时，5.67% 的医护人员日均工作更超过 12 小时，37.5% 的医护人员没有休过周末。临床一线的医护人员平均 5.2 小时才可以喝水、进食、如厕，其中 15.44% 的人需要坚持 8 小时以上。脱防护服需 40 个步骤，花费近 30 分钟。84.42% 的医护人员认为防疫期间工作负荷是平时的 2 倍，6.04% 的医护人员认为超过平时的 4 倍[①]。

2. 身心健康受到严重威胁

抗疫期间，医护人员接触较多重症、痛苦、死亡、高感染风险等负面的应激源，有的医护人员目睹身边同事不幸感染甚至牺牲，他们身心承受能力已近极限。"医学界智库"调查显示，抗疫中 21.21% 的医护工作者处于中度以上疲劳，67.86% 的医护人员睡眠受到严重影响，34.37% 的医护人员出现了中度以上的睡眠障碍。大多一线医护人员担心家人被传染而不敢回家，其整个家庭也都承受了巨大的心理压力。面对重大灾害时，医护人员的多重身份（同为医护人员、病人和父母或子女）也时常使其产生无力感和角色冲突。他们会产生与家人、朋友等自己关心的人们的分离焦虑，因家人朋友可能被感染而担忧，因无法照顾他们而自责等。在疫情防控过程中，医护人员的社会角色不断被强化，而家庭角色却不断被减弱。此次疫情的发生正值春节，除了很多在岗的医护人员，还有很多休假的医护人员主动请缨上一线，牺牲了和家人团聚的宝贵时间。有时候为了减少家人的担忧，医护人员会避免将工作中面临的压力和问题告知家人，反而压抑消极情绪，长此以往也会导致其心理压力不断积累和恶化。以往的研究表明，在抗击疫情的过程

---

① 数据来自广州艾力彼医院管理研究中心的调研结果。在 2020 年 3 月，艾力彼医院管理研究中心用在线问卷的形式调研各省（区、市）的医护人员，收到来自全国 25 个省（自治区、直辖市）的医疗机构共 9883 份医护人员的问卷，其中有效问卷 9785 份，有效率 99%。

及结束后，甚至在相当长的时间里，威胁医护人员的心理健康的疫情压力很可能长期存在，而部分医护人员很可能出现焦虑、抑郁、躯体化症状和创伤后应激障碍等。

3. 经济报酬未能充分落实

疫情期间临时颁行的政策将医护人员得到补贴的条件定义为："参加抗疫工作且当天遇到了确诊患者或者疑似患者"①。按照这样的定义，连续加班但未遇到确诊或疑似患者的临床工作者，以及参与消毒、护送医患、路口检查、测温的疾控人员和其他抗疫人员，只要不符合"遇到了确诊患者或者疑似患者"这个条件，就都得不到补助。"医学界智库"调查显示，60%的医护人员表示不符合"临时补助范畴标准"，在符合标准的人中"仅有21.3%人拿到了补助，59.3%的人只拿基本工资，20.2%的人的收入低于基本工资"。有的地方甚至出现了医护人员停休、降薪、裁员等情况。长期以来，由于整个社会"重医轻防"的意识，疾控人员待遇本来就偏低，加之疫情期间应急待遇没有落实，容易加重疾控人才流失的情况。

4. 社会支持系统不完善带来"后顾之忧"

例如疫情中出现了武汉封城并取消公共交通后医护人员上下班的通勤难题，还有医护人员被物业拒绝进入小区的负面新闻等。它们导致原本就因为救援工作已经身心俱疲的医护人员产生更多的缺乏社会支持的无力感和消极情绪。这种奋不顾身的工作得不到感激的错觉，以及担心受到侮辱、污名化和人际隔离的忧惧也会加重医护人员的身心压力。

2019 年 12 月 28 日通过的《基本医疗卫生与健康促进法》明确规定医疗卫生人员享有人身安全、人格尊严不受侵犯的权利，开启了我国立法加强对医务人员这一特殊职业群体权益保障的新阶段。但在抗击新冠肺炎疫情时期，或存在医务人员在一线防控工作中合法权益受损的问题，疫情防控期间医务人员的生命健康权、心理健康权、休息权和工伤保障权等权利尚待完善。

---

① 《国务院联防联控机制新闻发布会》，中国政府网，2020 年 3 月 8 日。

（二）环卫工人

长期以来，广大环卫工人为创造整洁文明的城市环境、彰显城市的形象与品位做出了巨大贡献。疫情期间环卫工人的应急工作状态表现出以下特点。

1. 高强度劳动与工作场所的高感染风险

在这场突如其来的新冠肺炎疫情面前，环卫工人发挥了十分重要的作用。居家期间，人们日常的生活垃圾数量增加，垃圾收集容器亟须消毒清理，清运转运防护标准明显提升，这使得原本就无法在春节期间正常休息的环卫工人的工作压力倍增。为防止疫情蔓延，有效阻断传播途径，环卫工人们一直坚守岗位、加班加点，用自己的行动守护城市的干净整洁，严守疫情防控的"环卫防线"。环卫工人在疫情期间主要承担日常环卫作业与疫情防控的应急任务，如对集中隔离点的消杀、方舱医院的公厕管理、医疗废弃物的协同处置工作等。但需要注意的是，在疫情期间尤其是疫情暴发的初期，由于防疫物资的缺乏，环卫工人常常缺乏防护措施，部分一线环卫工人的防护用品甚至靠医护人员接济。

2. 普遍收入微薄，权益保障亟待完善

据中国扶贫基金会调研，环卫工人普遍文化水平偏低、年龄偏大、收入微薄，一旦因感染失去经济收入，他们及家庭的生活将遭遇巨大冲击。从社会保险参保情况来看，这个整天与垃圾接触、感染疾病风险较高的群体参加工伤保险的比例却很低，一旦发生工伤和意外事故，他们将承受沉重的经济负担，情况严重的甚至将直接返贫，成为城镇新增贫困户。

环卫工人工伤保险参保比例低的主要原因有：其一，超龄无法参保。目前超过退休年龄（男60周岁、女55周岁）的环卫工人，按现行政策，无法参保。社会保险信息系统自动对参保人员的年龄进行逻辑校验，一旦超龄，就不能在系统中录入其社会保险参保信息。其二，参保程序存在障碍。按照规定，城镇职工申请参保时的年龄只要距离退休年龄不足15年，就不能参加城镇职工基本养老保险。因此，职工只要没有在有效时间内参加城镇

职工基本养老保险，实际上也参加不了工伤保险。其三，宣传不到位，理解不到位。一些政府基层部门，甚至环卫用人单位及环卫工人都对工伤保险了解不多，甚至存在把参加意外伤害保险、雇主责任险等商业保险等同于或代替工伤保险的现象，因此，没有为法定可以参保的环卫工人办理工伤保险，而只为他们办理商业保险。

（三）快递员

快递员是随着平台经济兴起而出现的一个新业态劳动者群体，2019年底，以快递员为主体视角的《青年蓝皮书：中国青年发展报告 No. 4（悬停城乡间的蜂鸟）》一书聚焦快递员的身份认同、职业歧视、职业流动、人口流动、居留意愿等问题，全面分析了快递员的群体特征、社会动能和风险压力，引发了社会广泛关注。2020年，无论是在疫情防控最严峻的时刻，还是在后续的复产复工阶段，快递员始终坚守岗位，冒着被病毒感染的危险，投递抗疫物资，保障社区和居民的生活用品所需。疫情期间，他们的工作状态有以下特点。

1. 工作压力剧增

抗疫时期，武汉、湖北乃至全国将疫情防控等级提到最高，快递员除了日常的派送工作，还承担保障防疫物资运输的应急任务。无论是生产物资，还是生活资料，无论是抗疫用品，还是针头线脑，他们都会克服重重困难，冒着被感染的危险，送到千家万户。疫情期间，很多快递小哥放弃休息，全时段服务，一站式传送，千方百计打通物资运送的"最后一公里"，保证困难中的人们能够得到各类必需品。他们通过自己的默默付出，一方面满足了人们的日常需要，另一方面减少了人们出门可能被交叉感染的风险。为确保防疫物资及时送达各大医院和社区，大部分快递司机全程不喝水，这样可以节约时间尽量少去洗手间。快递公司的仓管及运营岗位工作者日均睡眠不足4小时。送餐员几乎全日无休，出入医院与小区运送餐食。同时，无接触配送易带来包裹的毁坏、丢失，这也给快递员增加了心理压力。

2. 工作场所感染风险

疫情期间快递员在收派件与运送防疫物资的过程中，时常需要进出各个社区、医院、方舱、隔离区等高危环境，时常需要接触高危人群以及未经消毒的各类物品，尤其是在医疗物资不足的疫情暴发初期，由于当时的防疫条件所限，他们的劳动保护措施更为有限，感染新冠肺炎的潜在风险巨大。

3. 权益保障尤其缺失

快递员经常加班，工作时间长，休息时间短，收入变动大，场所不固定，队伍不稳定。2020年年初，中国邮政快递报社发布了《2019年全国快递员职业调查报告》，该报告指出，快递员多在40岁以下，在快递业工作3年以下的占比超过半数，75.07%的快递员月收入在5000元以下。调查显示，快递小哥排在前几位的诉求是：提高计件工资、提高社会认可度、提高加班工资、按照国家法律规定休假、提供"五险"、提供更多的培训机会、签订劳动合同、有更多的晋升机会、提高末端投递便利性、提供意外险和第三者险以及提高车辆安全性等。此外，该调查报告还显示，我国46.85%的快递员每天工作8~10小时，33.69%的人每天工作10~12小时，约20%的人工作12小时以上。虽然2018年国家出台了《快递暂行条例》，但《快递暂行条例》对快递员约束性条款多，保护性条款少。如《快递暂行条例》第二十条规定："经营快递业务的企业应当依法保护其从业人员的合法权益。"此条款对快递员所涉的合法权益有哪些、以及如何保护合法权益等没有明确的规定，而其后的条款则是要求快递小哥遵纪守法、文明开车、对客户信息保密等具体内容。

4. 社会保障非常有限

廉思在《青年蓝皮书：中国青年发展报告No.4（悬停城乡间的蜂鸟）》一书中对快递小哥的社会保障情况做了详尽调查，发现快递员享有法定福利"五险一金"的比例分别为：养老保险占36.17%、医疗保险占40.48%、失业保险占29.37%、工伤保险占36.88%、生育保险占24.65%和住房公积金占17.14%，这一结果客观反映了快递小哥群体目前的社会保障状况，如果生病或因为感染而隔离，他们很难获得替代收入。

三　加强公共应急服务领域劳动者权益保护

我国颁布了《传染病防治法》《突发事件应对法》《突发公共卫生事件应急条例》等法律法规，但其中并未对参与应急服务的公共卫生和临床医护人员权益加以保障，存在一定的法律空白。同时目前也缺乏针对他们职业发展和身心健康而做出的系统的人力资源规划，这使大量公卫人员流失。因而需要积极推进公共应急服务领域劳动者的权益保障立法工作，制订常态化的公共应急领域心理援助计划，推动该领域劳动条件和社会保险政策完善等，同时关注公共应急劳动者队伍的职业生涯发展，以优化人员储备，稳定劳动关系，保障应急人才队伍的持久稳定。

（一）推进我国公共应急服务领域劳动者权益的立法保障

建议在"十四五"时期修订《劳动法》时单独规定，或颁行独立的部门规章。法规应包括如下核心内容。

界定概念。所谓"公共应急服务"，是指在现场和场外处理灾难和紧急情况的服务。公共应急服务包括警察、消防、紧急医疗服务、搜救、撤离和疏散服务，以及在紧急情况下经常需要响应的其他服务，例如卫生和社会服务、公安武警维稳、炸弹处理、恢复水电供应的服务，以及根据需要而定的服务等。"公共应急服务劳动者"即参与公共应急服务的核心机构员工及其他行业员工，在本次疫情中主要是公共卫生和临床医护人员，以及环卫工人等。

招聘应强化人员储备，建立稳定的劳动关系。需要招聘配备足够多的人员，以便在应急状况下有充足的可调用人力资源，并减少个体超标的工作量与过长的工作时间。公共应急服务原则上不应外包，应当建立稳定的劳动关系，保障这支队伍持久稳定。

通过培训优化人才结构，提升人才质量。训练员工具有合格的知识技能，并为他们提供充足和适当的装备来执行任务；设计科学合理的工作流程，定期举行演习和其他培训，以检验员工的技能和设备操作掌握情况；做好人力资源发展规划，通过增加投入、完善人才培养体系，为应急服务提供高质量人才支撑。

提供有竞争力的薪酬等激励机制。为吸引和保留专业的公共应急工作人员，应考虑其特殊付出，建立具有竞争力的薪酬结构，吸引更多高层次人才加入应急领域，优化人才结构。要建立科学、规范、有序的绩效评价、岗位晋升机制，在应急领域内形成追求专业提升的氛围和文化。

限制工作时间与保护休息权。在应急期间保护员工的休息权，让他们免受过度工作的影响。比如规定值勤值班中的休息时间，待命时间应计为工作时间，或做其他补偿性安排。

建立更高的职业安全与卫生标准。应急状态下防控风险难度大，劳动者采取常规标准不足以防控风险，比如暴露于烈性传染病、危险物质泄漏、漏电、空气和水污染、石棉和辐射、极端温度、建筑物倒塌、车辆事故和高空坠落与跌倒，以及化学、生物、放射、爆炸危害构成的风险中，劳动者应特别注意预防身心上的过劳，并以更高的职业安全卫生保护标准应对风险。有关部门可为员工提供心理援助，加强危险暴露下的职业防护。

建立完善的社会保障制度。政府和应急管理机构应为公共应急服务领域的员工建立完备的社会保障制度，尤其是工伤保险和职业病防治，并逐步提高对应急员工的保护水平。

此外，立法还应对政府责任，与员工及其工会的社会对话、培训、监测与评估，以及公共应急服务中的政劳资协调与合作等进行规制。建议相关部门推动我国公共应急服务领域劳动者权益保护的立法工作，从源头上保障他们的合法权益。

（二）保障应急服务领域劳动者的薪酬与社保待遇

首先，要保障工资待遇。除了必须保障应急人员的法定工资待遇外，疫情期间更应提高其工资待遇标准，这体现了对劳动者从事应急劳动时身心付出的补偿。对这部分待遇要清晰界定，一视同仁。

其次，保障与应急事件相关的津贴补贴及其他待遇。2016年，人社部与财政部联合发布的《关于建立传染病疫情防治人员临时性工作补贴的通知》（以下简称《通知》）中将传染病防治人员的临时性工作补贴，按照风险程度等因素分为四档。其中把甲类传染病以及其他传染病特大和重大突发公共卫生事件"直接接触待排查病例或确诊病例"归为一类一档，相关人员的补助为每天300元。当日累计工作超过4小时，按一天计算；4小时以下，按半天计算。此次临时出台的文件将得到补贴的条件定义为："必须参加抗疫工作且当天遇到了确诊患者或者疑似患者"，排除了《通知》中所提的"直接接触待排查病例或确诊病例"，导致很多应该发放的补贴未能到位。建议将应急服务人员的津贴补贴标准严格按照《通知》执行，避免挫伤应急服务人员的工作积极性。

最后，建立环卫工作者的应急报酬给付制度。目前针对医护人员的应急报酬给付有一系列的相关文件，而针对环卫人员这个抗疫中做出巨大贡献的群体，他们的报酬却没有任何相应的制度文件来规定。因此，需要制定环卫人员应急报酬给付标准，使他们的劳动能够得到应有的回报和社会认同。需要落实好对环卫工人的关心关爱措施：比如让一线环卫工人通过轮休、调休、补休使身心得到调整；同时加强人文关怀，落实补贴措施，帮助环卫工人解决实际生活困难。

（三）制订应急服务领域心理援助计划

社会心理服务体系建设是党的十九大报告中提出的一项社会治理工作，应急服务领域心理援助计划的建立是其必然要求。应急服务领域心理援助计划应当包括风险评估、压力评估、压力管理与创伤后应激障碍诊疗等。

此次疫情暴发突然，不少公共应急服务领域劳动者处于应激状态积极投入抗疫第一线，在他们的"应战"阶段，应为其同步提供心理支持的渠道，以"自主自愿"为基本原则为其提供所需的心理支持，比如专业心理援助热线是目前正在开展的、有效的工作形式；在疫情逐渐得到控制的后续阶段，应对这部分人员可能出现的心理困扰或灾难后情绪应激障碍保持警觉，应主动为其提供充足的心理援助途径和资源，积极关注每位个体的心理健康状况，必要时为其提供专业的咨询服务帮助其心理健康水平恢复常态。

在应急服务领域应当积极开展常态化的培训与咨询、提供必要的心理治疗服务、周期性开展员工心理健康调研摸底，以及设立 24 小时心理援助热线等，确保这支劳动者队伍的身心健康状况与战斗力。同时还需要根据不同类型的应急人群提供心理援助，比如奋战在岗位上的医护人员、病毒中穿行的环卫工作者、因公殉职者家属等，应分层分类提供心理危机干预。

（四）将工伤保险全覆盖城镇环卫工作者

根据《国务院关于进一步做好为农民工服务工作的意见》第九条"努力实现用人单位的农民工全部参加工伤保险，着力解决未参保用人单位的农民工工伤保险待遇保障问题"之规定，可尝试以农村户籍环卫工人为重点，逐步将城镇一线环卫工人都纳入工伤保险保障范围。

首先，可在试点省份试行城镇一线农村户籍环卫工人全员单独参加工伤保险。环卫工人具有流动频繁、队伍不稳定的特殊性，可简化参保程序，只要是农民工，用人单位只凭环卫工人工资表和简易劳动合同就可办理参加工伤保险，并可单独参加工伤保险。同时开通网上办理工伤保险业务，为用人单位随时办理增减参保人员手续，确保环卫工人受到事故伤害后的医疗救治和各项工伤保险待遇的落实。

其次，可按尝试推进城镇一线环卫工人按项目全员参加工伤保险。人社部、住建部、安监总局、全国总工会于 2014 年 12 月联合印发的《关于进一步做好建筑业工伤保险工作的意见》和人社部、交通运输部等六部门于 2018 年 1 月联合印发的《关于铁路、公路、水运、水利、能源、机场工程建设项目参加工伤保险工作的通知》，都要求推行按项目全员参加工伤保险。可借鉴以上行业做法，将环卫工人纳入工伤保险。这一措施可以先在一些地方试点。

最后，可试行将一定范围内已超过法定退休年龄的环卫工人在继续就业期间办理工伤保险。纳入试行参保的超龄就业人员可根据各地的实际情况制定具体办法。同时，要在用人单位和环卫工人中加强对农民工权益维护的宣传力度，加大对工伤保险的宣传。督促用人单位履行好社会责任，首先为应保、能保的环卫工人办理工伤保险。

（五）完善快递员的劳动条件和社会保险政策

2020 年 5 月 23 日上午，在全国政协经济界联组会上，习近平总书记在听取有关委员关于"新就业形态"的发言后指出，新冠肺炎疫情突如其来，"新就业形态"脱颖而出，要顺势而为。当然这个领域也存在法律法规一时跟不上的问题，当前最突出的就是"新就业形态"劳动者法律保障问题、保护好消费者合法权益问题等。要及时跟上研究，把法律短板及时补齐，在变化中不断完善。为此，应积极推进如下工作。

一是保障快递员的休息休假权利。针对快递员疫情期间配送任务激增，处于不规律工作、深夜无休的状态，应限制其工作时间，保障其休息休假的权利。如浙江省人社厅于 2019 年发布《关于优化新业态劳动用工服务的指导意见》（以下简称《指导意见》）规定，新业态企业和从业人员协商达成一致，可以在劳动合同或者相关协议中明确休息休假或者经济补偿办法，经当地人社部门批准后，可以根据生产实际情况实行特殊工时制度。

二是建立快递员职业伤害保障机制。由于平台压缩派件时间，快递员在送件过程中极易发生交通安全事故，但他们没有工伤保险。在疫情期间，他们面对交通安全和新冠肺炎疫情等多重威胁，却无法得到职业伤害防护方面的保障。

在完善快递员的工伤保险方面，企业可根据自身实际，为员工参加单险种工伤保险，并选择性购买补充商业保险，实现工伤保险、商业保险与新业态企业三方共担机制。比如浙江省《指导意见》中提出探索构建政府、商保、平台三方协作的新业态从业人员职业伤害保障机制。建立多重劳动关系的新业态从业人员，各用人单位均需履行参保义务。这项规定为快递员、外卖骑手等高危职业人群，在发生职业伤害时，提供了一条工伤保险保障路径。

国家应根据新的形势要求尽快出台正式的快递行业的法规，对快递员的劳动合同、劳动环境、劳动安全和劳动保障等内容做出更详细的规定，更具有可行性和针对性。与此同时，各级政府部门应出台相关规定，督促快递业主开展岗前培训，做到依法用工、规范用工和安全用工，提高快递员专业化水平和服务质量；此外，劳动和人力资源保障等相关部门应针对快递配送中的劳动关系和社会保障问题给予具体方案，努力为快递小哥提供科学合理、灵活高效的多层次社会保障。

三是重视快递从业者的职业生涯发展。比如为快递员职称评定、职级晋升创造条件，推动快递员职业专业化发展。当前，快递业内部专业化分工越来越细，行业转型升级越来越快，快递员的职业技术含量越来越高，专业技术职称评定必然紧随其后。从专业角度看，快递专业可以分为快递设备工程、快递网络工程和快递信息工程三个专业；从岗位角度看，快递可以包括无人机设计、人工智能与机器学习、大数据技术与应用等前沿岗位。可喜的是，2018年江苏省在职称系列中首次增设了快递工程专业，划分为初级、中级、副高级和正高级四个层次，对应的职称是技术员及助理工程师、工程师、高级工程师、正高级工程师。2018年，江苏省共有301人获评职称。继江苏开全国先河之后，2019年，国家邮政局与人社部联合印发了《关于做好快递工程技术人员职称评审工作有关问题的通知》，开始在全国全面推行快递工程技术人才职称评审工作。截至2018年底，全国已有3400多人获得初级和中级专业技术职称，高级工程师的评审实现了零的突破，仅苏州就有22名快递员评上了职称。2018年10月，北京又增设了快递工程评审专业。快递员这个就业群体不仅仅是传统劳动力的代表，而且是与高科技和新兴产业紧密联系的新型产业工人代表；他们不仅仅是支撑新经济的人力资源的重要组成部分，更是人才资源的稀缺矿源，应当创造条件，为他们提供更好的发展平台。

四是形成关爱快递员的社会氛围。多方参与，协同治理，构建和谐用工关系。完善政府部门、新业态企业、工会、行业协会等多方参与的协同治理机制，推动新业态企业健康良性发展。同时要发挥工会作用，要拓宽入会渠道，简化入会程序，鼓励对新业态会员维权和服务。鼓励新业态企业积极履行社会责任，加强对劳动者的人文关怀，建立企业与员工命运共同体。

参考文献

《公共应急服务体面工作的准则，2018 年 4 月 16 日至 20 日在日内瓦举行的专家会议通过》，国际劳工组织官网，2018 年 4 月 26 日。

《关于优化新业态劳动用工服务的指导意见》，浙江省人社厅官网，2019。

人社部与财政部：《关于建立传染病疫情防治人员临时性工作补贴的通知》，2016 年。

《广州艾力彼医院管理研究中心的调研报告》，2020 年 2 月、3 月。

《医学界智库调研报告》，2020 年 3 月、4 月。

廉思等：《青年蓝皮书：中国青年发展报告 No.4（悬停城乡间的蜂鸟）》，社会科学文献出版社，2019。

甘皙：《调查：2019 年 75.07% 快递从业人员月收入在 5000 元以下》，《工人日报》2020 年 1 月 17 日。

廉思、周宇香：《城市快递小哥群体的风险压力及疏解对策研究——基于北京市的实证分析》，《青年探索》2019 年第 6 期。

《2020 年 2 月快递发展指数报告》，国家邮政局网，2020 年 3 月 6 日。

耿国先、张群：《"快递小哥"权益保障情况的调查与思考》，《工会信息》2019 年第 5 期。

陈志强：《疫情防控视野下的快递小哥群体再审视》，《青年学报》2020 年第 2 期。

第五章 加强远程工作中的劳动者 权益保障

叶　迎*

摘　要： 在抗击新冠肺炎疫情的关键时期，为有效减少员工聚集，远程工作成为众多企业复工后的第一选择。在当前全球疫情持续、数字经济普及、劳动力市场日益灵活化的背景下，远程工作将成为未来不可或缺的一种工作形式而长期存在。远程工作在显现其独特优势的同时，也向我国传统的企业劳动关系管理模式和劳动者权益保障提出了挑战。迄今为止，我国尚未对这种工作形态进行立法保护。本文建议，"十四五"时期应积极发展远程工作，并结合《劳动法》的修订与企业管理制度的优化，加强对远程工作劳动者权益的法律保障。

关键词： 远程工作　弹性用工　复工复产　劳动者权益保障

一　远程工作的含义及其常态化存在的必然性

远程工作是伴随知识经济的崛起，随着互联网技术的发展而兴起的一种新型的弹性用工方式，主要是指具有一定专业技能的劳动者，在具备一定办公条件的场所，利用互联网技术，通过远程操控而完成工作任务的一种新型

---

* 叶迎，中国劳动关系学院劳动关系与人力资源学院副教授，主要研究方向为劳动经济学和人力资源管理。

工作方式。远程工作的概念主要包括三个要素：一是要求主体是劳动者，他们与用人单位建立了劳动关系；二是工作性质本身是适合远程办公的，比如第三产业、高科技企业的工作，传统制造业的很多工作类型就限制了这一新型工作方式的使用；三是利用人工智能和互联网技术，这是区分远程工作与传统居家办公的关键，互联网技术的应用是完成远程工作的必要条件。

当今随着经济社会不断发展，新兴技术的应用，新产业、新业态、新模式不断涌现，劳动力市场呈现出日益灵活化的态势，可以采用远程办公的职业越来越多。除了 IT 行业、翻译、编辑、教师、科研工作者等职业，还包括随着现代服务业的快速发展孕育出的一些新职业，比如各类电子商务从业者、咨询服务人员等。概言之，对不依赖单位设备以及办公场所，可以分散独立自主完成的工作的情形，员工原则上都可以实行远程工作，应用远程工作软件系统解决协同工作的问题。

远程工作的优势显是而易见的：在疫情防控的过程中，远程工作有效避免了工作场所聚集，有效实现了员工自我隔离，大大降低了病毒的传播概率；有利于减轻员工上下班通勤高峰中的心理压力与劳累奔波，节约了员工的时间与交通成本，有利于工作效率的提升；员工可以兼顾家庭与工作，有利于员工平衡工作生活；在远程工作中，员工对工作环境与工作时间的选择也有更高的自由度，更有利于提升劳动者的工作满意度与幸福感；在没有其他干扰或与同事在茶水间闲聊的情况下，员工的工作效率会大大提高。如果员工觉得自己在工作中受到的监控少了就能给他们带来更大的自主权，从而提高其工作满意度和忠诚度。远程工作对劳动者的身体条件要求较少，在一定程度上可以使残疾人免受就业歧视的困扰。同时，远程工作有利于缓解上下班高峰期间的城市交通拥堵，提升城市出行效率，降低发生交通事故的概率，同时减少了环境污染；企业可以根据实际需求缩小办公室面积甚至取消租赁，这将极大地节约成本。远程工作具备较高的移动性与灵活性，有利于打破企业的招聘与工作的地域限制，从而可吸引更多优秀人才为企业所用，在劳动力市场灵活化的今天，也更容易实现人才资源的共享与优化配置。

部分互联网公司在这场集体远程办公之前早已开始了远程工作，它们的开发、运维、支持人员均可长期在家办公。在此次疫情中，部分互联网公司实现了无接触招聘，在线申请、远程面试、电子签约、远程入职等招聘环节均可远程实现。微软是较早实行远程办公的企业之一，作为跨国公司，微软的员工不仅上下班无须打卡，而且已经实现了与全球各地同事的有效工作协同。不仅如此，微软在产品体系中，也是较早考虑远程办公场景的公司之一。从 2000 年开始，微软就开始推出一系列的远程协作工具产品，为企业提供远程办公服务的解决方案。2020 年 10 月，微软宣布允许员工在提交申请通过经理批准后，可以永久进行远程工作。除了永久在家办公之外，微软的一些员工还可以申请在国内搬迁，如果他们的职位内容适合远程工作，他们甚至可以搬到海外去居住。与此同时，Facebook 与 Twitter 也表示，企业正在将数万个工作岗位转移到远程领域，Facebook 首席执行官扎克伯格表示，企业已经批准多达一半的员工可以在 5～10 年内进行远程办公。推特公司首席执行官杰克·多尔西在邮件中告诉员工，即使在新冠肺炎疫情结束后，大部分人也可以永久在家办公，喜欢远程办公的员工现在可以无限期地这样做。在美国研究咨询公司高德纳（Gartner）的一项最新研究中，有 74% 的首席财务官表示，他们计划在疫情过后，将远程办公模式作为员工和成本管理计划的永久性组成部分。

智研咨询发布的《2020—2026 年中国移动办公室行业市场经营风险及投资战略决策报告》指出，2005 年中国仅有 180 万名远程办公员工，到 2014 年，这一数据上升到 360 万人，2018 年达到 490 万人。艾媒咨询发布的《2020 年中国新春远程办公行业热点专题报告》显示，从 2020 年 2 月 3 日到 2 月 9 日，即 2020 年春节后开工的第一周，中国使用远程办公的企业超过 1800 万家，有超过 3 亿劳动者正在使用远程办公软件。随着我国互联网、信息化建设的完善和普及，智慧城市的深入建设，以及我国远程办公应用和功能的不断完善，疫情之后，中国企业与员工对于远程移动办公的需求或仍将持续增长。

综上所述，我国的远程办公在疫情防控的大背景下，随着"停工不停产、停课不停学"的新要求而不断升温，从办公模式的"可选项"成为"必选项"，在这个过程中，远程办公的用户使用习惯进一步提高，未来线上办公和线下办公逐渐走向协同将成为必然趋势。

二　远程工作下加强劳动者权益保护的必要性

远程工作作为未来劳动力市场常态化存在的一种新型劳动力供给方式，它在提升工作效率与劳动幸福感的同时，不可避免地也会在劳动者权益保护上带来一定的负面影响，具体表现为如下几个方面。

首先，对于劳动者而言，远程工作可能模糊了工作和个人生活之间的界线，导致更长的工作时间，使工作侵蚀原本属于个人的空间和时间，劳动者的休息权和隐私权的保障亟待规范。工作与生活一旦失去界限感，人就会处于 24 小时工作的混乱状态，随之产生疲惫感。有的劳动者发现，远程工作虽然省去了通勤的时间，甚至省去了着装与化妆的时间，却让人感觉在家办公比在公司时还累。此外，作息时间处于混乱状态。从清晨到深夜无处不在的工作邮件、工作微信群信息，以及随时接入的工作电话与随时召开的视频会议，预示着更长的工作时间。由于远程办公劳动者超时工作的界定不清晰，远程办公劳动者的超时工作，并不能按照传统劳动者超时工作的标准进行界定，不少劳动者发出"原来基本可以不加班，现在不到睡觉关不上电脑""由在公司坐班 8 小时，变成一整天坐班全天候待命的状态""正常下班时间后的隐私空间被侵占"的感慨。为了保障远程办公劳动者的劳动权益，防止用人单位随意延长工作时间，如何明确地界定远程办公劳动超时工作是远程办公适用中面临的重要问题。同时，远程办公主要的是依靠互联网技术，这很容易将远程办公劳动者的隐私安全暴露于网络空间中，又因其办公地点相对私人化，难以明确区分工作与生活的空间，而用人单位对劳动者工作的监督极易使劳动者的隐私受到一定程度的侵犯。

而且对于大多数劳动者而言，远程办公导致工作事务与家庭内部的琐碎事务相交织，工作不像工作、加班不像加班、假期不像假期，随时被单位查岗，这种状态很可能增加劳动者的多任务叠加的疲惫感和隐私被侵犯的不安全感。

其次，由于远离工作场所和工作团队，劳动者容易产生孤独感，更容易受到压力和抑郁的困扰，劳动者的心理健康援助亟待加强。远程工作带来了灵活的时间表和工作与生活平衡的希望，但是也会带来一些不太愉快的意外后果。最严重的问题之一是远程工作的社会隔离感与孤独感，缺乏工作社交互动会导致劳动者与工作中的朋友和团队"隔离"，比如缺少了办公场所提供给同事之间的沟通和交流平台（如在同一办公室的相处、茶水间的闲谈、工作午餐的交流）。在2020年的一项远程工作状况研究中，超过1/5的受访者表示，孤独是远程工作的最大心理挑战。不幸的是，在本项问卷调查中，59%的受访主管们指出员工的孤独感是他们在远程工作管理中最不重视的事情之一。因而远程办公中员工派遣孤独感的情感需求，与公司员工心理援助计划的供给之间存在一个容易被管路层忽视的断层。远离工作场所的孤独感还容易与其他一些因素相叠加，产生心理压力。这些心理压力又容易在狭促的居住空间内爆发，如疫情期间的家庭冲突增加。许多家庭的生活空间比较拥挤，加之疫情时期孩子居家学习，对于远程办公的家长由于工作压力与家务压力并存，家庭矛盾产生的可能性也随之增大。因此，需要加强员工心理援助（ERP），关爱员工心理健康，帮助员工回归良好的工作状态。

最后，远程工作有可能使同事之间的关系变得生疏，弱化团队凝聚力，在一定程度上会冲击企业文化，对企业人性化管理制度的再造提出了新的挑战。远程工作不仅是办公场所的简单切换，作为企业数字化转型中的一环，远程办公对企业文化的冲击也是肉眼可见的。比如在许多传统企业，现有的企业文化是基于传统的办公模式建立的，那么当远程办公这种新生事物出现时，势必对现有的企业文化造成一定冲击。与之前相比，远程工作在一定程度上缺乏仪式感和流程感，缺乏工作氛围，分散式办公对团队协作造成一定的冲击，员工与工作环境的关系弱化，其归属感也容易被弱化，员工游离于企业之外，不利于塑造企业文化。同时还容易产生管理层与普通员工之间的情感疏远，比如信任问题。过去，考勤情况会作为衡量一个员工表现的重要指标，甚至还有不少公司都设有所谓的"全勤奖"，对很多管理者来说，

"人在即心安"的心态常有。但如果是远程办公，管理者就无法确定员工在家是在睡觉、打游戏还是陪孩子，在这样的情况下，企业内部的信任机制和信任文化就会受到冲击，这种冲击在许多企业就体现在从大团队到小团队的一系列在线查岗，从清晨到深夜的工作任务派发，群信息、工作邮件轰炸、随时决定的视频会议等，这些非但不会增加员工的工作幸福感，反而会增加员工的疲惫感和心理疏离感。因此，团队建设、员工诉求管理应被企业管理层更多关注。

由此可见，远程工作作为一种新型的工作模式，向我国传统的企业劳动关系管理模式和劳动者权益保障提出了新的挑战。对劳动者劳动权益的保护是构建和谐劳动关系的基础，对远程办公劳动者的劳动权益保障进行研究，在保护远程办公劳动者劳动权益的基础上平衡新型工作形态下的劳动关系，妥善处理劳动力市场效率与保护劳动者劳动权益之间的平衡关系，是促进劳动法基础理论研究与建立和谐劳动关系的客观要求。

三　典型国家对远程工作法律规制的探索

迄今为止，我国尚未对远程工作中的劳动者权益进行立法保护，对于远程工作管理的相关法律规制，一些典型国家进行了有益探索。

美国主要围绕工时、隐私保护及职业伤害做出规定。美国在劳动立法中，在远程办公加班时间的制度中对于解决加班费用的支付问题做出了规定，又规定了异地劳动者可以与其雇佣者对此进行合理的谈判，向雇主请求支付因完成工作任务、加班加点的应得工资报酬。其《电子通信隐私法》规定了雇主对雇员的电子邮件监控范围：对有关服务或业务过程的内容有监控权。在职业伤害方面，美国大部分判例都承认《职业伤害法》适用远程工作的劳动者，有很多认定远程工作劳动者职业伤害的案例，大部分都确认了职业伤害补偿。

在英国劳动学者史蒂芬·哈迪的研究中，大体上把英国的劳动者做了分类，远程办公者被称为"居家工作者"，作为英国劳动者的一种类型，史蒂芬·哈迪指出这类劳动者就是工作场所外的劳动者，提出他们应该作为英国劳动立法所保护的对象。英国在2002年的《雇佣法》中加入了关于弹性工作制的条款，以应对劳动关系的多元化发展趋势，其中确立了雇员对弹性工作的请求权，即请求合同变更的权利，对于获得该权利的具体条件，也是在条例中做了极为详细的规定，并且还规定了申请的方式必须以书面形式进行，申请中要详述请求改变的内容，以及明确了申请的具体流程。

2002年欧盟远程劳动框架协议规定了远程工作劳动者与其他工作场所的劳动者一样，适用相关劳动法律，享有同等权利。并针对远程劳动的特殊性，就数据保护、隐私权、工作用具、组织管理、培训等方面进行了特别规定。欧盟委员会提出了几项肯定远程工作劳动者适用劳动法律的基本原则：①保障远程工作劳动者的雇员身份；②远程工作劳动者与在工作场所劳动的员工享有同等待遇；③保障远程工作劳动者的培训及健康和安全的权利；④工作时间、私人生活和个人数据的保护，与雇主保持联系；⑤远程工作劳动者享有加入工会等集体劳动权利。此外，欧盟还出版了关于远程工作的研究报告，欧盟基金会和欧盟统计局就远程工作的范围、部门和工作类型及对劳资双方的影响编制统计、调查和报告。2017年《欧洲社会权利支柱》（European Pillar of Social Rights）规定了一系列重要的原则和权利，其中特别强调包括远程劳动在内的灵活用工的公平工作条件和平等机会等。

德国在2002年《企业组织法》修正案中明确指出远程办公劳动者属于该法案下的雇员，规范公共部门雇佣关系平等机会的两部法案中规定了远程办公的一些标准：如果情况允许的话，远程办公提供给那些负有家庭义务的雇员。并且远程办公劳动者应当和其他雇员一样享有相同的工作机会（晋升和培训等）。同时不仅《劳动法》中对远程办公劳动者进行保护，在《联邦数据保护法》的条文中也详细涉及远程办公。具体而言，在工资保护方面，规定了劳动协议的约束力，家庭委员会对工资的保障作用与检察人员对工资的监督；在工作时间方面，提出了对时间浪费的限制与具体劳动量的分配；在劳动安全与健康方面，规定了工作场所的安全程度、劳动保护措施以及因劳动造成职业伤害的救济。

在日本，政府将远程劳动作为发展国家 IT 战略的重要组成部分，并强调工作与生活相协调的立法政策。其远程劳动立法之动因，除了减少通勤、增加特殊群体就业、提高工作效率等各国共识的原因外，还根据国情，重点考量了如下三个因素：一是应对地震等自然灾害的安全因素，主要是利用远程劳动地点分散的特点，实现分散业务，以及对自然灾害带来通信、交通阻碍时，保障业务不被中断，以此分担企业因自然灾害可能带来的系统性、整体性风险；二是预防传染性疾病等因素，主要是通过远程劳动将劳动者分隔，预防接触性传染疾病的发生和传播；三是节能降耗的因素，特别是 2011 年 3 月东日本大地震造成核电站损害后，因发电能力的减少，节约能源便成为实行远程劳动的一个重要因素。

日本于 2004 年制定了《灵活运用信息通讯设备的远程劳动指南》（以下简称《远程劳动指南》），2007 年制定了《远程劳动人口倍增行动计划》和《适当实施居家工作准则》，规定即使劳动者在家使用通信设备工作，仍适用《劳动基准法》《最低工资法》《劳动安全卫生法》《劳动者灾害补偿保险法》等劳动关系法律。并对采用远程劳动的中小企业给予财政补助。2008 年日本厚生劳动省修改了《远程劳动指南》，进一步明确了远程劳动者的劳动法律适用及问题点，对在劳动时间的一部分或全部，于自宅使用电子信息通信设备工作的远程劳动者，同样适用《劳动基准法》《最低工资法》《劳动安全卫生法》和《劳动者灾害补偿保险法》。

2017 年巴西修改《劳动法》，建立远程工作合同，定义为"主要在工作场所之外提供服务，使用信息和通信技术，这些技术本质上不构成外部工作"。其规则为：①必须在个人工作合同中说明这种方式，即雇员要进行的工作活动是什么；②此类合同可以通过双方协议或雇主决定更改；③关于工作日限额和补偿的立法不包括远程工作；④设备、基础设施和其他费用的责任应以书面合同（可以是雇员责任）提供，如果由雇主负责，则不包括对雇员的补偿；⑤雇主应指导员工采取预防措施，以避免工伤事故和疾病，并签署责任书，承诺遵守工作指令。

从以上典型国家的实践看，远程劳动的发展离不开国家的政策支持与立法保护，这些国家在其社会发展变革中，以实现就业、灵活用工、提高效率为主要目的，积极制定了相关的法律政策，比如，规定了远程办公劳动者就业必需的具体条件、对远程办公劳动者规定明确的工时保护制度、远程办公劳动者享有充分的劳动安全保障权等。借鉴其中经验，可为我国远程劳动制度的调整与完善提供路径及参考。

四　加强远程工作中劳动者权益保护的对策建议

随着人工智能的发展和信息技术的改进，用工形式的多元化、灵活化是近年来劳动关系发展的国际趋势。在重大公共卫生安全危机之后，我们更应该对其进行深刻反思，如何在劳动关系领域汲取国际经验，并结合现实国情更好地发展我国多元化的劳动用工形态。本文建议，"十四五"时期应积极发展远程工作，并结合《劳动法》的修订，加强对远程工作劳动者权益的保障。

（一）立法规制远程工作，保障劳动者合法权益

劳动者从事远程工作，只是工作场所和工作形态的变化，不改变其原有的劳动关系或用工关系，仍然适用于相应的劳动法律保护。建立了劳动关系的远程劳动应纳入劳动关系中加以调整，受《劳动法》的保护，不允许以员工从事远程劳动为名，实行劳动条件、福利待遇等方面的歧视和不利益待遇。同时，还要重点保障远程劳动者的教育培训权、职业卫生健康权、个人隐私权等。

明确工作时间的认定。对于一般远程工作者，可适用标准工时制度。同时考虑到劳动者自行申报容易导致加班时间失控的现象，较为恰当的方式是在劳动合同中规定劳动成果与劳动时间结合来认定工作时间的方式，并借助互联网系统的考勤方式（例如人脸识别、远程视频监控）来实现。对于不适用标准工时制度的特殊行业远程工作者，如翻译、校对等工作，可以在劳动合同中以周、月等为周期订立总的工作时间，并由远程工作者在工作总时

间内灵活安排，实行综合计算工时工作制。对于科研工作者或企业高管，可以不受固定工时的限制，因为这部分的劳动报酬往往与业绩的关联性更大。

关于职业伤害的认定与避免。根据我国《工伤保险条例》，劳动者在因公外出期间，由于工作原因受到伤害，则认定为工伤。远程工作劳动者的工伤认定与此并不违背。但在远程工作的形态下，对于工伤认定的举证责任应当转向侧重于劳动者的责任，同时要适用更为严格的工伤和职业病的认定标准，这样才能平衡用人单位与劳动者之间的权益。此外，远程工作中用人单位依然要尽到安全保障义务。比如加强对劳动者就工作地点的卫生、消防等方面的要求，履行警示和提示义务。同时，在审批劳动者的远程工作申请时，审查劳动者的岗位、资质和工作内容，并在不侵犯劳动者隐私权的前提下考察其工作地点安全设施的规范，并定期检查。

远程劳动立法应坚持书面协议、同等待遇及合理监管等基本原则，明确远程劳动者具体就业条件、劳动时间、休息休假、工资报酬、职业病与工伤认定、社会保险等的法律适用，尤其需要增强在发生重大公共卫生安全事件（如重大疫情等）情况下灵活应对劳动关系的能力，同时需要提出保护远程办公劳动者隐私权的措施，例如，利用科学技术确保网络安全，保护劳动者的个人隐私，落实用人单位承担的法律责任等，最大限度地保护特殊时期劳资双方的合法权益。

（二）优化企业管理制度，对员工提供有效合规的管理和支持

针对远程工作对管理者和员工提出的不同挑战，企业要制定专门规范，对员工提供有效合规的管理和支持。

1.针对远程工作的特点完善组织管理制度

首先，在职场工作体系中，要明确工作与个人之间的关系，力求做到组织分工明确、任务指令明确。若在工作体系中对每个员工分担的任务不够明确，没有规范的工作分析，没有明确的工作任务说明，或者用人单位对劳动者的指令不够集中、不够统一、不够连续，都会增加远程劳动实施的难度。

其次，用人单位在制定和适用的绩效考核、薪酬管理等人力资源管理制

度时要充分考虑远程劳动的特点，以及企业所处的不同行业、不同属性、不同需求，制定合理的远程工作考核制度，若管理考核不能充分而敏锐地反映远程劳动者的工作绩效，则会对劳动者选择远程劳动的积极性以及远程劳动的绩效管理带来一定负面影响。

再次，在远程办公中，企业必须加强非人力资源经理的人力资源管理，做好各部门负责人的管理培训，提升其管理水平，尤其是要做好绩效考核与管理的培训，指导、督促、监督各部门负责人，要让其明白本部门每个岗位每个人的主要工作内容和次要工作内容，要让其明确每个岗位、每个人的各种量化指标，懂得如何指导、激励、监督本部门员工更好地工作，较好地完成各自的工作任务。同时也要懂得对那些不遵守规则的员工，如何进行考核细化和保存处罚的证据。

最后，在远程办公的过程中，管理者就需要避免简单粗暴的工作作风和管理方式，以良好的态度为下属提供必要的服务和必需的资源，各层级管理者不断提升自身的沟通能力，精练沟通语言，准确把握需要沟通的信息，在传达各项指令时，必须做到准确无误，避免发生歧义。让下属在工作中获得到成就感和乐趣，员工才能更积极、更主动、更快、更准确、更圆满地完成工作任务。

2. 在人性化管理的基础上保障工作绩效

首先，针对远程工作中个体由于缺乏监督而可能出现的惰性，管理者可通过给出更明确的时间节点，帮助员工把任务和目标合理分解细化，在帮助员工进行科学时间管理的基础上，强化对任务的监督与推进。用人单位不得凭借通信技术的优势，对劳动者超时监管，增加远程劳动者的劳动时间和劳动强度。

其次，针对员工由于无法见面而缺少集体归属感的问题，管理者可通过一系列团队共同活动来增强远程工作中的集体归属感，如召集员工在工作网络中打卡、适时举行网络视频工作会议、定期培训、在线团建等形式，设置多层次的沟通交流机制。

再次，针对远程工作中个体安全感的降低，包含员工对自己未来发展的不安等，需要管理者在情感与制度方面双管齐下，既要在情感上与员工深度共情，通过让下属知道上司在认真关注着他们这个事实，有助于与下属建立信任关系，减轻不安和孤独感，同时又要依法合规地对员工权益进行保障，通过有效沟通澄清员工在职业发展上的疑虑，帮助员工找到职业成长的途径，增强其自我效能感和职业发展的信心。

最后，远程办公同样需要有对组织使命、愿景、价值观的认同感和归属感。这就需要组织建立适合远程办公的企业文化的塑造和传导机制，建立共享、协同、互助、开放、可信任的团队精神。从组织层面讲，一个远程办公团队同样要有企业文化的认同感，同时也会形成自己独特的亚文化。

（三）发挥工会的作用，切实加强对远程工作员工的维权服务

由于我国缺少完备的保护劳动者合法权益的法律，尤其对于新兴的远程办公形式，更是需要工会来保障远程办公劳动者的合法权益，维护劳动关系的稳定。

第一，工会有权对远程办公的合同条款提出意见。用人单位对采取远程办公形式的劳动者需要与其签订专门的劳动合同，为了在签订合同时，防止用人单位侵害劳动者的合法权益，工会有权对不适当的合同条款提出意见，以保障远程办公劳动者的劳动安全与健康。

第二，用人单位裁减远程办公劳动者，应听取工会的意见。远程办公与传统办公形式有很大区别，关键还是远程办公劳动者包括了一些老人、残疾人、妇女等弱势群体。向工会说明情况，听取工会意见，防止用人单位随意裁减，有利于保障远程办公劳动者的权益。

第三，工会有权参与劳动争议的调解与仲裁。为了妥善处理劳动争议，保护远程办公劳动者合法权益，工会代表有权组成调解委员会或者仲裁委员会，对远程办公中产生的劳动争议进行调解或仲裁。

第四，工会可积极引导员工和企业通过集体协商，妥善处理远程工作员工的劳动报酬、工作时间、劳动保护及女职工保护等问题；加大对特殊时期企业劳动关系处理的指导服务力度，尝试建立远程维权工作网络。

第五，工会要督促和协助企业为员工提供必要的劳动保障条件，教育引导员工遵守疫情防控的各项规定，开展心理疏导、情绪支持等服务，关心他们的心理状态，减轻劳动者在疫情防控常态化中的焦虑、孤独感和抑郁的困扰，强化劳动者与工会之间的情感链接，为远程工作者建立社会支持系统。

此外，针对一些流动性较强、工作地点较为分散的远程工作，提供互联网劳动法律援助，开通疫情期间员工法律服务绿色通道。此外，加强对员工的远程教育和培训服务，提高员工素质，增强其适应未来不确定竞争环境的能力。

参考文献

钟新龙、王菲、黄文鸿：《远程办公渐成一种重要工作模式》，《中国电子报》，2020年2月28日。

齐昕、刘洪、林彦梅：《员工远程工作意愿形成机制及其干预研究》，《华东经济管理》2016年第10期。

齐昕、刘洪、林彦梅：《远程工作许可与员工生产越轨行为的关系研究：影响机制与边界条件》，《管理评论》2017年第10期。

张晨：《我国远程办公劳动者劳动权益保障研究》，硕士学位论文，东北财经大学，2017。

张颖慧：《远程工作形态下新型劳动关系的法律保护》，《法商研究》2017年第7期。

〔英〕史蒂芬·哈迪：《英国劳动法与劳资关系》，陈融译，商务印书馆，2012。

〔德〕曼弗雷德·魏斯、马琳·施米特：《德国劳动法与劳资关系》（第1版），倪斐译，商务印书馆，2012。

〔日〕马渡淳一郎：《劳动市场法的改革》（第1版），田思路译，清华大学出版社，2006。

〔英〕凯瑟琳·巴纳德：《欧盟劳动法》（第2版），付欣译，中国法制出版社，2005。

〔美〕罗伯特·A.高尔曼：《劳动法基本教程》（第1版），马静等译，中国政法大学出版社，2003。

〔英〕彼特·辛斯顿、阿拉斯泰·布法尔：《在家办公》，李欣译，中国轻工业出版社，2002。

第六章　政府雇佣模式下的环卫工人劳动权益状况

——以我国华北某市为例*

杨帅宇　周　潇**

摘　要： 基于对我国华北某市环卫工人的调查，本文展现了政府雇佣模式下的环卫工人的劳动权益状况。在通常情况下，环卫工人的劳动权益难以得到有效的保护。他们与用人单位没有缔结劳动合同，缺乏基本的社会保障，劳动报酬低，工作时间长。在 2020 年新冠肺炎疫情期间，环卫工人作为奋战在抗疫一线的人群，其劳动权益保护问题更为突出。他们的劳动量进一步加大，因防疫物品缺乏而面临较大的感染风险，且较平常更易受到歧视。本文认为环卫工人劳动权益得不到保护的原因主要在于工人自身维权意识薄弱、工会工作的主客观限制以及环卫系统层层传递的考核压力。基于调查发现，本文呼吁政府相关部门加强对环卫行业的物资保障、加大对环卫用人单位的监管力度；工会积极主动地将环卫工人的劳动权益保障纳入工作议程，通过各种举措切实加强环卫工人的权益保护和生活帮扶工作。

---

* 本文为北京市大学生创新创业训练计划项目"劳动关系视域下的城市环卫运营模式比较探究"的成果（项目编号：202012453009）。

** 杨帅宇，中国劳动关系学院劳动关系与人力资源学院学生，主要研究方向为劳动关系；周潇，中国劳动关系学院劳动关系与人力资源学院讲师，社会学博士，主要研究方向为劳动社会学。

关键词： 政府雇佣模式　环卫工人　劳动权益　新冠肺炎疫情

近年来，随着我国全面建成小康社会和创建文明城市活动的不断深入，环境卫生行业得到迅速发展与扩张。根据国务院新闻办公室发布的《抗击新冠肺炎疫情的中国行动》白皮书提供的数据，我国环卫工人的数量已达180万。[①] 作为与城市建设和人民生活息息相关的群体，环卫工人的重要性不言而喻。以广东省文明城市、广东省卫生城市台山市为例，该市城区每天要清理、压缩和转运的垃圾有230多吨，保洁面积超过480万平方米。这些工作由700名环卫工人完成，平均每名环卫工人每天要承担8000平方米的保洁任务，处理超过300千克的垃圾。[②]

长期以来，我国环卫工人的劳动权益难以得到有效保障。既有研究表明，环卫工人普遍面临劳动时间长、工作强度大、薪资水平低、福利待遇差、工作环境恶劣、安全风险突出、劳动条件落后、缺乏必要的社会保障等问题[③]。以职业安全健康为例，受工作环境与劳动保护缺失等因素的影响，环卫人员常常伴有较大的劳动损伤。2017年在长沙市某区的体检当中，1672名环卫工人的异常检出率达96.6%。[④] 职业安全健康领域的三大显著问题——作业安全、职业病、过劳现象，在环卫工人身上皆有明显体现[⑤]。不仅如此，因为环卫工人大多是收入微薄、从事着编制工不愿从事的"苦脏

---

① 《抗击新冠肺炎疫情的中国行动》，国务院新闻办官网，2020年6月7日。
② 《城市"美容师"，辛苦了！》，《江门日报》，2018年11月1日，第A12版。
③ 刘雨萌：《环卫工人生存状况调查分析——以巩义市东区为例》，《决策探索（下）》2019年第2期，第42~43页；钱敏、束思勉、路金晨等：《连云港市环卫工人生存现状及其对策建议研究》，《市场周刊（理论研究）》2017年第7期，第47~48页。
④ 王诗敏、兰红勤、王超群：《长沙市雨花区1672名环卫工人体检资料分析》，《广州医药》2018年第1期，第102~109页。
⑤ 闻效仪：《职业安全健康与劳工权益保护》，《中国劳动关系学院学报》2012年第5期，第66~70页。

累"工作的临时工①，除了受到一些社会公众的歧视外，他们常常面临少数来自体制内有编制的环卫工人（例如班组长等基层管理人员）的歧视压力。② 由于无法得到应有的职业归属感、荣誉感和社会认同感，一些环卫工人出现不同程度的心理卫生健康问题。③

2020 年 1 月下旬，新冠肺炎疫情突袭而至，并迅速在全国蔓延。疫情导致医疗废弃物和生活垃圾排放量猛增，同时为了加强对疫情的防控，各地开展高强度高密度的卫生清扫、消毒杀菌工作。这使得环卫工人的劳动强度较平常加大，他们的劳动权益保护也受到更大挑战。但是，总体而言，无论是在一般时期还是疫情的特殊期间，环卫工人的工作和劳动权益状况都未能得到社会的广泛关注。

目前，我国的环卫行业主要存在三种管理模式。其一，广泛存在于中小型欠发达城市的"传统管理模式"——公权力机关（政府机构或事业单位）直接对环卫劳动力进行雇佣、管理、使用与考核的管理模式；其二，部分发达城市所采用的"国资特许经营模式"——政府主导成立国有独资企业，并对这类企业进行特许经营认定，从而实现公权力机关通过国有企业间接对环卫工作进行管理；其三，近年来在部分新兴发达城市出现并不断扩展的"PPP 经营模式"——政府出资购买社会资本提供的环卫服务，通过一体化或分类目招标购买服务的方式进行整体化作业外包，由社会资本承接日常的环卫运营工作，而相关公权力机关只负

---

① 张润东：《市场化背景下环卫"临时工"权益保障问题研究——以湖南省永州市零陵区为例》，《时代金融》2018 年第 20 期，第 94~95 页；王潇、赵雯曦、王晓灿等：《编制内外环卫工人的劳动权益保障状况研究——以北京市海淀区为例》，《劳动保障世界》2016 年第 27 期，第 5~10 页。

② 杨云霞、黄亚利：《公共部门临时工的身份冲突——对 88 份文本的实证分析》，《西南民族大学学报》（人文社会科学版）2012 年第 12 期，第 104~107 页。

③ 姜敏敏、李高敏、王慧娟等：《社会支持、自我效能对环卫工职业倦怠影响》，《中国职业医学》2019 年第 2 期，第 179~183 页；青格乐、席锁柱：《环卫工支持系统的缺失与构建——呼和浩特市环卫工的调查分析》，《学理论》2017 年第 12 期，第 98~100 页。

责监督其日常运营状况，并不直接参与管理或干涉其运营①。本文研究对象为传统管理模式，即政府雇佣模式下的一线环卫工人。由于不同管理模式下环卫工人的工作条件和劳动权益存在一定的差异，所以本文的研究发现并不能推及环卫工人总体。

2020年上半年，研究者在我国华北地区某省的H市围绕环卫工人的劳动权益状况进行了实地调查。H市为华北某省地级市，常住人口约954.97万人，其中城镇人口555.36万人，城镇化率58.15%。资料获取主要通过两种方式：第一，问卷调查。我们在H市所辖的6区、11县、2个经济开发区中选择了主城三区作为发放问卷的范围，通过三区城管部门负责人面向H市三个区的环卫工人发放了调查问卷207份，回收问卷191份，回收率为92.3%，其中有效问卷179份，有效率为93.7%。第二，个别访谈和集体访谈。我们通过随机拦截、公函协调介绍、个人社会关系等方式接触到了各类受访者。共对23名环卫工人进行了访谈，其中两位为环卫班组长，对他们进行了个别访谈。另外21名为一线环卫工人，我们分四批对他们进行了集体访谈。此外，我们对三个区城管部门主管环卫工人的三位负责人分别进行了访谈；对市总工会建设建材工会、劳动保护部、法律工作部的5名主要工会干部进行了访谈。

一　样本概况

基于本次调查的问卷统计数据，调查样本的基本情况如下。

（一）性别与户籍

从性别来看，样本环卫工人男女比例较为均衡，女性相对较多，所占比例为55.9%；男性所占比例为44.1%。从户籍所在地来看，拥有城市户口

① 吕维霞、李丝丝、孙航：《PPP模式在环卫服务改革中的应用——以海口市为例》，《北京航空航天大学学报》（社会科学版）2017年第4期，第13~17页；黄锦荣、叶林：《公共服务"逆向合同承包"的制度选择逻辑——以广州市环卫服务改革为例》，《公共行政评论》2011年第5期，第100~180页。

的环卫工人占比为 63.1%，而拥有农村户口的环卫工人占比仅为 36.9%。户口类型在不同市辖区内有较为明显的差异。其中老城区 C 区，城市户籍的环卫工人占比仅为 26.4%，农村户籍的环卫工人占比高达 73.6%。而另一个城市化进程较快的老城区 H 区，城市户籍的环卫工人则超过了农村户籍，占比为 54%，农村户籍占比下降为 46%。F 区作为新兴工业区受到政策倾斜，城市化起点最高、发展速度最快，城市户籍的环卫工人大幅超过农村户籍环卫工人，占比达 94.7%（见图 1）。

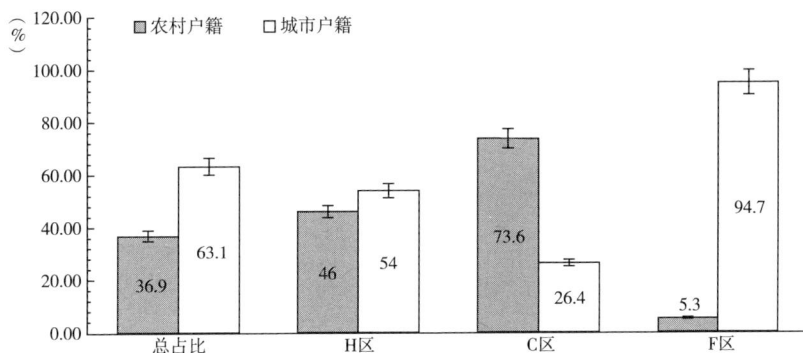

图 1 环卫工人的户籍状况

资料来源：作者自制。

（二）年龄与工龄

所有样本的平均年龄为 49.9 岁。分年龄段来看，30 岁以下的样本占调查样本总数的 0.6%，30~39 岁占 10.6%，40~49 岁占 30.7%，50~59 岁占 48.1%，60 岁及以上占 10%。在年龄结构上，三个市辖区同样出现了差异。发展时间较长的老城区 H 区和 C 区，样本平均年龄分别为 54.1 岁和 52.5 岁，而发展时间较短的新城区 F 区样本平均年龄仅有 45.2 岁。通过不同年龄段的比较同样可以看出，F 区比 H 区与 C 区的环卫工人年龄结构呈现显著的年轻化趋势（见图 2）。

所有样本的平均工龄为 9.69 年。其中，工龄 1 年及以下的占 5.1%，工龄2～5年的占36.9%，工龄6～10年的占22.7%，工龄11～15年的占18.1%，工龄16～20年的占8.5%，工龄21～30年的占4%，工龄30年以上的占4.5%。三个市辖区样本环卫工人在工龄结构上也出现了差异。H区的环卫工人平均工龄为16.28年，C区的环卫工人平均工龄为11.2年，F区的环卫工人平均工龄为4.06年，在不同工龄段，F区样本也显著地较H区与C区样本更短（见图2）。

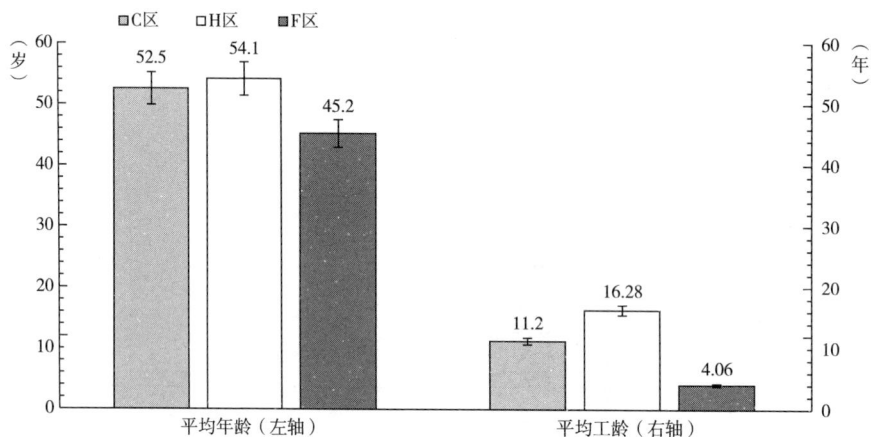

图2 环卫工人的平均年龄与平均工龄状况

资料来源：作者自制。

（三）职业史

从职业史来看，35.1%的样本在从事环卫工作前"务农"，17%的样本在从事环卫工作前为"工厂职工"（务工工厂主要为棉织厂、陶瓷厂、灯具厂等传统产业工厂），4%的样本"第一份工作就是环卫"，43.9%的样本在从事环卫工作前为"无业或失业"。在职业史上，三个区同样出现了差异。H区和C区从事环卫工作前"务农"的样本，分别占53.3%和46.7%，发展历史最短的新城区F区则没有曾经"务农"的样本。从事环卫工作前为"无业或失业"状态的样本，来自H区、C区和F区的样本占比分别为

5.3%、28%、66.7%，F 区的"无业或失业"样本显著高于其他两个区（见图 3）。

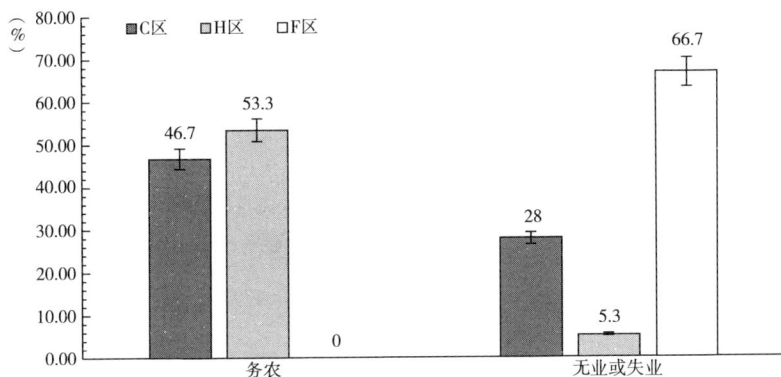

图 3　从事环卫工作之前的职业状况

资料来源：作者自制。

（四）日常居住地

从日常居住地来看，36.3%的样本居住在"附近县村"，2.5%的样本"借住亲友家"，8.3%的样本"就近租房"，52.3%的样本居住在"市内自有房产"（见图 4）。F 区没有居住在"附近县村"或"借住亲友家"的样本，而居住在"市内自有住房"的样本，F 区占了 42.2%。

由上述可见，环卫工人样本的人口社会学特征存在显著的区域性差异。发展较早的地区，环卫工人入职时间较早，当时的城市化水平较低，所以农村户籍的环卫工人比例明显较高。而在新开发地区，内部迁移人口较多，农村原住人口较少，这导致其城市户籍的环卫工人比例较高。同样，环卫工人年龄与工龄的差异也是由于入职时间不同而导致的。职业史的差异则与地方产业结构差异相关。老城区的第一产业占比较高，因此样本环卫工人有务农经历的占比较大；同时由于其发展时间较长，发展程度较高，失业人口相对较少，所以从事环卫工作前为"无

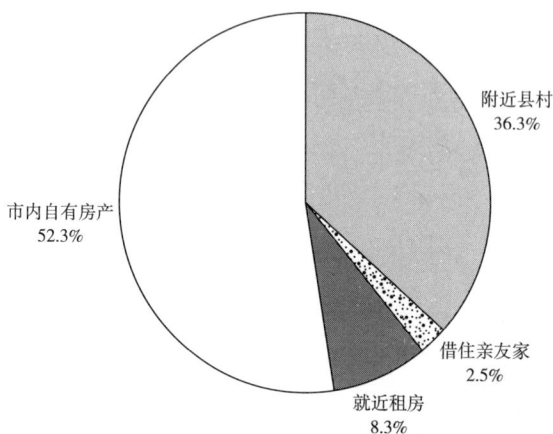

图4 环卫工人的日常居住地状况

资料来源：作者自制。

业或失业"状态的样本较少。新城区的第二、第三产业相对发达，特别是在作为开发区的F区，工厂数量众多，同时受城市区位因素影响，大多为劳动密集型传统产业工厂，因此在近些年产业升级过程中，出现了比例更高的失业人口。居住地上的差异同样受到上述因素的影响，这里不再赘述。不同辖区的样本，因为区域的发展史和产业结构等因素的影响而在人口社会学特征上呈现出较为明显的差异，这表明了环卫工人构成的复杂性和多样性。尽管如此，他们在劳动权益方面却并未因为区域差异而表现出较大的分化。

二 一般情况下环卫工人劳动权益保障状况

（一）劳动报酬权

劳动报酬权是指劳动者依照劳动法律关系，履行劳动义务，由用人单位根据按劳分配的原则及劳动力价值支付报酬的权利。劳动报酬权是劳动权利的核心，它不仅是劳动者及其家属的生活保障，也是社会对其劳动的承认和评价。在 H 市，由于劳动力市场供求结构与财政支付力度等原因，环卫工人的劳动报酬权得不到有效实现，具体表现在以下两个方面。

其一，基本劳动收入过低。H 市对环卫工人实行统一的工资标准，为 H 市所在省的最低工资标准。2019 年 11 月，随着最低工资标准的上调，H 市环卫工人统一工资标准也随之上调，由之前的 1590 元/月上涨为 1790 元/月。这一工资标准不区分岗位、劳动量、劳动时间、工龄等因素，全市统一执行。依照该省统计局公布的《2019 年国民经济和社会发展统计公报》相关数据，2019 年全年全省居民人均可支配收入 25665 元，而 H 市环卫工人的年收入约为 19480 元（按照最低工资标准调整前十个月，调整后两个月计算），仅为省人均年收入的 76%。

其二，劳动报酬发放不完整。在访谈中，一线环卫工人与环卫管理部门的相关负责人均表示本市的环卫工人除基本工资外，没有其他劳动报酬，并且不享受在工作日超时劳动和法定节假日加班所应得的加班工资，也不享受夏季室外作业高温补贴。同时，H 市的环卫工人实行按日扣薪政策（如果在一个自然月内存在请假等缺岗行为，会按比例扣除相应工资），不享受带薪年假、婚假、丧假、产假及计划生育假等法定假期当中应给付的劳动报酬。

问卷调查数据显示，只有 5.6% 的样本"除工资外，还有每月稳定超过 500 元的其他收入"。当被问及"按照目前的收入，生活开支外是否还有结余"时，只有 22.9% 的样本表示"仍有结余"，并且平均结余金额仅为 279.48 元。环卫工人大部分家庭经济较为困难，低微的工资收入和屈指可数的其他收入来源，使得他们往往只能维持非常基本的生计。访谈中，一位工人表示，自己每个月的收入，在交付 800 元的房租之后，只能用于买药吃饭，到了月底甚至"经常需要儿子来救济水电费"。

除此之外，H 市没有实行任何系统化、规范化的环卫绩效考核制度，以及薪资、岗位、职级等与工龄、绩效或劳动者个人能力对应的调增制度。这意味着环卫工人的薪资缺乏合理的增长空间，环卫工人的岗位与职级不会随着其工龄、工作绩效或工作能力的变化而发生相应的改变。许多工作十余年乃至二三十年的环卫工人与新入职的工人被支付完全相同的劳动报酬，从事着完全相同的工作，这大大抑制了环卫工人的工作积极性。

（二）劳动安全卫生保护权

劳动安全卫生保护权是指劳动用人单位必须为劳动者提供符合国家规定的劳动安全卫生条件和必要的劳动防护用品，对从事有职业危害作业的劳动者应当定期进行健康检查。我国的《劳动法》《职业病防治法》等相关法律法规对此均有明确的规定。H市环卫工人的劳动安全卫生保护权基本形同虚设，这一点主要体现为以下三个方面。

第一，用人单位没有为环卫工人提供必要的劳动安全卫生条件和劳动防护用品。由于环卫工人的工作特点，他们长期处于粉尘、废气、废物、废水、噪音、高温、紫外线等多重恶劣环境之中，这导致他们的呼吸系统、下肢关节、皮肤与眼部很容易受到持续的劳动损伤。用人单位在无法改变其作业条件客观限制的情况下，应该加强对环卫工人的劳动防护用品发放。但实际情况并不乐观。在访谈中，绝大多数环卫工人明确表示没有定期收到过口罩、手套、面罩、墨镜、遮阳帽等必要的劳动保护用品，也没有对应的自购劳动保护用品的补贴。在对环卫主管部门干部的访谈当中，这一说法得到了证实。

第二，用人单位没有对环卫工人提供定期的全面体检。根据我国《职业病防治法》第三十五条的规定，"对从事接触职业病危害的作业的劳动者，用人单位应当按照国务院卫生行政部门的规定组织上岗前、在岗期间和离岗时的职业健康检查，并将检查结果书面告知劳动者。职业健康检查费用由用人单位承担。"访谈发现，只有来自F区的环卫工人表示自己接受过公费体检，但是体检项目比较简单，并不能完全覆盖其作业环境可能导致的职业病或相应的劳动损伤。这使得环卫工人难以通过体检了解自己的身体健康状态，许多原本轻症的职业病患者由于就诊不及时或没有相应的经济能力诊治，病情不断加重。

第三，用人单位没有对罹患职业病的环卫工人提供相应的保障或补偿措施。根据《职业病防治法》第五十六条规定，"用人单位应当保障职业病病人依法享受国家规定的职业病待遇。用人单位应当按照国家有关规定，安排职业病病人进行治疗、康复和定期检查。用人单位对不适宜继续从事原工作的职业病病人，应当调离原岗位，并妥善安置。用人单位对从事接触职业病危害的作业的劳动者，应当给予适当岗位津贴。"在 H 市，由于用人单位根本没有为环卫工人提供符合相关法律所规定的正式体检，对于环卫工人职业病的相关补偿和保障也就无从谈起。在我们的访谈中，有 15 名环卫工人表示由于工作原因而出现了呼吸系统、膝关节、皮肤和眼部的慢性疾病，但对应的医疗费用只能由自己承担，进一步加重了其经济压力。根据问卷调查数据，罹患慢性疾病的样本中有 80.7% 的样本表示"治疗费用对于生活开支影响较大"。

（三）休息休假权

休息休假权是指劳动者为保护身体健康和提高劳动效率而休息和休养的权利。其目的是保证劳动者的疲劳得以解除，体力和精神得以恢复和发展。然而，本次调研发现，环卫工人的休息休假权完全没有得到相应的保障。

在一般情况下，H 市的环卫工人实行"普扫+倒班"的工时制度。每日清晨 4 点至 6 点，全体环卫工人需要参加一次"普扫"。普扫结束后，上午班的环卫工人开始上岗，一直工作到中午 12 点。下午班的环卫工人则从中午 12 点工作到傍晚 6 点。无论是上午班还是下午班，环卫工人的日工作时间都已达到 8 小时。夏初至秋季中旬时，由于各类夜市地摊广布，环卫工人需要上"义务"班，在夜间再进行一次清扫。夜间岗的工作时间是 19 时至 23 时，这一班岗由辖区内的所有工人轮班上岗，没有加班工资，这样当日轮岗的工人工作时间便达到了 12 个小时。在周末、春节、国庆节、劳动节等法定节假日期间，环卫工人不能享受包括轮休在内的任何休假，他们也不能享受年假、婚假、丧假、产假及生育假等法定假期。根据访谈信息，H 市环卫工人每周平均工作时间至少达到了 56 个小时，在夏季甚至能够达到近 70 个小时，其应该享有的休息休假权被极大地侵犯。

（四）社会保险权与劳动合同缔结权

社会保险权是指劳动者由于年老、疾病、伤残、失业、生育、死亡等风险事故，暂时或永久地失去劳动能力和劳动机会，从而没有正常的劳动收入来源时，仍能维持基本生活的一项社会保障活动。《劳动法》第七十二条规定："劳动者必须依法参加社会保险，缴纳社会保险费。"但是我们经过访谈发现，能够覆盖到 H 市所有环卫工人的险种只有意外伤害类保险。具体而言，年龄不同享受到的意外保险类型也不同，如果是处于法定退休年龄前的工人，环卫主管部门会为其缴纳一份工伤险，如果是超过了法定退休年龄但仍在环卫岗位工作的工人，环卫主管部门会为其缴纳一份雇主险。养老、医疗、失业和生育保险等基本的兜底性险种，均由环卫工人个人负责缴纳。一部分工人是由其所在的村居社区代为缴纳，还有一部分工人则根本没有缴纳相关保险。在访谈中有管理人员曾表示，年龄过大的环卫工人（一般指女性超过 60 岁，男性超过 65 岁）会被劝退，这些被劝退的环卫工人没有退休金保障，同时又未曾缴纳养老或医疗保险，他们退休后的生活因而得不到任何保障。

我国的《劳动法》与《劳动合同法》都对劳动者在与用人单位建立劳动关系后依法缔结书面劳动合同做出了明确规定。《劳动法》第十六条规定，"劳动合同是劳动者与用人单位确立劳动关系、明确双方权利和义务的协议。建立劳动关系应当订立劳动合同"，第十九条规定，"劳动合同应当以书面形式订立"，《劳动合同法》第十条规定，"建立劳动关系，应当订立书面劳动合同。已建立劳动关系，未同时订立书面劳动合同的，应当自用工之日起一个月内订立书面劳动合同。"

H 市的环卫工人在入职时的年龄均符合我国的法定劳动年龄要求，且具有劳动能力，同时以其从事环卫清扫工作获得收入为主要生活来源，在 H 市环卫主管部门的管理下从事劳动并获取劳动报酬，依据法律规定，应当认定其与 H 市的环卫主管部门建立了合法的劳动关系。但是根据对一线工人及环卫主管部门干部的访谈资料，H 市所有市辖区内的环卫工人均未与主管部门签订书面劳动合同，而只是通过口头缔结和约来约定相关权利义务关系。这十分不利于环卫工人证明其与用人单位建立的劳动关系，并由此举证主张其一系列合法劳动权益（如职业病保障、工伤赔付、退休金发放等）。

三　疫情期间环卫工人劳动权益保障问题

2020年，新冠肺炎疫情突袭而至，之后逐渐遍及全国。疫情给整个社会的生产和生活带来了重大影响。疫情期间，环卫工人的工作更为繁重，特殊的工作性质使得他们比大多数人群更易遭受到病毒对健康乃至生命的威胁，对他们给予充分的劳动保护因而更显迫切。但是从我们对H市的调查结果来看，疫情期间的环卫工人劳动权益保护严重缺失，他们甚至因为自己的职业身份遭遇到更大的歧视。

（一）工作量增大导致休息休假权更难落实

与全国其他地方一样，在疫情较为严重的时期，H市实施生活区的封闭式管理，人员被限制流动，这导致原本应该由办公场所、消费场所和部分公共场所分担的垃圾产生量大多转化为生活垃圾的产生量，居民生活区的生活垃圾数量剧增。此外，部分小区的专职垃圾收容者由于疫情原因无法上岗，有些小区由于年代久远或管理问题，没有专职的物业机构负责垃圾清理。H市的环卫工人受命承担了这些生活区的生活垃圾收容、转运与处理工作。问卷数据显示，99.3%的样本明确表示"在疫情期间自己的工作内容有变化"，变化的内容主要是增加了"清理各种无人负责的疫情垃圾""清理生活垃圾""消毒"等工作。环卫工人的工作量相较于正常时期有了明显上升，每日的工作时间也相应变化，72.5%的样本表示"在疫情期间工作时间延长"。

此外，由于环卫工作的特殊性，H市要求环卫工人疫情期间"全员到岗"，原本在春节期间应该以倒班形式休假的环卫工人也不能离开工作岗位。据一名环卫管理单位的负责人介绍，由于（工人）没有回家过年，甚至不存在返岗需要隔离的情况。在疫情趋于好转，正常生产生活秩序恢复之后，相关管理部门仍然没有安排在岗工人进行轮岗，而是继续前文提到的工时安排。此外，随着夏季来临和地摊经济的兴盛，工人们在晚间还需要增设一班劳动强度很大的轮岗。工作强度增大、工作时间延长，环卫工人原本就得不到保障的休息休假权在疫情期间受到进一步的损害。接受访谈的环卫工人纷纷表示，他们的身体和心理都承受着很大压力。

（二）危险工作环境中面临劳动保护缺失

疫情期间环卫工人工作环境的一个突出变化是危险性增加。环卫工人的工作在户外进行，因此需要频繁外出，这加大了环卫工人的感染风险。同时，环卫工人在工作中需要频繁接触垃圾，而生活垃圾中存有大量沾染了体液的废物和废液，这加剧了其受到垃圾上所携带的病毒感染的风险。特别需要指出的是，环卫工人还负有主动或被动接触废弃口罩的工作任务，其中既包括居民夹杂在生活垃圾当中一并丢弃的废旧口罩，也包括环卫部门专设口罩收集点集中回收的废旧口罩。根据问卷调查数据，90.8%的样本"疫情期间需要接触废弃口罩、生活垃圾与可能沾染了体液的废物/废液"。除此之外，H市在F区的两个酒店设置了集中隔离点，所有的隔离人员均需在此接受医学观察，并接受相关检测。这两个集中隔离点的日常环卫工作和垃圾清运工作交由F区的环卫部门来负责，因此，部分环卫工人需要进入这两个集中隔离点进行作业，并要负责处理隔离点内所有的生活垃圾，其中不乏沾染了被隔离人员体液的废物或废液。

在如此危险的工作环境之下，环卫工人的保障和防护却并不到位。除了需要进入隔离点的环卫工人、负责集中转运和处理废弃口罩的环卫工人能够保质保量地得到相应的劳动保护用品（例如口罩、防护服、护目镜、手套等）外，其余环卫工人疫情期间的劳动保护用品均无法得到满足。

根据H市所在省《环卫行业应对新型冠状病毒感染肺炎疫情操作指南》（以下简称《指南》）的规定，环卫工人工作时应"配备环卫工作服（或防护服）、口罩、手套、夹子消毒液喷雾剂。从事废弃口罩收集、运输的一线环卫作业人员要穿长袖、穿尺寸合适的长筒胶鞋、佩戴防护手套、外科口罩或 N95 口罩，佩戴尺寸合适的防护眼镜等，一次性口罩最长 4 小时更换一次。"但从我们对 H 市的调研结果来看，无论是防护用品的种类、质量、数量还是更换频率，H 市都没有按照《指南》的要求执行。问卷数据显示，从口罩的更换频率上来看，在疫情期间，平均 4.7 天环卫工人才能更换一只口罩，其中既包括单位发放的口罩，也包括工人通过各种渠道自购的口罩。在对 C 区数名环卫工人的集体访谈中，工人们表示，疫情期间只发放过两次口罩，其中第一次发放了一只黑色的一次性口罩，第二次发放了两只白色棉质口罩，此外并无其他相应物资的发放。从口罩质量来看，据 H 区城管部门主管环卫的负责人介绍，发放的口罩主要为一次性医用外科口罩和普通棉质口罩，两类口罩发放的比例各为 50%。

不仅是 H 市，在疫情期间一些发达城市同样存在口罩等物资供应不足的现象。根据疫情期间部分城市自发兴起组织"口罩北京""口罩上海""口罩广州"在互联网上公开披露的数据，在来自北京、上海和广州的 185 份访谈样本当中，仅有 69.7% 的样本表示单位在疫情期间发放过口罩，而在单位发放了口罩的样本当中，仅有 42.6% 的样本表示单位发放的样本符合防疫需要，38% 的样本明确表示单位发放的样本不符合要求，而其余样本则表示不清楚收到的口罩是否符合防疫需要。在来自上海和广州的 139 个样本当中，6.5% 的样本单位每日发放两只及以上的口罩，66.9% 的样本单位平均每日发放 1 只及以下，其余样本则表示单位并未发放过口罩。从最为重要的口罩佩戴情况来看，185 个样本当中，仅有 150 个样本有条件每日佩戴口罩，占比仅为 81.1%[①]。这充分说明，在面对突发重大公共卫生事件时，我国的发达地区尚不能保障普通民众的劳动保护物资配置，欠发达地区的边缘人群（如本文所调查的 H 市的环卫工人）的劳保物资配置就更是无从谈起了。

---

① 数据来源：中国环卫科技网。

（三）职业暴露与更严重的歧视

遭遇身份歧视是环卫工人普遍遇到的问题。问卷数据显示，66.4%的样本"曾因环卫工人的身份遭受过歧视"。而当我们将工龄在三年及以下的样本剥离之后，遭受过歧视的样本占比上升到了79.7%。环卫工人遭遇身份歧视的原因，除了收入低之外，主要有：第一，环卫工人机械化水平低，工作环境差，工作时不仅要付出长时间的重复体力劳动，而且需要频繁地与脏臭废弃物、泔水、臭水废水等接触。在无法机械化作业的情况下，他们往往只能徒手或使用简易工具进行清理，身体上常会沾染一些脏臭物/液，这导致许多人对他们"敬而远之"。第二，环卫主管部门不注重塑造环卫工人的职业形象。我们访谈的一名环卫工人身穿的马甲早已破旧、污损，散发着难以清洁的异味。据他介绍这件环卫马甲他已经穿了六年没有换过，"申请过好多次，也没有发放新的马甲"。

在疫情当中，由于工作内容的特殊性以及劳动保护用品的缺乏，环卫工人成为职业暴露人群，这不仅对他们个人的身体健康和生命安全产生了较为严重的威胁，也加剧了社会公众对他们的偏见和歧视。在疫情最为严重的时期，H市大部分单位采用轮岗的形式，让部分职工线上办公。而每一名环卫工人则需要每天到岗。这一差异使得原本就成为职业暴露人群的环卫工人被迫成为其生活地区出入最为频繁的人群，这使得他们被视为"有危险的"、"更易传播疾病"或"更有可能携带病毒"的群体。

在调查中，约52.7%的样本表示曾在疫情期间因环卫工人的身份遭遇歧视。歧视的几种主要形式包括："外出工作遭遇更加严格的盘问"、"小区无法进出"（其他住户可以正常进出）、"遭遇身边人的刻意疏离"等。一位环卫工人告诉我们："因为在大街上工作，（我）每天都需要外出，还得接触垃圾，所以（我）遇到（一些）人身攻击。小区的保安和周边的邻居都用看瘟神一样的眼神看我，能感觉到（他们）在刻意躲着我走。"

（四）相应补贴不到位

疫情期间，H市公安、医疗、行政等公共职能服务机构对于疫情期间需要坚持在岗，特别是涉及直接接触疑似感染人员或疑似感染物的岗位的工作人员，都发放了相应的物质补贴。与之相对的是，H市没有针对一线环卫工人发放任何形式的补贴、津贴、奖金或物质奖励，也未发放疫情期间涉及超时劳动和法定节假日的加班工资。即使是在工作危险系数极高的特殊岗位作业的环卫工人，主要包括工作时进入隔离点的环卫工人以及负责集中转运废弃口罩的环卫工人和负责集中处理废弃口罩的环卫工人，也没有相应的补贴、津贴、奖金或物质奖励。环卫工人不仅得不到足额劳动保护用品的发放，甚至因为上岗而不得不产生的自行购置劳动保护用品（口罩、手套、护目镜、自用酒精/消毒液）所产生的费用也均由环卫工人自行承担。

四　影响环卫工人权益落实的原因分析

综上所述，一般情况下，环卫工人的劳动权益难以得到有效的保护。他们的劳动收入低，工作时间长，基本社会保障欠缺，职业安全卫生条件差。而在疫情期间，他们作为与病毒密切接触人群，未能得到必要的防护物资，健康风险增高，劳动强度也进一步加大，权益受到更大的侵犯。其劳动权益之所以难以实现，除了环卫工人群体自身的维权意识薄弱之外，还与工会的不作为及客观条件限制、行政管理体制等因素密切相关。

（一）环卫工人维权意识弱

环卫工人群体总体受教育水平较低，许多环卫工人甚至处于半文盲的状态。他们的法律意识普遍较为淡薄。此外，由于年龄较大、缺乏工作技能且没有兜底性生活保障，环卫工人对于用人单位产生了较强的经济依赖。种种因素叠加，使得环卫工人不具有较强的维护自身合法权益的意识。在民事纠纷"不诉不理"的原则下，环卫工人因此几乎没有可能仅通过自身力量实现对于其合法权益的有效维护。虽然偶尔会有具有较强维权意识的工人个体在权利受损时进行维权，但是他们的努力往往无果而终，他们自己也会被强制解聘。H区相关负责人在访谈中表示："没有出现过工人大规模罢工，但的确存在上访、起诉或申请劳动仲裁的工人，（法院、仲裁机构等单位）都已经有明确判决，不支持他们的主张……我们全市都是这样，他们要求签合同，要求正式编制，想和编制工一样，但是哪有这么多编制，而且他（们）本身就不属于编制这个范围内。"

（二）工会工作的主客观限制

"维护职工合法权益、竭诚服务职工群众"是我国工会的基本职责。但是就我们调查的结果来看，面对环卫工人的劳动权益保护问题，工会所做甚少。在H市，环卫工人不知道、不了解工会，也没有相应的渠道能够加入工会。访谈中，多名环卫工人明确表示："（我）没见过工会的人来，也不认识工会，没加入过工会，不知道他们是做啥的。"由于工会没有主动深入基层发展会员，全市万余名一线环卫工作者均没有加入工会。市总工会某科室负责人表示："环卫工应该是由城管局管的，我们和环卫工不怎么打交道，也就是在每年'送清凉'活动当中会去慰问慰问，发发物品。"但是事实上，所谓的"送清凉"活动，每年只能辐射到千余名乃至更少的环卫工人。在我们随机访谈的二十余名环卫工人中，没有一位收到过工会发放的福利。

工会在环卫工人劳动权益保护上的缺位，一方面是因为当地工会不愿意作为和不想作为，另一方面则是因为一些客观因素的限制使得工会难以作为。首先，工会自身并非行政单位，本质上属于工人自愿结合的社会团体，因而在许多问题上工会的力量难以影响当地的行政力量。市总工会建筑建材工会的相关负责人在接受访谈时谈到，省总工会早已下发文件并拨付资金，要求各地建设用于环卫工人日常休息的职工驿站。但H市政府为了创建全国文明城市，不允许道路加盖此类建筑，甚至一批原本由城管部门修建的职工驿站也被拆除，市建筑建材工会只能象征性地在周边县区修建环卫工人休息驿站。其次，工会人手不足，导致其在很多事情上有心无力，无法正常开展工作履行职能。市总工会相关部门的负责人在访谈中表示，H市总工会的许多部门只有一两个编制，本省其他城市总工会甚至某些核心部门（例如法务部）都被裁撤。在区工会一级，编制最多的一个区工会也只达到五个编制，甚至少至两个编制。尽管近些年来一些地区大力开展社会化工会干部队伍建设，但是在H市，工会干部的社会化招聘付诸阙如。这可能与经费紧缺、社会化招聘工会干部晋升通道受限等因素有关。由于人手不足，应对上级工会的某些事务性工作以及上报文本材料就已经占据了工会干部的全部工作时间，他们根本没有时间也没有精力进行维权、帮扶等工作。

（三）环卫系统层层传递的考核压力

H市环卫系统实行的考核标准被称为"以克论净"，具体来说，就是在不同的路段有不同的尘土称量标准，这一标准又被称为"双五双十"，即主城区主、次干道道路每平方米浮尘不得高过5克，地面垃圾停留时间不得超过5分钟；支路、小街巷道路每平方米浮尘不得超过10克，废弃物落地时间不得超过10分钟。与H市采用相同标准的还有S省的X市，但X市环卫工人的工资水平和环卫工人的平均休息时间均要高于H市。根据X市《进一步加强市容环卫行业管理工作实施意见》《关于切实保障全市环卫行业职工合法权益指导意见的通知》，X市环卫工人的薪资为：基本工资（1680元×110%＝1848元）＋绩效工资（最低每月300元）＋岗位津贴（25元/日×21日＝525元），最低数额为2673元，为2019年H市环卫工人上调后工资的1.49倍左右。而根据H市城管局的测算，X市的环卫工人约为每人平均负责5000平方米的清洁工作，H市则为每人平均负责8000~10000平方米的清洁工作，加之机械化程度不同，H市环卫工人的平均单位工作量约是X市环卫工人的3倍左右。H市只采用了发达城市的考核模式，但并未配套对应的激励措施。例如，X市环卫工人采用的"绩效工资"薪酬模式，使得环卫工人的薪资有合理的增长空间，而H市环卫工人则只有按月发放按日扣除的固定基本工资。同时，来自环保部门的指标压力会传导到市城管局，市城管局又将任务摊派给各区城管局，区城管局只能通过进一步加强环卫工人劳动强度的方式完成考评指标。严格的考核标准被层层传递，管理部门却没有提供充足的资金来保障配套制度的实施，从而形成了由基层环卫工人承担绝大部分制度成本的"只谈任务，不谈奖励；只看结果，不看过程"的畸形考评制度。

五 结论与政策建议

本文通过对华北某市环卫工人的调查，展现了政府雇佣模式下的环卫工人的劳动权益状况。我们发现，环卫工人面临的劳动权益问题集中表现为以下几点：第一，环卫工人与用人单位没有订立书面的劳动合同，他们多是作为用人单位的非正式工（临时工、劳务派遣工等）从事环卫工作。用人单位也因此不为他们提供基本的社会保障。第二，环卫工人的劳动时间普遍超过了法定工时，且不享受包括双休日在内的大部分法定假期。本文调查样本的平均工作时间至少为56个小时，在夏季甚至长达70个小时。第三，环卫工人的劳务报酬过低，调查样本的工资处于所在省规定的最低工资标准，且没有额外的奖金和补贴发放，工人在法定节假日的加班通常也得不到加班费。第四，职业安全卫生得不到保障。环卫工人的作业环境使之面临来往车辆的交通安全威胁以及来自浮尘、有毒气体、废物废液等的健康损害威胁。用人单位没有向环卫工人发放相应的劳动保护用品，也没有为之提供定期体检和医疗健康支持。

2020年新冠肺炎疫情的突袭而至和蔓延使得环卫工人的工作重要性进一步凸显，但是环卫工人的劳动权益保护问题也随之进一步放大。特殊的工作性质使得他们在春节假期也无法休息，大量增加的生活垃圾和废弃防护用品使得他们的劳动强度加大，工作时间延长。尽管劳动风险增加，但是他们却无法得到口罩等基本防疫物资的供应，这使得他们遭遇病毒感染的风险远超普通人群。不仅如此，频繁地出入活动场所加上必要防护的缺失，使得本来就易受歧视的他们在疫情期间遭遇到更频繁更严重的歧视。

本文认为，环卫工人劳动权益无法得到有效保障的原因，主要有：其一，受教育程度较低、对用人单位的经济依赖等因素导致环卫工人的维权意识较为淡薄。其二，本应为工人维权和提供服务的工会主观上不愿意作为，客观上则难以作为，这使得环卫工人无法透过组织的力量来提升自己在劳动力市场上的力量。其三，环卫管理系统对环境卫生的考核标准高、考核要求严，但是未能建立相应的激励机制。

基于本次调研的结果，本文提出以下政策建议。

第一，政府相关部门加大对环卫工人等职业暴露群体的重视，加大对环卫行业的物资保障力度，及时调拨或协助采买相关物资，确保工人劳动安全和健康。

第二，政府相关部门加强对环卫用人单位的监督，从而保障环卫工人的合法劳动权益，并积极推进改善环卫工人的劳动条件。例如敦促环卫用人单位与环卫工人签订书面劳动合同，按相关法律法规发放加班费和劳动补贴，落实五险一金等。

第三，工会切实履行法定义务，积极主动地将环卫工人纳入工会组织之中，推动环卫工人行使集体劳权；积极探索职业化社会化工会干部队伍建设的有效路径，增加基层工会干部数量，通过各种方式激发工会干部的工人情怀，使工会扎根基层、面向底层，切实成为工人的代言人。

参考文献

黄锦荣、叶林：《公共服务"逆向合同承包"的制度选择逻辑——以广州市环卫服务改革为例》，《公共行政评论》2011 年第 5 期。

姜敏敏、李高敏、王慧娟等：《社会支持、自我效能对环卫工职业倦怠影响》，《中国职业医学》2019 年第 2 期。

刘雨萌：《环卫工人生存状况调查分析——以巩义市东区为例》，《决策探索（下）》2019 年第 2 期。

吕维霞、李丝丝、孙航：《PPP模式在环卫服务改革中的应用——以海口市为例》，《北京航空航天大学学报》（社会科学版）2017年第4期。

钱敏、束思勉、路金晨等：《连云港市环卫工人生存现状及其对策建议研究》，《市场周刊（理论研究）》2017年第7期。

青格乐、席锁柱：《环卫工支持系统的缺失与构建——呼和浩特市环卫工的调查分析》，《学理论》2017年第12期。

王诗敏、兰红勤、王超群：《长沙市雨花区1672名环卫工人体检资料分析》，《广州医药》2018年第1期。

王潇、赵雯曦、王晓灿等：《编制内外环卫工人的劳动权益保障状况研究——以北京市海淀区为例》，《劳动保障世界》2016年第27期。

闻效仪：《职业安全健康与劳工权益保护》，《中国劳动关系学院学报》2012年第5期，第66~70页。

杨云霞、黄亚利：《公共部门临时工的身份冲突——对88份文本的实证分析》，《西南民族大学学报》（人文社会科学版）2012年第12期。

张润东：《市场化背景下环卫"临时工"权益保障问题研究——以湖南省永州市零陵区为例》，《时代金融》2018年第20期。

第七章　疫情下的劳动争议特点及调处策略

张冬梅[*]

摘　要： 2020 年突发的新冠肺炎疫情对我国的经济造成了前所未有的冲击。我国经济增速放缓、就业压力增大，"封城"等管控措施、劳动政策和指导意见的发布以及现实中各行业的用工失衡等都对我国的劳动争议产生一定的影响。疫情之下，我国的劳动争议数量与 2019 年同期相比略有下降；劳动争议数量地区差异明显；"云处理"成为劳动争议处理的创新形式；民营企业、中小微企业劳动争议较多；劳动争议案件类型多元化和复杂化；涉疫情的劳动争议，以休息休假争议、工资支付争议、共享用工相关争议为主。疫情下劳动争议的调处应该秉持"同舟共济、共克时艰"的指导思想，坚持依法、快速及时处理原则，坚持平衡保护和注重协商与调解原则。劳动争议的调处还要加强劳动争议的预防，发挥工会的作用，强化裁审衔接，同时要充分发挥劳动争议多元化解机制作用。

关键词： 新冠肺炎疫情　劳动争议　平衡保护　裁审衔接　多元化解

2020 年 1 月以来，突如其来的新冠肺炎疫情对我国经济造成的冲击前所未有，世界经济也陷入二战以来最为严重的衰退。在疫情的冲击和影响之

---

* 张冬梅，中国劳动关系学院法学院副教授，主要研究方向为劳动法、工会法等。

下，我国就业面临巨大的压力，劳动关系整体不稳定性增加。相应地，劳动关系矛盾即劳动争议也呈现出新的特点，调处难度加大。

一 新冠肺炎疫情对我国劳动争议的影响因素分析

劳动关系是社会关系的晴雨表和风向标。劳动关系矛盾受到经济、社会、法律、政策等环境的综合影响。新冠肺炎疫情对我国劳动争议的影响体现在以下方面。

（一）新冠肺炎疫情使我国经济增速放缓

新冠肺炎疫情突发伊始，经济停滞、社会停摆。为有效防控疫情蔓延，2020年全国春节假期延长3天，20多个地区推迟10天开工复产，企业正常生产时间普遍大幅压缩，同时2月复工复产企业受各种因素制约，生产水平尚未恢复正常，导致企业生产销售均出现明显下降。据国家统计局的数据，2020年1～2月全国规模以上工业企业利润下降38.3%①。随着疫情防控形势持续向好，习近平总书记指出，在确保疫情防控到位的前提下，要精准有序扎实推动复工复产，把疫情造成的损失降到最低限度。据国家统计局的数据，2020年3月主要经济指标降幅明显收窄，2020年1～3月，全国规模以上工业企业实现利润总额7814.5亿元，同比下降36.7%，降幅比1～2月收窄1.6个百分点。初步核算，2020年一季度国内生产总值206504亿元，按可比价格计算，同比下降6.8%②。随着疫情防控不断向好，统筹推进疫情防控和经济社会发展的背景下，复工复产、复商复市有序推进，宏观政策效应持续显现，经济增长实现了由负转正，整体经济稳步复苏态势明显。据国家统计局的数据，2020年二季度，我国GDP为250110亿元，按不变价格计算，比上年同期增长3.2%，一季度为下降6.8%③，经济增速实现由负转正，经济整体呈现快

---

① 数据来源：国家统计局官网，访问日期2020年6月1日。
② 数据来源：国家统计局官网，访问日期2020年6月1日。
③ 数据来源：国家统计局管网，访问日期2020年8月1日。

速回升态势。

尽管 2020 年二季度工业企业利润状况明显恢复向好，但总体看，受新冠肺炎疫情冲击影响，市场需求依然偏弱，企业生产经营仍然面临不少困难，上半年累计工业企业利润同比仍下降 12.8%，且利润增长结构也有待进一步优化。当前，全球疫情仍在持续蔓延，国际经贸形势复杂严峻，工业利润增长的持续性仍存在不确定性。

（二）新冠肺炎疫情进一步加大了就业压力

2020 年 1 月和 2 月，全国城镇调查失业率分别为 5.3% 和 6.2%，环比分别上升 0.1 和 0.9 个百分点[1]。2020 年 1 月，失业率受春节因素影响略有上升。2 月，受新冠肺炎疫情影响，企业停工停产增多，用工减少，就业人数下降，失业率明显上升。其中，批发和零售业、住宿和餐饮业、交通运输仓储和邮政业、文化体育和娱乐业等服务业行业就业人数减少较多；农民工就业稳定性较低，灵活就业人员比重高，受疫情影响也十分明显。与此同时，疫情期间企业招聘活动减少，市场就业机会不足，部分有意愿的求职者就业暂时较困难；一部分人就业意愿下降，不愿工作或不能工作，暂时退出劳动力市场。二季度，随着疫情影响减弱，生产生活秩序逐步恢复，各项就业政策持续见效，就业形势逐步改善，各月城镇调查失业率分别为 6.0%、5.9%、5.7%，呈逐步回落趋势，其中 6 月失业率较 2 月的顶峰下降 0.5 个百分点[2]。同时也要看到，受疫情冲击的影响 2020 年的就业压力还是比较大的。2020 年上半年，城镇新增就业人员同比少增 173 万人。一些重点群体的就业压力更为突出，外出务工的农村劳动力有所减少，二季度末外出务工农村劳动力同比减少 496 万人，同比下降 2.7%。大学生失业率创同期新高，受疫情影响，2020 年高校毕业生招聘需求下降，求职面试都受到一定限制。从劳动力调查数据显示，6 月，全国 20~24 岁大专及以上人员，这部

---

① 数据来源：国家统计局官网，访问日期 2020 年 8 月 1 日。
② 数据来源：国家统计局官网，访问日期 2020 年 8 月 1 日。

分人群主要是新毕业大学生，调查失业率达到 19.3%，比 5 月上升 2.1 个百分点，比上年同期上升 3.9 个百分点①。所以在就业形势上，一方面总体上有一些积极变化，另一方面一些重点群体的压力还比较大。

（三）新冠肺炎疫情下"封城"等管控措施对劳动关系的影响

新冠肺炎疫情突发后，湖北省武汉市于 2020 年 1 月 23 日采取封城的措施，公交、地铁、轮渡、长途客运暂停运营，机场、火车站离汉通道暂行关闭。之后几天，湖北省所有县市进入"封城"状态。截至 2020 年 1 月 25 日 17 时，浙江、广东、湖南、湖北、安徽、天津、北京、上海、重庆、四川、江西、云南、贵州、山东、福建、广西、河北、江苏、海南、新疆、黑龙江、河南、甘肃、辽宁、山西，25 个省区市先后启动重大突发公共卫生事件一级响应并配套有一定的交通管控措施。这些管控措施的施行，对我国劳动关系的影响是空前的，对劳动关系的全过程都产生了影响。因此这些管控措施的施行，劳动关系的建立时间会产生一定的争议。比如，用人单位和劳动者已经签订了书面劳动合同，劳动者还未正式到用人单位报到。因为新冠肺炎疫情，劳动者无法按照劳动合同约定的时间报到，双方之间就是否建立劳动关系产生了争议。再比如，春节延长假期期间以及延迟复工复产期间的工资到底按照什么标准来进行支付成为劳动合同履行过程中争议的主要类型。再比如用人单位是否能够以新冠疫情的发生作为不可抗力事件从而拒绝支付劳动者工资，进而解除劳动合同等。

（四）新冠肺炎疫情下因行业用工失衡对劳动关系产生的影响

新冠肺炎疫情下，各行业的用工处于失衡状态。医护人员、防疫一线人员、社区工作人员、防护消毒企业人员、电商平台、快递等行业人员处于超负荷工作状态，而传统制造业、餐饮、娱乐等行业则处于停滞运转状态中，几乎没有任何的用工需求。大量的企业、单位也都采用了远程办公和灵活用

---

① 数据来源：国家统计局官网，访问日期 2020 年 8 月 1 日。

工的方式。这种特殊时期的用工不平衡，也在各行业人员间产生了不同的劳动争议点。超负荷工作的这些人员，可能面临超时工作、加班待遇、劳动保护以及工伤等各种问题。完全停摆的制造业、餐饮、娱乐等行业人员则面临着停工期间的待遇、劳动合同解除、裁员等诸多问题。实行远程办公、灵活办公人员可能面临劳动定额、劳动报酬、强制休假等问题。

新冠肺炎疫情期间催生了很多新产业、新业态和新模式。远程办公、在线教育、智能施工、无人配送这些新模式有效地化解了现实生活中的一些堵点、难点，以云计算、大数据、人工智能为代表的新技术快速发展，数字经济、智能制造、生命健康这些新产业形成了更多增长极。"共享员工"作为疫情期间一种新的人力资源再分配的方式发挥了很大的作用，有效地缓解了零售电商、物流等行业的压力，同时也不可避免地会产生共享员工的权益维护等新的争议点。

（五）新冠肺炎疫情下颁布的劳动政策、指导意见对劳动关系的影响

面对突发的传播速度快、感染范围大、防控难度大的新冠肺炎疫情，国家发布了大量的政策和指导意见。其中，涉及劳动关系的政策和指导意见对劳动争议的影响最为直接。国家层面的政策有：2020 年 1 月 24 日人力资源和社会保障部办公厅发布的《关于妥善处理新型冠状病毒感染的肺炎疫情防控期间劳动关系问题的通知》（人社厅明电〔2020〕5 号），2020 年 1 月 26 日国务院办公厅发布的《关于延长 2020 年春节假期的通知》，2020 年 2 月 7 日人力资源和社会保障部、中华全国总工会、中国企业联合会/中国企业家协会、中华全国工商业联合会发布的《关于做好新型冠状病毒感染肺炎疫情防控期间稳定劳动关系支持企业复工复产的通知》（人社部发〔2020〕8 号）等。各地政府也根据各地的不同情况，颁布了相应的政策。比如 2020 年 1 月 23 日北京市人力资源和社会保障局发布的《关于做好疫情防控期间维护劳动关系稳定有关问题的通知》、2020 年 1 月 31 日北京市人民政府发布的《关于在新型冠状病毒感染的肺炎疫情防控期间本市企业灵活安排工作的通知》、2020 年 1

月31日北京市人力资源和社会保障局发布的《关于进一步做好疫情防控期间本市人力资源和社会保障相关工作的通知》等。

除了劳动政策外，最高人民法院的司法解释和各地关于劳动争议处理的指导意见在劳动争议的处理中发挥着至关重要的作用。最高人民法院连续发布三个关于依法妥善审理涉新冠肺炎疫情民事案件若干问题的指导意见，涉及劳动争议诉讼中的一些程序性问题。各地针对审理涉新冠疫情劳动争议的指导意见中最具代表性的是北京市、上海市和广东省的意见。2020年4月29日，北京市高级人民法院与北京市劳动人事争议仲裁委员会联合发布《关于审理新型冠状病毒感染肺炎疫情防控期间劳动争议案件法律适用问题的解答》，围绕疫情防控期间劳动争议案件审理中亟待解决的具体问题作出规范和回应。2020年4月21日，广东省高级人民法院与广东人社厅联合印发了《关于审理涉新冠肺炎疫情劳动人事争议案件若干问题的解答》，2020年5月12日上海市高级人民法院与上海市人力资源和社会保障局发布了《关于疫情影响下劳动争议案件处理相关指导的意见》。

上述劳动政策和指导意见弥补了疫情突发法律调整失范的盲区，为疫情下的劳动争议调处提供了直接依据。但疫情下的劳动争议非常复杂，劳动政策和指导意见仍然存在未有明确规定的情况。各地的劳动政策和指导意见也存在一定的差异，仍有很多需要进一步探讨的问题。

二 新冠肺炎疫情下劳动争议的特点

（一）2020年上半年劳动争议数量与2019年同期相比略有下降

据人力资源和社会保障部官网数据，2020年上半年全国各级劳动人事争议基层调解组织和仲裁机构共受理劳动人事争议案件49万件，立案受理案件涉及劳动者人数58.6万人，当期审结案件数40万件。[①] 2019年上半年

---

① 《2020年上半年人力资源和社会保障统计数据》，人力资源和社会保障部网站，访问日期2020年8月1日。

全国各级劳动人事争议基层调解组织和仲裁机构共受理劳动人事争议案件51.7万件。① 劳动争议数量与2019年同期相比略有下降。数量略有下降的主要原因是突发的疫情以及疫情防控措施，限制了当事人及时的主张权利。随着疫情防控的常态化，随着《最高人民法院关于依法妥善审理涉新冠肺炎疫情民事案件若干问题的指导意见（一）》（2020年4月16日）、《最高人民法院关于依法妥善审理涉新冠肺炎疫情民事案件若干问题的指导意见（二）》（2020年5月15日）和《最高人民法院关于依法妥善审理涉新冠肺炎疫情民事案件若干问题的指导意见（三）》（2020年6月8日）的颁布实施，因为疫情或疫情防控措施而产生的程序上的问题已经得到解决。

（二）劳动争议数量地区差异明显

一直以来，劳动争议案件数在全国各地分布不均衡，经济相对发达地区与相对落后地区案件数量差别较大。从历年劳动争议情况看，数量多的省份往往是经济发展水平较高的地区，比如北京、上海、广东、江苏、浙江等省份。而西部地区由于经济社会发展相对滞后，案件数量较少。疫情之下，劳动争议数量地区差异除总量的差异外，还体现在涉疫情劳动争议的数量也存在较大的差异。2020年上半年，青海省全省各级劳动人事争议调解仲裁机构受理争议案件1105件，涉疫情案件数量少。2020年上半年共受理涉新冠肺炎疫情案件12件。② 而浙江省，截至2020年8月13日，已经立案劳动争议案件42488件。③

（三）"云处理"成为劳动争议处理的创新形式

常规的劳动争议调解、仲裁和诉讼都是在调解员、仲裁员和法官的主持下，当事人面对面地就劳动争议的相关问题进行陈述、提出证据、辩论和质

---

① 《2019年人力资源和社会保障事业发展统计公报》，人力资源和社会保障部网站，2020年8月1日。

② 数据来源：青海省人力资源和社会保障厅官网，访问日期2020年8月4日。

③ 数据来源：浙江劳动人事争议调解仲裁网，访问日期2020年8月13日。

证的过程。在新冠肺炎疫情突发的背景下，为加强疫情防控工作，最大限度地减少人员聚集流动，保护人民群众生命安全，切实做到防疫、维权两不误，劳动争议处理机构充分利用了互联网技术，创新地进行了网上调解、网上仲裁和网上诉讼。

网上调解方式多样，都是以互联网、新媒体等作为载体。上海市宝山区通过微信公众号"宝山公信仲裁"，引导当事人借助手机 App 平台开展劳动争议网上调解。考虑到疫情防控期间见面调解存在困难，各街镇园区预防调解中心通过电话、微信等形式开展调解，突破了必须现场立案、纸质案卷归档的固定模式。2020 年 2~6 月，各街镇调解组织通过电话、微信等不见面方式化解争议 815 件，并采取电话录音、微信截屏等形式进行电子归档，让部分当事人足不出户、无须提交任何纸质材料就解决了争议，实现案件处置"不碰面"，调解工作"线上办"。天津市则通过"互联网+调解"服务应用，依托平台，当事人线上提出调解申请后，区级平台管理员参照仲裁管辖范围将案件分配至相关街道乡镇、园区劳动人事争议调解中心。基层调解员接到分配案件后，立即启动调解程序进行调处，并及时登记调解结果。2020年上半年，天津市通过该平台受理人事争议调解申请 731 件。

网上仲裁一般都是通过"云仲裁"视频庭审系统实现劳动争议案件的审理工作。2020 年 3 月 10 日北京市劳动人事争议仲裁系统"云仲裁庭"正式上线。当日下午 2 点，朝阳区劳动人事争议仲裁院利用"云仲裁庭"在线审理了董某与北京某网络科技公司的劳动争议案件，整个庭审持续约 40分钟。"云仲裁庭"具有身份核实、电子证据上传、举证质证、笔录生成、笔录电子签名、庭审全程录制、证据材料及视频录像下载等功能。它可容纳600 人同时在线参与案件调解或庭审活动，能满足全市市区两级 18 个仲裁委的正常开庭需求，切实解除当事人无法到仲裁庭现场参加庭审的后顾之忧。

网上诉讼不是新鲜事物，是"智慧法院"建设成果的集中凸显。最高人民法院数据显示，2020 年上半年全国法院网上开庭同比增长 9 倍，网上调解同比增长 245%。

"互联网+"的"云处理"方式是新冠肺炎疫情倒逼下形成的一种争议处理形式的创新。实践证明，这种"互联网+"的争议处理形式为未来的劳动争议处理的多元形式进行了有益的探索。

(四)民营企业、中小微企业劳动争议较多

国家政策的不断优化，使得我国民营企业的营商环境大大改善，民营企业数量大幅增加。这些企业设立时间普遍不长，在此工作的劳动者对企业的归属感不强，人员流动比较频繁。同时，这些企业的劳资沟通、人力资源管理方面软肋较多，容易触发劳动争议。此次新冠肺炎疫情中受冲击和影响比较大的是民营企业、中小微企业，尤其是旅游、交通、餐饮、酒店等服务型行业。据朱武祥等人开展的《新冠肺炎疫情对中小企业的影响及应对思考》的调研报告显示，被调查的995家中小企业有29.58%的企业估计疫情导致2020年营业收入下降幅度超过50%，28.47%的企业预计营业收入下降20%~50%，合计58.05%的企业2020年营业收入下降20%以上。为渡过难关，22.43%的企业计划减员降薪，21.23%的企业准备贷款，16.20%的企业选择停产歇业，13.58%的企业股东自己增资，还有10.16%的企业选择民间借贷。当然，企业可能会同时采取多种途径渡过难关。[1] 青海省2020年上半年私营企业争议居多，共受理私营企业劳动争议案件1037件，占案件总数的93.8%。[2]

(五)劳动争议案件类型多元化和复杂化

疫情下的劳动争议类型多元。从与疫情相关角度来说，既包括涉疫劳动争议，也包括与疫情并不相关的劳动争议。从劳动争议的争议内容来看，劳动争议案件纠纷类型涵盖了劳动关系的各个方面，但争议内容仍相对集中，主要是涉及劳动报酬、劳动合同、休息休假、社会保险等争议类型。以青海

---

[1]　朱武祥、刘军：《新冠肺炎疫情对中小企业的影响及应对思考》，新浪财经，2020年8月12日。

[2]　数据来源：青海省人力资源和社会保障厅官网，访问日期2020年8月4日。

省为例，2020年上半年受理劳动报酬类案件578件，占总数的52.3%；社会保险类案件125件，占总数的11.3%；解除终止劳动合同案件225件，占总数的20.4%。①

劳动争议案件纠纷的复杂化。随着互联网技术的飞速发展和应用，网约车、网络主播等基于网络平台运营的新型行业不断涌现，相应争议也相继出现。这类案件中用工形式、管理模式、报酬支付等都不同于传统劳动关系，因而，处理难度极大、非常复杂。同时，2020年突发的新冠肺炎疫情改变了人民的生活，网络销售、快递等行业蓬勃发展，也进一步催生了新兴的行业和新的人力资源使用方式。涉疫情争议与新兴行业争议的交织，可能触及法律法规和司法解释空白地带，司法尺度不统一，处理起来非常复杂。

（六）涉疫情的劳动争议，以休息休假争议、工资支付争议、共享用工争议为主

1.休息休假争议是涉疫情劳动争议的触发点

疫情发生后，国务院办公厅发布《国务院办公厅关于延长2020年春节假期的通知》（国办发明电〔2020〕1号），将春节假期延长至2月2日。关于延长春节假期，即2020年1月31日和2月1日这两天，究竟是法定节假日还是休息日？从国办发布的通知和后续各地发布的劳动争议的审判意见，延长的春节假期属于休息日而不是法定假日。如果安排劳动者工作，可以调休，如果不能调休，则要支付200%的加班工资。除了延长春节假期，疫情期还存在各地停工停产延迟复工期间的性质认定问题。延迟复工期间是正常工作时间还是休息时间，对其性质的不同认定，决定着劳动者的工资支付标准。对于这一问题，从全国层面来看，各个规范性文件并没有对这一期间作出明确的性质界定。而各地的规定各不相同。上海市人民政府于2020年1月27日发布的《关于本市延迟上海市企业复工和学校开学的通知》，明确规定上海市区域内各类企业不早于2月9日24时前复工。涉及保障城

---

① 数据来源：青海省人力资源和社会保障厅官网，访问日期2020年8月4日。

市运行必需（供水、供气、供电、通信等行业）、疫情防控必需（医疗器械、药品、防护品生产和销售等行业）、群众生活必需（超市卖场、食品生产和供应等行业）及其他涉及重要国计民生的相关企业除外。用人单位须依法保障员工合法权益；各相关企业和学校要切实落实本通知要求，强化主体责任，把各项防控和服务保障措施落实落细，确保社会平稳有序。延迟复工是出于疫情防控需要，这几天属于休息日。对于休息的职工，企业应按劳动合同约定的标准支付工资；对于承担保障等任务上班的企业职工，应作为休息日加班给予补休或按规定支付加班工资，通俗地讲，就是两倍工资。除上海之外，其他省（区、市）则对"延期复工期间"的性质，并没有做出明确的界定。以广东省为例，广东人社厅在官方微信公众号上发布了《官方回应！春节延长假期间、延迟复工期间工资待遇这样算！》，对这期间的假期性质的界定："按照《广东省人民政府关于企业复工和学校开学时间的通知》要求，除特殊情形外，本行政区域内各类企业复工时间不早于2月9日24时。2月3日至9日未复工期间，根据《广东省工资支付条例》、人社部办公厅《关于妥善处理新型冠状病毒感染的肺炎疫情防控期间劳动关系问题的通知》（人社厅明电〔2020〕5号）关于停工、停产期间工资支付相关规定，企业应当按照劳动合同规定的标准支付劳动者工资。符合规定不受延迟复工限制的企业，在此期间安排劳动者工作的，应当依法支付劳动者工资。其中，企业在休息日安排劳动者工作又不能安排补休的，按照不低于劳动者本人日或小时工资标准的200%支付工资报酬。"虽然通知文中没有明确说明这段时间是否为"工作日"，也没有明确说明这段时间是否为"休息日"，但是，在文中特别强调"根据《广东省工资支付条例》、人社部办公厅《关于妥善处理新型冠状病毒感染的肺炎疫情防控期间劳动关系问题的通知》（人社厅明电〔2020〕5号）关于停工、停产期间工资支付相关规定，企业应当按照劳动合同规定的标准支付劳动者工资"。据此，可以推断广东省更倾向于将这段时间界定为"工作日"。所以，对于"一般企业"来说，由于在这期间不能复工，所以政府既可以让企业可按停工、停产来处理，按照劳动合同规定的标准支付工资；也可以让企业与员工协商，在这段时间安排年休假或在家办公，以减少企业的成本。

休息休假争议中另一争议点是春节延长假、延迟复工期间与其他假期、医疗期、停工留薪期重叠问题，尤其是企业要求员工在延迟复工期间休年休假的合法性问题。对于春节延长假、延迟复工期间与其他假期、医疗期、停工留薪期的重叠问题，北京和上海的审理疫情期间劳动争议案件法律适用的解答中都没有涉及。广东省发布的《关于审理涉新冠肺炎疫情劳动人事争议案件若干问题的解答》（粤高法〔2020〕38号）第2条规定，产假、奖励假、陪产假（看护假）、停工留薪期及医疗期与2020年春节延长假重叠的，不得顺延。年休假与2020年春节延长假重叠的，可以顺延，或者由劳动者另行申请或者由用人单位另行安排。婚丧假、事假与2020年春节延长假重叠的，可由劳动者与用人单位依法协商安排。

在延迟复工期间，企业是否可以使用带薪年休假问题，是休息休假争议中最为核心的问题。人力资源和社会保障部、全国总工会、中国企业联合会/中国企业家协会、全国工商联发布的《关于做好新型冠状病毒感染肺炎疫情防控期间稳定劳动关系支持企业复工复产的意见》（人社部发〔2020〕8号）指出，对不具备远程办公条件的企业，与职工协商优先使用带薪年休假、企业自设福利假等各类假。那么如何理解与职工协商，职工如果不同意是否就不能使用带薪年休假则成为问题的焦点。从人力资源和社会保障部、最高人民法院联合发布的第一批劳动人事争议典型案例6可知，司法实践中对于这一问题的观点是用人单位有权统筹安排劳动者带薪年休假，与劳动者协商是用人单位需履行的程序，但并未要求"必须协商一致"。无论劳动者是否同意，企业都可以在履行协商程序后统筹安排带薪年休假。安排劳动者在延迟复工复产期间优先使用带薪年休假时，企业应当尽量考虑劳动者实际情况，依法履行协商程序，并依法支付带薪年休假工资；劳动者应当准确理解法律和政策规定，积极接受用人单位安排。

休息休假争议是涉疫情劳动争议的触发点，休息休假争议所引发的是工资支付争议、劳动合同争议等与劳动者的经济利益密切相关的争议类型。

2. 工资支付争议是涉疫情劳动争议的关键点

工资是劳动者赖以生存的主要生活来源。因此，工资支付争议是涉疫劳动争议的关键点。工资支付争议非常复杂，我们将其归纳为以下几个方面。

（1）延长春节假期和用人单位延迟复工期间的工资支付

延长春节假期和用人单位延迟复工期间的工资支付，取决于对于延迟春节假期和用人单位延迟复工期间的性质认定。如前所述，延长春节假期已经达成共识属于休息日。根据人社部、全国总工会、中国企联/中国企业家协会、全国工商联四部门发布的《关于做好新型冠状病毒感染肺炎疫情防控期间稳定劳动关系支持企业复工复产的意见》（人社部发〔2020〕8号）（以下简称8号文）的相关规定，对于因疫情防控在延长的春节假期内不能休假的职工，指导用人单位应先安排补休。不能安排补休的，依法支付200%的加班工资。北京、上海、广东等地的劳动争议审判意见均是按照这一原则进行工资支付的。

用人单位延迟复工期间的工资支付情况则因为各地对延长复工期间的性质认定不同而遵循不同的工资支付规则。在实践中还存在一些有争议的问题。

第一，停工停产期间，企业能否以新冠肺炎疫情作为不可抗力拒绝支付劳动者工资？这一问题在人力资源和社会保障部、最高人民法院联合发布的第一批劳动人事争议典型案例1可知，用人单位不能以新冠肺炎疫情属于不可抗力为由拒绝支付劳动者工资进而中止劳动合同。新冠肺炎疫情是突发公共卫生事件，属于不能预见、不能避免且不能克服的不可抗力。不可抗力是民法的一个法定的免责条款。但劳动关系是一种从属性的不对等关系，不同于民事关系是两个平等主体之间的关系。劳动法未引入不可抗力免责条款，主要原因是如果用人单位因不可抗力而免责，则会直接影响劳动者生存权。人力资源和社会保障部、最高人民法院等七部门联合发布的《关于妥善处理涉疫情劳动关系有关问题的意见》（人社部发〔2020〕17号）第一条规定："受疫情影响导致原劳动合同确实无法履行的，不得采取暂时停止履行劳动合同的做法，企业和劳动者协商一致，可依法变更劳动合同。"

第二，因工滞留湖北劳动者在企业停工停产期间的工资待遇问题。政府依法采取封锁疫区等紧急措施导致劳动者不能正常提供劳动的，应依据人力资源和社会保障部、最高人民法院等七部门发布的《关于妥善处置涉疫情劳动关系有关问题的意见》（人社部发〔2020〕17号）规定的不同情形予以处理，其中"对企业未复工或者企业复工但劳动者未返岗且不能通过其他方式提供正常劳动的，企业参照国家关于停工停产期间工资支付相关规定与劳动者协商"。但仍然要考虑劳动者滞留疫区的原因。如果劳动者因工作原因滞留疫区，则即使在用人单位已经停工停产的情况下，也应视为劳动者正常提供劳动并支付工资。这一观点体现在人力资源和社会保障部、最高人民法院联合发布的第一批劳动人事争议典型案例3中。

第三，关于工资支付周期的计算问题。人力资源和社会保障部发布的《关于妥善处理新型冠状病毒感染的肺炎疫情防控期间劳动关系问题的通知》（人社厅明电〔2020〕5号）第二条明确规定，企业停工停产在一个工资支付周期内的，企业应按劳动合同规定的标准支付职工工资。超过一个工资支付周期的，若职工提供了正常劳动，企业支付给职工的工资不得低于当地最低工资标准。职工没有提供正常劳动的，企业应当发放生活费，生活费标准按各省、自治区、直辖市规定的办法执行。在劳动仲裁、诉讼法律实践中，对于"一个工资支付周期"的起算点存在不同理解。一种观点是从实际停工停产的次日起计算一个月为一个支付周期。另一种观点是按照自然月来算。从人力资源和社会保障部、最高人民法院联合发布的第一批劳动人事争议典型案例3可知，"一个工资支付周期"应自实际停工停产之日起开始计算一个月为一个工资支付周期。这样可以避免停工时间相同却承担不同的工资支付责任的问题。

（2）依法需隔离治疗或医学观察的人员、依法被隔离的人员的工资支付

根据《传染病防治法》第39条的规定，医疗机构发现甲类传染病时，对病人、病原携带者，予以隔离治疗，隔离期限根据医学检查结果确定；对疑似病人，确诊前在指定场所单独隔离治疗；对医疗机构内的病人、病原携带者、疑似病人的密切接触者，在指定场所进行医学观察和采取其他必要的预防措施。

《传染病防治法》第41条规定"对已经发生甲类传染病病例的场所或者该场所内的特定区域的人员,所在地的县级以上地方人民政府可以实施隔离措施,并同时向上一级人民政府报告……被隔离人员有工作单位的,所在单位不得停止支付其隔离期间的工作报酬。"根据人力资源和社会保障部办公厅发布的《关于妥善处理新型冠状病毒感染的肺炎疫情防控期间劳动关系问题的通知》(人社厅明电〔2020〕5号)第一条的规定:"对新型冠状病毒感染的肺炎患者、疑似病人、密切接触者在其隔离治疗期间或医学观察期间以及因政府实施隔离措施或采取其他紧急措施导致不能提供正常劳动的企业职工,企业应支付职工在此期间的工作报酬,并不得依据《劳动合同法》第四十条、四十一条与职工解除劳动合同。在此期间,劳动合同到期的,分别顺延至职工医疗期期满、医学观察期期满、隔离期期满或者政府采取的紧急措施结束。"由此可知,需要隔离治疗或医学观察的人员范围是法定的,实施隔离措施也有法定的条件和决定机关。在实践中出现有劳动者所居住小区出现新冠肺炎确诊患者的密切接触者,因此按照小区物业公司要求居家观察14天,拒绝返回公司上班的劳动争议。该劳动争议的劳动者不属于法定的需要隔离治疗或医学观察的人员范围,其所居住小区也没有经过县级以上地方人民政府采取隔离措施。物业公司要求劳动者居家隔离属于物业管理的防范措施。因此,劳动者不能以居家观察为理由拒绝到公司上班。用人单位也不应支付其正常的工资。

(3)灵活办公期间的工资支付

在疫情防控期间,为减少人员聚集,要鼓励符合规定的复工企业实施灵活用工措施,与职工协商采取错时上下班、弹性上下班等方式灵活安排工作时间。灵活办公期间的工资如何支付是劳动关系双方当事人都比较关注的问题。从各地的政策来看,一个基本的原则是劳动者通过远程办公、网络办公等灵活方式完成相应工作的,应该按照劳动合同约定的标准支付工资。当然,由于远程办公在工作时间、绩效考核等方面还存在一定的盲点,允许用人单位和劳动者就灵活办公期间的劳动报酬和工资支付进行特别约定。北京市高级人民法院、北京市劳动人事争议仲裁委员会发布的《关于审理新型冠状病毒感染肺炎疫情防控期间劳动争议案件法律适用问题的解答》第9

条就疫情防控期间，用人单位安排劳动者在家上班或灵活办公，用人单位降低劳动报酬，劳动者要求支付工资差额，是否支持进行解答。解答指出除经协商一致降低劳动报酬外，用人单位安排劳动者在家上班或灵活办公，一般应视为劳动者正常出勤，对劳动者要求支付工资差额的请求予以支持。双方可以协商一致降低工资标准，但不能低于本市最低工资标准。

3. 共享用工争议是涉疫情劳动争议的新增点

"共享用工"属于特殊情况下的灵活用工方式，本质上是用人单位之间的借调行为，借出企业和借入企业之间自行调配人力资源、解决特殊时期用工问题的应急措施。"共享用工"作为本次疫情期间受到多方关注的新型灵活用工方式，并无明确法律规定。实践中，在法律主体认定、劳动报酬支付、社会保险缴纳等方面还存在制度盲点。对于这种新型劳动争议，需要把握几个关键点。第一，"共享用工"只是疫情期的一种临时性、过渡性的用工方式，并不是一种常态的用工方式。随着疫情防控的常态化，企业的复工复产已经基本恢复的情况下，"共享用工"的历史使命基本完成。第二，"共享用工"不应当以营利为目的。这是特殊时期借出单位和借入单位之间的为渡过难关的一种互利互惠的用工方式。借出单位不能以营利为目的，借入单位和借出单位之间的权利义务关系可以通过签订民事协议的方式进行明确。如果借出单位以营利为目的，则可能会涉及违法用工。第三，"共享用工"中借出单位与劳动者建立劳动关系。借出单位和借入单位之间签订的明确双方权利义务关系的协议不改变借出单位和劳动者之间的劳动关系。第四，劳动者在企业停工停产等特殊情况下，自主选择为其他企业提供劳动，不属于"共享用工"。按照《最高人民法院关于审理劳动争议案件适用法律若干问题的解释（一）》第三十二条的规定，劳动者与新的单位之间的关系按照劳动关系来进行处理。

三 新冠肺炎疫情下劳动争议的调处策略

（一）劳动争议调处的指导思想是"同舟共济、共克时艰"

这次新冠肺炎疫情，是近年来在我国发生的传播速度最快、感染范围最广、防控难度最大的一次重大突发公共卫生事件。新冠肺炎疫情不可避免会对经济社会造成较大冲击，部分行业企业面临较大的生产经营压力，劳动者面临待岗、失业、收入减少等风险，劳动关系不稳定性增加，劳动关系矛盾逐步凸显。基于此，党和政府适时地发布了大量政策和措施，解决企业面临的困境、帮扶劳动者暂时的困难。我们坚信，经济困难是暂时的，我国经济长期向好的基本面没有改变，疫情的冲击是短期的、总体上是可控的。各级政府要做好团结、动员广大职工工作，积极发挥企业工会作用，引导职工关心企业的生存与发展，动员职工大力发扬劳动精神、劳模精神、工匠精神，为企业长远发展献计献策、贡献力量。在如此特殊时期，我们要秉持"同舟共济、共克时艰"的指导思想，劳动关系的双方当事人要互谅互让，共担责任，共渡难关。

（二）劳动争议调处的原则

在"同舟共济、共克时艰"指导思想的指导下，劳动争议的调处需遵循以下原则。

1. 依法处理原则

依法处理原则是劳动争议处理坚持的基本原则。依法处理原则要求劳动争议处理机构在处理争议过程中必须坚持以事实为依据、以法律为准绳的原则。这里的法律既包括劳动实体法也包括劳动程序法，既包括劳动法律、法规、规章也包括司法解释、政策性文件等。各劳动争议处理机构要坚决贯彻落实习近平总书记关于统筹推进疫情防控和经济社会发展工作的重要指示精神，为有力有序推进复工复产营造良好司法环境，提供坚实法治保障。

2. 快速及时处理原则

劳动争议与劳动者的生活和企业生产密切相关。一旦处理不好，不仅会影响劳动者及其家人的生活，也会影响企业正常的生产，甚至还会影响社会的稳定。因此，劳动争议与其他争议相比较，更加需要快速及时地处理和解决。尤其是在疫情之下，争议的快速及时处理显得尤为重要。各劳动争议处理机构要畅通争议处置"绿色通道"，简化优化案件处理流程，提高案件处理效能。

3. 坚持平衡保护原则

基于劳动关系双方当事人地位的实质不平等，《劳动法》通过倾斜保护劳动者的立法设计进行两者地位的平衡和矫正。但在劳动争议处理中，尤其在新冠肺炎疫情背景之下，劳动争议的处理要坚持平衡保护原则，坚持维护劳动者合法权益与促进用人单位生存发展并重原则，既要注重保障劳动者基本生活和就业，又要努力为企业生存和发展创造条件。如前所述，此次新冠肺炎疫情是突发公共卫生事件，影响了用人单位生产经营和劳动者的正常劳动，劳动关系的双方当事人都是受损方。在这种情况下，不宜再单纯强调倾斜保护劳动者，而是应该依法平等保护劳动者与用人单位的合法权益，引导劳动者与用人单位共克时艰，促进劳动者与用人单位的"双赢"。

4. 注重协商与调解原则

协商与调解，作为一种柔性的争端解决方式，非常适合用来处理当事人间法律或情感关系复杂，或是有依存关系之当事人之间的争议。劳动关系当事人之间具有稳定性和长期性的特质，相互依存关系非常明确。在此过程中发生的争议，如果能够通过非对抗性、温和的方式处理和解决，对于双方关系的维系及社会的安定都有着很好的作用。协商和调解过程不强调双方当事人的对与错、输与赢，而是强调双方当事人的双赢，是双方当事人合意的结果。达成的协议是双方当事人的真实意愿，更能体现实质正义，更有利于纠纷的处理和解决。尤其是面对突发的新冠肺炎疫情所引发的劳动争议，尽可能通过协商调解的方式来化解，从而进一步强化劳动关系双方通力合作、共克时艰的理念。

（三）加强劳动争议的预防

"加强预防和化解社会矛盾机制建设"作为党的十九大报告中的重要论断，与当下劳动争议调解和仲裁的总体思路不谋而合，其目标都是最大限度地把矛盾纠纷解决在基层和萌芽状态。劳动争议预防是一个庞杂的社会系统工程，其核心目标是促进劳动关系双方实现"互利共赢、劳资两利"。新冠肺炎疫情对劳动者和用人单位都产生了深远的影响，劳动关系的不稳定性增加，在这一背景之下，尤其应该加强劳动争议预防。具体而言，劳动争议处理机构要着力提升基层预防化解劳动争议能力，推动企业建立健全内部劳动争议协商解决机制。各级人力资源和社会保障部门要及时研究和解决疫情防控期间劳动关系领域中的重大问题，主动回应社会关切，制定有针对性的政策，准确解读政策，帮助企业解决发展中的困难。要引导受疫情影响导致生产经营困难的企业，完善企业内部协商民主机制，畅通与职工对话渠道，通过多种方式稳定劳动关系和工作岗位。要引导企业关心关爱职工健康，帮助解决职工实际困难，切实保障职工权益。

（四）发挥工会的作用

加强劳动关系矛盾预防和化解机制建设是工会的一项重要职能。工会要充分利用三方协调机制，与企业方、政府方形成合力，共同为稳定疫情期劳动关系发挥更大作用。具体而言，其一，工会要参与各项涉疫情劳动关系政策的制定，代表职工发声。参与权是工会的一项重要权能，其重要表现就是工会有权参与涉及职工切身利益的政策、措施的制定。工会要充分运用其参与权，将广大职工的要求和困难反映到政策中，将维护职工合法权益的宗旨体现在政策中，从政策源头的角度调和矛盾、化解争议。其二，工会要系统梳理疫情期的法律、法规和政策，引导企业合法合规的复工复产。其三，工会要向职工开展普法宣传和政策指引，引导劳动者理性表达诉求。其四，企业工会要充分发挥集体协商的功能，将争议消弭于无形。其五，工会要积极参与构建和完善矛盾纠纷多元预防机制。劳动争议的预防要突出"多元共治"的理念，将"党委领导、政府主导、各方协同"精神落到实处。由党委政法委牵头，人社、司法、行政、工会、工商联、企业联合会、企业家协会等单位参加，建立劳动争议"一站式"联动机制，将纠纷解决端口前移，通过协商、调解等方式构建和完善矛盾纠纷的多元预防机制。其六，工会要依托劳动关系动态监测系统，分析研判劳动关系发展态势。

（五）强化裁审衔接，统一案件裁判尺度

仲裁和诉讼作为劳动争议处理的两种重要程序，在审理理念、受案范围、法律适用标准方面不统一，在裁审程序衔接方面不够规范，影响了争议处理的质量和效率，降低了仲裁和司法的公信力。2017年，人社部与最高人民法院共同下发《关于加强劳动人事争议仲裁与诉讼衔接机制建设的意见》（人社部发〔2017〕70号），对仲裁和诉讼程序的受案范围、法律适用要求逐步统一，并规范了裁审程序衔接。在新冠肺炎疫情下，人社部与最高人民法院联合发布了第一批劳动人事争议典型案例。典型案例共计15件，按类型分为"涉疫情类""劳动报酬类""劳动合同类""其他类"四类。此次发布的典型案例，对于加大对各地仲裁机构、人民法院办案指导力度，切实提高劳动人事争议案件处理质效具有重要意义。接下来，仲裁机构和人民法院应该通过联席会议制度、共同培训、疑难案例指导制度等方式，加强裁审衔接，优化劳动争议处理程序，维护劳动争议当事人的合法权益。

（六）充分发挥劳动争议多元化解机制作用

2017年3月，人社部会同中央综治办、最高人民法院等八部门共同下发了《关于进一步加强劳动人事争议调解仲裁完善多元处理机制的意见》（人社部发〔2017〕26号）提出，建立党委领导、政府主导、综合协调，积极发挥人社部门牵头作用，鼓励各有关部门和单位发挥职能作用，引导社会力量积极参与的争议多元处理格局。在新冠肺炎疫情背景下，更要充分发挥劳动争议多元化解机制的作用，合力推进复工复产，共同构建和谐劳动关系。

参考文献

刘秉泉等：《新冠肺炎疫情对劳动关系的影响与对策研究》，《中国劳动》2020年第1期。

姜启波等:《关于依法妥善审理涉新冠肺炎疫情民事案件若干问题的指导意见（一）》的理解与适用,《人民司法》（应用）2020年第19期。

谢增毅:《劳动者因疫情无法正常劳动的工资支付分担机制》,《中国社会科学院研究生院学报》2020年第5期。

侯玲玲:《防疫停工期间企业工资危险负担问题及解决方案》,《法学》2020年第6期。

林艳琴:《共享用工的性质认定及法律规制》,《中国劳动》2020年第12期。

"一带一路"特别报告

The Belt and Road Report

第八章 在"一带一路"中资企业构建"三位一体"的跨文化和谐劳动关系管理体系

叶　迎*

摘　要： 劳工问题是"一带一路"中资企业风险防范的重大问题，一些中资企业在海外投资中对劳工标准和所在国劳动法规存在"不了解、不在乎、不适应"的"三不现象"，削弱了自身的国际竞争力。本文在实证研究的基础上，概述了中资企业多维风险认知及防控措施。提出构建"依法合规"、"文进人退"和"人才支撑"的跨文化和谐劳动关系管理体系。中资企业海外劳动关系风险与多方面因素相关，要防范风险，建议多管齐下，综合治理。建立文化秩序，推进文化融合，在跨文化管理中贡献中国方案与中国智慧。为企业国际化战略夯实人才队伍支撑，在建设"一

* 叶迎，中国劳动关系学院劳动关系与人力资源学院副教授，主要研究方向为劳动经济学和人力资源管理。

带一路"进程中传承中国基因。

关键词： "一带一路"　依法合规　人才支撑　和谐劳动关系

一　概述："一带一路"　中资企业劳工问题的中国文献

1. 劳工问题是"一带一路"中资企业风险防范的重大问题

在"一带一路"建设相关文献中，部分学者认为，劳工问题已成为中国企业对外投资中最严峻的问题之一[①]。甚至认为，中国企业"走出去"面临的最大问题是工会问题[②]，表现为强势的工会文化导致劳资双方摩擦不断[③]。

海外并购中，中国企业面临的法律风险主要为劳工保护标准不一、并购方式引发劳资纠纷、解雇员工成本过高、工会阻碍并购等四大风险[④]，有的学者认为还包括劳工合同法律风险、劳工争议法律风险、政府劳工管制法律风险及与企业人力资源管理的整合[⑤]，约 1/3 的投资事件终止或失利于企业对劳工法的忽视或不熟悉[⑥]。从人力资源素质看，共建"一带一路"国家员工的受教育程度普遍不高，有限的劳动力技能水平，导致很多当地的劳动力只能从事技术含量较低、技能水平要求不高的工作[⑦]。2013 年以来，共有

[①] 潘玥、陈璐莎：《"一带一路"倡议下中国企业对外投资的劳工问题——基于肯尼亚和印度尼西亚经验的研究》，《东南亚纵横》2018 年第 1 期。

[②] 马蔚华：《中国经济新常态下企业如何"走出去"？》，《中关村》2014 年第 10 期，第 60~61 页。

[③] 肖竹：《"一带一路"背景下"出海"企业的对外劳动关系治理》，《中国人力资源开发》2018 年第 4 期，第 144~150 页。

[④] 李雪婷：《中国企业海外并购法律风险及防范研究》，博士学位论文，西南政法大学，2011。

[⑤] 赵霖、夏芸芸：《中国企业海外并购劳工法律风险防范研究》，《贵州社会科学》2012 年第 7 期，第 117~120 页。

[⑥] 刘真：《"一带一路"倡议推进中国企业法律风险与对策研究》，《湖北大学学报》（哲学社会科学版）2016 年第 6 期。

[⑦] 庄西真：《"一带一路"沿线国家的人力资源开发：现状与问题》，《教育发展研究》2017 年第 17 期。

27 个共建"一带一路"国家发生多起大规模抗议或罢工事件，其主要原因是工人要求增加工资及改善工作条件、工人工资被拖欠、国企私有化及裁员、反对政府的某些政策、政治原因以及党派分歧、环境保护等①。

分地区看，在亚洲，中国企业在越南容易在劳动力成本、劳动效率和劳动力供应三个方面产生认识误区，越南在劳动关系调处、工会、集体谈判权利等方面的基本劳动权利标准和规则与中国有很大差异②。在非洲，中国企业面临的劳动法律风险日渐凸显，主要表现在劳动用工、工资支付与加班、反就业歧视、强势工会以及非法解雇等方面，这些劳动法律风险主要由中企不了解与未严格遵守当地劳动法律造成的③。在拉美地区，中国公司在巴西遇到了很多问题，人力资源日常管理存在劳动争议风险、人力资源计划落实难、人工成本难以控制等问题④。

概括起来，中国企业在"一带一路"沿线的投资和运营面临日趋复杂的尽责调查与合规管理方面的挑战，也意味着要遵守属地化管理原则，要面对并接受全球标准和国际规范。然而，一些中国企业在海外投资中对劳工标准和所在国劳动法规，存在"不了解、不在乎、不适应"的"三不现象"，不仅引起了大量的劳资纠纷，也不利于中国企业利用国际规范和标准来培育自身的国际竞争力。同时，企业缺乏具有国际化视野与运营能力的复合型人才。总体上看，劳资纠纷、罢工频繁和工会组织干涉是对企业影响最大的挑战⑤。

2. 共建"一带一路"国家劳动关系及其规制的特征与分析框架

如何概括共建"一带一路"国家劳动关系的特征及其规制的特点？在

① 石美遐、张祖杰、朱往立：《"一带一路"视角下的工会问题研究》，《中国劳动关系学院学报》2020 年第 1 期。

② 黄岩、巫芊桦：《"一带一路"倡议下越南的劳动管制政策及其中资企业的应对策略》，《中国人力资源开发》2019 年第 7 期。

③ 洪永红、黄星永：《"一带一路"倡议下中企对非投资劳动法律风险及应对》，《湘潭大学学报》（哲学社会科学版）2019 年第 3 期。

④ 陈玉华：《巴西市场人力资源管理的风险点及防范》，《管理观察》2016 年第 33 期。

⑤ 戴晓初：《强化劳工风险管理　促进体面劳动实现可持续发展》，《中国就业》2018 年第 10 期。

这里，本文使用国际雇佣关系比较和跨文化管理两个框架范式进行分析。

国际雇佣关系比较研究通常使用"资本主义多样性"的概念框架。这一理论聚焦于企业必须处理的 5 个合作层面：产业关系、职业培训与教育、公司治理、企业间的关系、与自有员工的关系，从而概括出两类不同特征的经济体及其雇佣关系，即协调式市场经济国家（CMEs）和自由式市场经济国家（LMEs）。在各国劳动关系的发展趋势是"趋同"（convergence）还是"趋异"（divergence）的问题上，权威学者通过对 12 个国家劳动关系特点和发展趋势的分析指出，当前各国越来越倾向于采用自由主义的雇佣关系政策，包括非标准就业的增长、雇主协调双重模式的出现及外包的与日俱增等。而且，一些国际机构、国际框架协定变得越来越重要，需要在国际雇佣关系层面给予更多认可①。就此，国际劳工组织认为，由于收入差距扩大、工作性质的变化和劳动力市场愈加灵活化，有证据表明，有约束力的社会对话形式有所下降，例如三方社会契约和集体谈判协议②。总体上看，劳动关系在一个国家内部，其多样性和分散化趋向也愈加明显。而在政府主导型国家，其雇佣关系的模式，更是同时具有自由主义、市场协调和国家干预等不同特点并相互交融③。

转向共建"一带一路"国家的雇佣关系比较。一些学者认为，由于自身历史变迁、文化传统、宗教信仰差异及政治制度不同，共建"一带一路"国家呈现更为明显的异质性和离散性，各自处于前工业化到后工业化等跨度广阔的不同发展阶段上，也奉行不同的经济发展模式，很难用一种理论框架来概括它们的雇佣关系模式④。有国外学者分析了 11 个国家的 249 份集体

---

① 拉塞尔·兰斯伯里、尼克·韦尔斯、格雷格·班伯：《全球金融危机及其对雇佣关系的影响：基于国际比较分析法》，《上海师范大学学报》（哲学社会科学版）2013 年第 6 期。

② *Social Dialogue and Industrial Relations, Global Trends, Challenges and Opportunities*, International Labour Organization，2018.

③ 常凯等：《国际比较雇佣关系——国家规制与全球变革》（第六版），中国劳动社会保障出版社，2016。

④ 乔健、李诚：《中资企业投资"一带一路"国家劳动关系风险防范研究——以巴西为例》，《中国人力资源开发》2018 年第 7 期。

协议发现，98%的集体协议包括工资条款，但只有少数协议规定了工资水平。高达71%的社会保障条款，89%的工作时间和84%的工作家庭安排①。有学者对"一带一路"倡议合作国家中57个主要国家的集体劳动关系法律调整状况进行分析后，将各国调整方式归为企业调整为主、社会调整为主、国家调整为主。中国企业"走出去"中集体劳动关系法律调整的普遍风险，源于我国集体协商与东道国集体谈判的不同，由企业未正确理解工会职能和未正确处理罢工而引发②。还有学者梳理了共建"一带一路"国家5类不同的劳动关系协调模式，并纵向比较其协调模式的异同点③。

在探讨了国际雇佣关系比较的各种分析框架后，有学者建议拓展分析框架，代入超越劳、资、政三方的利益相关者，以适应共建"一带一路"国家的比较研究。他们认为，劳动关系学界一直将供应链上的劳动者作为主要利益相关者进行研究，却未能纳入更多的利益相关方，包括国际组织、他国政府、供应链企业及非政府组织等各行动主体④。未来，应拓展国际雇佣关系比较的研究边界⑤。

另一个分析框架是跨文化管理。20世纪80年代以来，学者们普遍将亚洲经济腾飞的原因归于儒家文化的优点：秩序、纪律、家庭责任感、勤奋工作、集体主义、节俭等，而把西方衰落的原因归于自我纵容、懒惰、个人主义、犯罪、教育差、不尊重权威，及"思想僵化"等。由此，跨国公司投资中更加关注不同文化的交融和互鉴。

面对全球化的挑战，企业关心如何提高跨文化管理的有效性，例如如何设计并实施人力资源管理策略，以适应全球化及本土环境。艾詹（Z. Aycan）

---

① Janna Besamusca, Kea Tijdens, "Comparison of collective bargaining agreements in developing countries", *International Journal of Manpower*, 2015（4）.

② 王黎黎：《"一带一路"下集体劳动关系调整风险及适应性防范》，《中国人力资源开发》2018年第12期。

③ 韩喜平、张嘉昕：《"一带一路"沿线国家劳动关系协调分类研究》，《管理世界》2019年第4期。

④ 张皓：《利益相关者和劳动关系治理——一个新的比较产业关系分析框架》，《教学与研究》2019年第7期。

⑤ 杨伟国、周宁：《西方比较产业关系理论：发展与挑战》，《教学与研究》2019年第4期。

提出一个系统框架，文化、制度、结构方面的突发事件将影响人力资源管理实践的六个方面：人力资源规划、职业生涯管理、工作分析与设计、招聘与甄选、绩效考核、奖励与培训，进而影响组织的运营管理。经过多年的实证检验，跨文化管理研究最终落脚于文化融合及组织文化的创建与革新，应用于微观的管理实践中。[1]

在中国，随着中资企业在国际经济舞台扮演愈加重要的角色，跨文化经营日益引起国内企业界的重视。赵曙明等认为，在跨国企业中，企业的组织结构、技术方法、决策方式、控制程序已基本趋同，但员工的不同文化背景使文化差异成为影响管理效果的重要因素。跨文化人力资源管理，就是在人力资源管理活动、员工类型和企业经营所在国类型三个维度之间的互动组合[2]。跨国公司在跨国经营中将面临六种文化风险，即种族优越风险、管理风险、沟通风险、商务惯例风险、禁忌风险和组织风险[3]。在华跨国公司人力资源管理遇到的是由于中西方文化差异产生的经营管理问题，最终使其更倾向于采取人力资源本地化策略[4]。不同文化背景下的员工由于其文化价值观和社会习惯的不同，会形成不同的心理契约，管理者要认真研究本地文化的特点，接受和尊重这种新的文化[5]。

迄今为止，所有企业跨文化管理都面临着一个困境：如何保证文化的多样性与企业的统一性[6]。调查显示，跨国公司的失败大约有82%是因为跨文化管理失败而导致的。跨文化管理必须在方式上进行调整，以适应不同社会的特定要求。但迄今为止，我国"一带一路"投资企业尚未创造出令人信

① Aycan, Z., "The interplay between cultural and institutional/structural contingencies in human resource management practices", *International Journal of Human Resource Management*, 2005, 16 (7), pp. 1083–1119.

② 赵曙明、〔澳〕彼得·J. 道林（Peter J. Dowling）、〔澳〕丹尼斯·E. 韦尔奇（Denice E. Welch）:《跨国公司人力资源管理》，中国人民大学出版社，2001，第65~76页。

③ 彭迪云、甘筱青:《经济全球化与加快推进我国跨国经营的战略抉择》，《南昌大学学报》（社会科学版）2000年第3期。

④ 陈凌宇、魏立群:《跨国公司人力资源本地化策略》，《中国人力资源开发》2003年第5期。

⑤ 姚孝军:《跨文化差异对于心理契约的影响分析》，《企业活力》2006年第10期。

⑥ 林新奇:《国际人力资源管理实务》，东北财经大学出版社，2012。

服的跨文化管理案例。

3. "一带一路"中企构建和谐劳动关系的对策建议

在劳动关系协调和企业合规方面，政府应当积极履行服务职能，通过订立多边条约、完善司法协作等帮助中国企业降低"走出去"的风险，形成国家宏观法律环境与企业微观风险防范二维机制的互联互通，从而降低劳动法律风险。企业应当完善劳动与雇佣尽职调查，找到与东道国工会恰当的合作模式，加强集体谈判能力的建设，构建劳资纠纷共同管理机制。企业应严格遵守投资国法律，促进管理合规①。

在人力资源开发与管理方面，要立足共建国家人口红利和总量优势，推动国际产能合作；充分发挥沿线国家教育特色资源和优势，开展人才培养的全方位合作；搭建各类人力资源交流平台，畅通人力资源国际合作交流渠道；完善人才激励和移民政策②。

在跨文化管理方面，不少学者提及通过实现企业海外经营的"本土化"，加强对当地劳工的培训，完善企业精英的培养机制，提升企业的风险防范水平③。也有的提出组建中企雇主协会，实现抱团集体维权④。还有的建议融入中国特色和谐劳动关系的理念和做法，构建跨文化劳动关系管理新模式⑤。

综上，已有文献主要从劳工问题作为"一带一路"建设投资风险的表现来说明构建和谐劳动关系和防范劳动关系风险的必要性和迫切性。部分文献亦对一些共建"一带一路"国家的劳动关系立法规制、执法监察和各项

---

① 王蓓、蒋琳瑶：《一带一路背景下中国企业海外并购的劳动法律风险及防范》，《山东财经大学学报》2018年第6期。

② 田永坡：《"一带一路"沿线国家的人力资源：现状、特点与国际合作》，《中国人事科学》2019年第8期。

③ 刘真：《"一带一路"倡议推进中中国企业法律风险与对策研究》，《湖北大学学报》（哲学社会科学版）2016年第6期。

④ 洪永红、黄星永：《"一带一路"倡议下中企对非投资劳动法律风险及应对》，《湘潭大学学报》（哲学社会科学版）2019年第3期。

⑤ 乔健、李诚：《中资企业投资"一带一路"国家劳动关系风险防范研究——以巴西为例》，《中国人力资源开发》2018年第7期。

劳动标准做了实证研究,并提出有益的政策和管理建议。

已有研究存在以下不足:一是围绕着本主题的研究,从理论到实践,从宏观到微观,特别是将个案企业的管理实践与投资所在国劳动法律规制有机结合进行系统性研究有明显欠缺。二是将研究主体从传统的劳动者转向境外中资企业这一利益相关者,特别是从其人力资源管理和跨文化管理的角度,研究其构建和谐劳动关系的策略选择,无论是理论研究还是个案分析都较为缺乏。

本文基于既往学术史和已有研究的不足,致力于以典型国企的案例研究为依据,着力于对中企构建和谐劳动关系进行系统化研究,探索基于企业管理合规、促进文化融合管理和国际人力资源盘点等系统化的"一带一路"中资企业和谐劳动关系构建。

本文的总体框架和目标是建立影响共建"一带一路"国家劳动关系风险因素的分析框架,对国企投资国别劳动关系依照结构内容作出分析,廓清现状及风险(见图1)。重点选取国企"走出去"巴西案例企业,从"合法合规""文化融合""人才支撑"三方面结构内容入手,构建"三位一体"的跨文化和谐劳动关系新模式。

研究方法:①文献研究,收集相关国家劳动关系和劳动法的葡文、英文文献,进行比较综述。②深度访谈,通过实地调研、视频、电话会议和邮件互动,了解央企投资企业劳动关系管理制度、巴西员工认知评价、巴西学者的认知和评价等。③问卷调查,一是管理员工综合劳动关系问卷,探究巴西员工对企业劳动关系现状的看法,形成对企业劳动关系现状的判断。二是对中方员工进行人才盘点问卷,针对样本企业全体员工。

二 "一带一路"中资企业劳动关系多维风险认知
——以 G 公司在巴西全资子公司 K 为例

1. G 公司境外投资的发展

自 2009 年以来,G 公司先后成功收购了菲律宾、葡萄牙、澳大利亚、

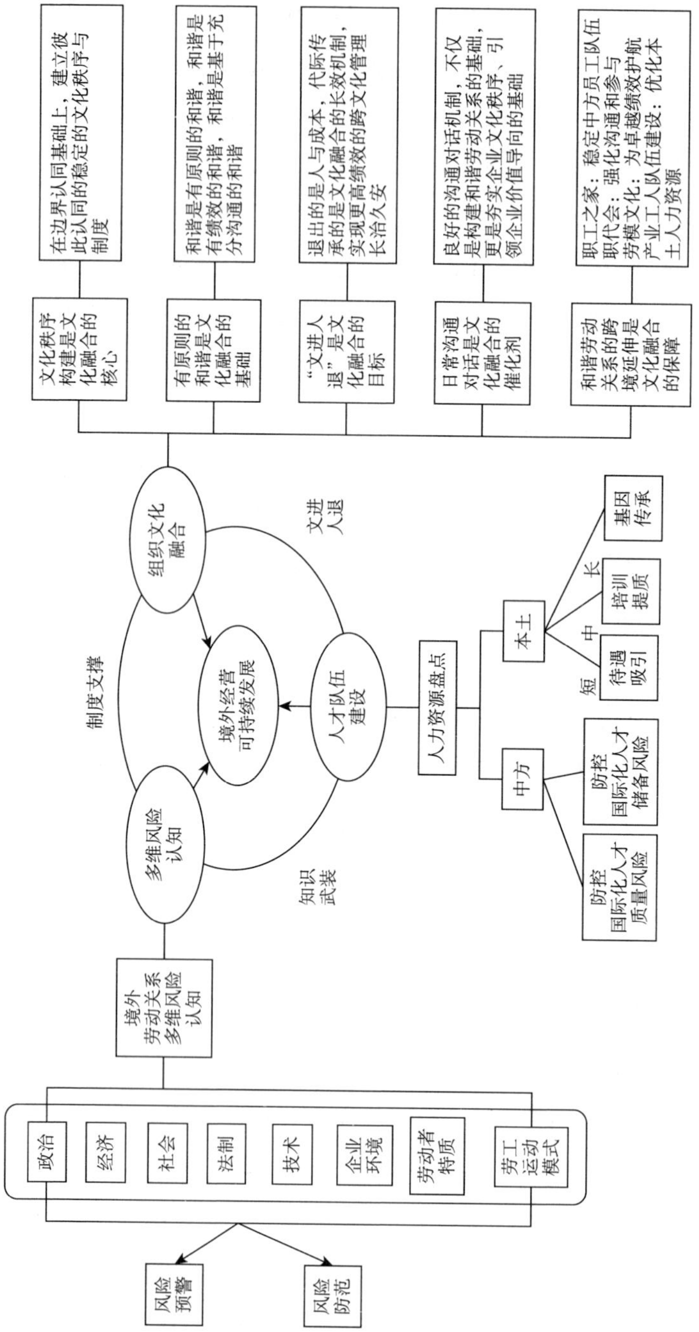

图1 系统化的"一带一路"中资企业和谐劳动关系构建研究框架

资料来源：作者自制

意大利、巴西等十余家公司全部股权，以及巴西、希腊公司的部分股权，目前，G 公司境外运营资产的规模越来越大，其中全资子公司 K 公司和控股的 L 公司员工总人数接近 2 万人。G 公司不仅派出董事、高管参与境外运营公司管理，还派出了一批专业人员深入全资和控股的境外公司相关部门，和当地外籍员工合作开展日常经营工作。

境外运营的企业面临的用工环境复杂、用工方式多元，与国内有明显差异。巴西非常重视劳动关系，有相应的法律法规和劳工标准。在企业日常管理中，我方派驻人员有必要掌握当地容易引发劳动关系风险的相关因素，熟悉当地的劳动关系与工会方面的法律法规，妥善处理与当地员工的关系，掌握与境外工会打交道的思路方法、注重管理合规，定期排查与预防经营中的劳动关系风险。

为有效防控劳动关系风险，中方还需要做好跨文化人力资源整合与派遣管理工作。比如，留住境外运营企业关键岗位上的人力资源，同时完善外派人员的进入与退出、激励与约束机制，保障外派人员"选得出""派得动""用得好""回得来"。这对于实现企业境外经营的可持续发展至关重要。

故此，研究企业境外项目的劳动关系管理与风险防范策略，以及跨文化人力资源整合与派遣管理策略，对于 G 公司进一步提升境外经营管理水平，依法合规处理劳动关系，降低企业运营风险，提升组织效率，推进企业品牌建设至关重要。同时为公司未来潜在投资项目、后续其他境外运营项目的劳动关系管理和风险防范提供参考，亦能为其他开展国际化业务的央企提供借鉴。

根据研究，本文的判断是：G 公司巴西投资企业在构建和谐劳动关系的制度和实践方面迈出了第一步，对保障企业核心业务的拓展发挥了重要作用。这主要体现在以下几个方面。

首先，K 公司在巴西已成为一家具有巨大投资能力的实体公司，且拥有长期经营的观点，在巴西 2014 年以来面临严重经济衰退的大背景下，逆势上扬，推动了雇佣员工的稳步增长和稳定就业。到 2019 年 7 月，K 公司用工总数已增至 749 人。而在危机期间，巴西的失业率大幅攀升，2017 年 3 月高达 13.7%，超过 1400 万巴西人失业。2015~2016 年，减少了 370 万个职位。2021 年 3 月，K 公司通过了全球权威人力研究与咨询公司"卓越职场"（Great

Place to Work）的调查评审，获得了"巴西最佳职场"认证。

其次，K公司建立了新的企业组织架构，严格守法经营，引入了KPI绩效考评机制，公司的集体谈判和管理层与员工的沟通机制运转正常，在巴西经济危机之下劳动争议大幅上扬的情况下，将劳资纠纷控制在较低的水平上。一方面，公司加强组织领导，完善顶层设计，本部设有项目管理部、法律部、财务资产部、发展策划部、运维管理部、综合管理部等8个部门，主动做好战略对接和规划衔接。坚持聚焦主业，按照"共商、共建、共享"的原则和市场化运作的方针，发挥公司技术、人才、管理、资金、信用、品牌等综合优势，积极拓展市场，创新境外资产运营管控模式。另一方面，公司严格遵守巴西劳动法律，并结合公司实际，稳步健全劳动规章制度，建立了全员的考核体系，即KPI和PAP管理系统，考核与员工奖金直接挂钩。公司考核的方法在不断改进，从最早没有实行强制分布，到2018年开始实施1~5级别指标，每级指标实施20%差异的强制正态分布。实施此项改革后，促进了K公司员工的工作绩效水平提升。在集体谈判方面，公司每年都会围绕工资和福利的增加进行集体谈判，每两年还会就非经济条款进行谈判，中方管理者也参与到谈判当中去，积累了宝贵经验，人力资源部代表公司进行年度谈判，并努力与所有工会保持良好和协作关系。公司还采取了一项非常具有战略性的行动，即全年直接与员工建立开放的沟通渠道，增强他们的参与度。故此，K公司将劳动争议案件控制在较低的水平上，最典型案例包括外包服务员工要求同工同酬、加班费的支付及声称工作中受到骚扰等。

最后，识别两国文化差异，肯于投资培训，并通过在中国的培训促进文化融合，初步建立起跨文化管理的概念和举措。中方管理者能够有意识地发现中巴员工的不同，比如，中方人员会无条件执行上级领导的指示，巴西人则需要耐心细致地解释说服；在开展集体谈判时，中方主要通过接受中方管理理念和领导的巴西管理人员，站在公司立场上去谈判，巴西人喜欢热闹，热爱聚会，不走极端，谈判既要考虑员工情绪，也要注重法律规定。中方管理者亦能区分由于文化差异带来的冲突，比如巴西人不喜欢当面发生冲突和遭受训斥，大部分劳动争议是员工离职后向法院投诉的，而在当面还是比较克制的；巴西在员工惩戒方面，要么开除，留下来的都要涨工资，中间管控的措施不多，给员工的空间很宽松；巴西人的等级观念不强，员工如果干不开心就离职，不像中方国企员工忠诚度和依附度较高；巴西方面意见比较大的是管理上的官僚主义、自由度低，凡事都需要审批。巴西是一个文化包容性较高的国家，本身就是多民族文化，没有种族和文化的优越感，崇尚自然，生活和工作分开。早期中方由于管理强硬经常发生冲突，为避免此类文化冲突，中方开展中国文化培训，组织了两批巴方精英骨干前往中国培训，令他们改变了传统中国的社会刻板印象，通过进行 G 公司企业内涵、管理课程、中国文化的培训灌输，使一部分员工心悦诚服地接受 G 公司的管理文化。中方管理者也已认识到，不是任何时候沟通都能解决问题，有时要各让一步，不要刻意引起冲突。

总体上看，G 公司在巴西投资企业的人力资源管理体系严格遵守了巴西的劳动法规，并结合企业实际开展经营管理，收到了较好的效果，是近年支撑企业持续发展和市场盈利的重要因素。2017 年实施劳动法修正案后，由于企业贯彻新法较为平稳，并没有造成对现有管理体系的冲击。通过问卷调查，管理层和员工对企业员工关系管理制度和执行现状也给予了较为一致的和正面肯定的评价。这反映在企业遵守 8 小时工作制、工资水平高于最低工资标准并由集体谈判决定、依法支付加班工资、为员工参保各项社会保险、签订劳动合同及按照企业需要开展在岗培训等。公司并开始注意到两国员工的文化差异及其表现，通过对巴方员工进行中国特色的管理技术培训及开展评选先进工作者的活动，逐步推动两国管理文化的融合，对支撑公司的正常生产经营和市场开拓发挥了基础性保障作用。当然，公司在构建和谐劳动关系方面，也存在一些内外部的风险点。

2. 中资企业多维风险认知及防控措施

根据我们对巴西的宏观政治经济制度和现状、劳动保障法治的变化及 G 公司劳动关系管理的调研分析，在图 2 中，我们进一步将 G 公司巴西投资项目劳动关系风险指标体系具体概括为法律风险、政治风险、经济风险、管理风险、文化风险、安全风险和劳工运动风险，并对当前的一些重要表现事例做了重点说明。

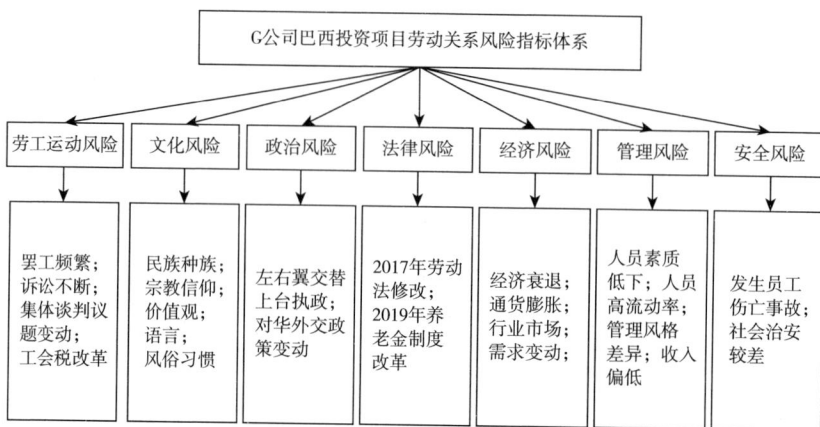

图2 G公司巴西投资项目劳动关系风险指标体系

资料来源：作者自制。

进一步而言，我们根据企业调查，从管理合规的角度，在表1中，列举了G公司在人力资源和劳动关系管理方面存在的风险点、涉及风险点的工作岗位，并对如何防控风险提出了对策措施建议。

表1 G公司巴西企业内部劳动关系风险点及防控

序号	涉及风险点的岗位	风险点描述	风险点防控措施
1	核心员工	2018年G公司巴西投资企业K公司（以下简称K公司）培训费支出为平均每人1440.72雷亚尔，比一般市场平均支出高15%，但较能源市场平均低了26%，说明在员工培训投入方面，企业仍然处于一个较为落后的状态	企业已认识到，通过创造条件和机会，选择优秀员工，如能进行内部转岗或者培训投资，就能够充分利用和倚重现有的优秀员工。企业也将一些优秀巴西籍员工送到中国国内培训，事实证明，无论是对迅速提高他们的专业技能，还是深化员工对中资企业的向心力和凝聚力，都收到了较好效果下一步，企业将在人才审核的基础上，投资技术培训以发展员工必要的技能；投资行为培训以发展员工的各方面能力；实施LMS并开发学习路径，以改善培训管理；推进文化融合计划，以利用在企业内培植文化的多样性

序号	涉及风险点的岗位	风险点描述	风险点防控措施
2	高管；所有员工	总体上，K公司员工总收入处于同行业较低水平，部分达到合理范围内。由于工资福利政策缺乏竞争力，从2016年以来，无论是主动还是被动，企业员工离职率有明显上升	采取综合措施，推进同工同酬。适当提高企业巴西高管薪酬；对中方高管薪酬实施公开性政策，以增强其合理性；对企业员工薪酬进行总体微调，使其更趋合理
3	核心员工	K公司工资标准较市场平均水平略低，有进一步提升的空间，且变动较为迟滞	建立更灵敏的反映绩效水平的工资奖金制度，及时反映员工劳动生产率的提高，调动员工的工作积极性
4	工会会员	工会税原来是强制征缴，现在改为自愿缴纳。是对工会力量的削弱，会打破劳资关系原有平衡	放入与工会集体谈判的一个议题，寻找到更平稳的过渡措施
5	外包工	关于外包工作，新劳动法规定，外包用工人员应具有与工作人员相同的工作条件，如门诊护理、饮食、安全、交通、培训和设备质量。且进行为期18个月的核查，以防止公司解雇永久性工人，将其重新雇佣为第三方用工 有时外包工作员工在项目结束后向企业提起诉讼，要求与K公司员工同工同酬	注重在外包员工和正式员工就业条件和劳动条件同等待遇方面做到合规
6	所有员工	关于加班加点，K公司争议主要表现在：员工工作效率低下，在正常工作时间未能完成工作定额，由此加班是否认可；有的上班所去的变电站路途较远，是否要把通勤时间也算为工作时间；有些情况下没有严格打卡，如正在从事某种工作不方便打卡，或有的工作不是在工作地点完成的等	科学核定员工的劳动定额，在此基础上对加班加点加以确定 其他关于加班加点有争议的问题可以在集体谈判中达成协议，或公司制定劳动规章制度时汲取员工合理意见
7	所有员工	K公司的巴西经理认为，对于员工过错，没有必要遵循中国式的警告、严重警告、记过等阶梯式处罚措施，否则员工的消极情绪会给企业环境带来负面影响。企业一般的做法是建议持续缺勤或犯有严重不当行为的员工在没有正当理由的情况下正常解除合同	在解雇问题上应依据巴西劳动法，遵循当地管理惯例进行操作，并做好沟通协调工作，注重协商一致解除合同

序号	涉及风险点的岗位	风险点描述	风险点防控措施
8	所有员工	巴西正在进行养老金改革。K公司支付退休金的数额明显低于员工在职薪酬水平，许多员工为此担忧。为解决这个问题，巴西的多数大公司为员工提供企业年金计划，但本公司尚未建立	密切关注巴西新社会保障改革法案的政策内容和立法进程；根据社保改革政策的内涵，评估对企业不同用工群体的影响及企业人工成本的走势，做好实施方案的准备；适时推出企业年金制度，以留住核心岗位人才
9	野外作业员工	近年K公司出现过一些倒塔事故或设备事故，近期也出现过人员伤亡事故，安全生产的基础仍然不牢固	第一，强化劳资各方的权利和义务第二，注重安全生产风险分析与控制第三，加强对员工的职业安全与健康培训第四，定期分析事故案例，采取预防措施
10	高管及一般员工	K公司内部中巴员工之间，跨文化管理存在一些差异和挑战，以下是巴西高管的看法：第一，中国管理者通常对不同的观点或想法更具排斥力；第二，巴西专业人员（包括经理和董事）决策自主程度非常低；第三，中巴管理层对惩罚的理解不同；第四，巴西员工不习惯在公开场合遭到中方经理的批评和斥责；第五，巴西人做事刻板、不讲变通，不会一人分饰多角，做合同上没有规定的兼职工作；第六，在管理方式上，中国国内的管理，如审计工作，不仅看结果也要看过程；巴西经营管理粗放，更重视结果而非过程；第七，巴西人非常重视同工同酬问题；第八，顺应"ME TOO"运动和国际劳工组织反职场暴力和骚扰公约的颁行，巴西人更为强调女职工特殊权益保护	巴西高管的建议：第一，通过改善战略方向的清晰沟通，同时不遗漏相关信息，即让巴西人难以理解的决策背后的内容，使中巴管理人员具有明确的共同战略目标；第二，减少实施变革的阻力或延迟因素；第三，通过将决策权下放到影响最小的或战略性以下的级别职位来简化决策；第四，中方企业领导人应对其他巴西领导人更有信心，同时替换那些不可靠的人

续表

序号	涉及风险点的岗位	风险点描述	风险点防控措施
11	所有员工	K公司最典型和最具风险的劳动争议案例包括：（1）外包服务提供员工的雇佣索赔，他们在合同终止后，要求获得与K公司员工相同的报酬和福利。（2）前雇员的投诉，他们了解自己的薪酬低于其他履行职责且负有类似职责的员工，因此他们在为公司工作期间寻求薪资平衡。（3）声称在公司未按照法律规定支付加班费的情况下加班的前雇员。（4）声称在与上级一起工作过程中受到骚扰的前雇员，指控歧视、侵略性或侮辱性的待遇	第一，完善企业劳动规章制度，规定更为清晰、明确。第二，就劳动争议风险点与有关员工群体进行沟通，让他们理解企业的员工关系管理政策。第三，对企业高管开展国际劳工组织新通过的职场暴力和骚扰公约的培训，以及巴西国情教育，增强女职工权益保护意识
12	所有员工	在L公司，过往分销网络建设承包商不履行雇员的劳动法律职责，并且该公司的雇员向L公司提出劳动索赔，因为它是服务接受者，公司不得不承担这些费用，这是导致争议案件众多的原因之一	在这种情况发生后，公司存储了主要签约公司及其员工的所有文件，从而完善了员工合同文件的管理，寻求尽可能减轻这些承包商及其雇员的劳动纠纷。其后，该分销网络建设承包商会暂停其运营区域的运营，直到通过安排另一家公司来执行缓解措施为止。建议L公司对业务外包公司加强劳动法律执行合规审查，促进其完善合规管理

资料来源：作者自制。

三 构建"依法合规"、"文进人退"和"人才支撑"的跨文化和谐劳动关系管理体系

鉴于此，我们构造了一个影响共建"一带一路"国家劳动关系风险因素的分析框架，对国企投资国别劳动关系依照结构内容作出分析，廓清现状及风险；重点选取中企"走出去"的案例企业，从"合法合规""文进人退""人才支撑"三方面结构内容入手，深化"一带一路"中资企业和谐劳动关系构建。

其一，中资企业海外劳动关系风险与多方面因素相关，要防范劳动关系风险，需要多管齐下、综合治理。

从中资企业面临的情况看，劳动关系风险主要来自三个方面。一是企业人力资源和劳动关系管理的合规问题。以巴西中企为例，近期恰逢巴西修改劳动法和进行养老金制度的改革，劳动力市场规制出现全面的灵活化趋势，涉及企业合规内容众多，这种趋势虽然总体上有利于企业经营管理，但由于改革力度巨大，容易给员工队伍造成思想波动，造成短期内员工关系不稳定。从涉及劳动关系风险的问题看，主要为总体工资水平较低、工资与绩效关联度不高、企业未给员工提供年金待遇，以及外包员工同工同酬、加班加点、解雇中的经济补偿金等，劳动关系的风险点与国内企业差异较大，且对企业劳动关系管理的要求明显提高。此外，还存在跨文化管理面临的问题，如巴西管理者认为中国管理者通常大权独揽，排斥不同观点，使巴西专业人员参与决策程度较低；中巴管理层对惩罚的理解不同；巴西人做事刻板，不讲变通；巴西经营管理粗放，更重视结果而非过程；巴西人更为强调男女平等和女职工特殊权益保护等。上述合规问题涉及遵守当地劳动法律、协调企业管理惯例以及融合跨文化管理等不同方面，亟待中方管理人员迅速适应。二是了解工会组织及其维权诉求，学会与强势工会打交道，熟练掌握集体谈判的相关技巧。2017年巴西劳动法修改了工会税的征缴方式，从强制缴纳改为自愿缴纳。此举看似对企业有利，但也导致了巴西国内的抗议浪潮风起云涌，也是一个影响企业经营的风险点。中资企业一方面设置过渡期，稳定与谈判工会的关系，另一方面发挥巴方管理者的协商谈判能力，同时中方管理者在参与谈判中学习相关技巧，较好地适应了应对集体谈判的要求。三是劳动争议的预防和处理。巴西中资企业典型和最具风险的劳动争议案件包括员工要求同工同酬待遇、未按法律规定支付加班费以及指控受到上司的性骚扰等。总体数量有限，且基本没有集体争议案件。要求企业进一步完善劳动规章制度，就劳动争议风险点做好预防，与有关员工群体进行沟通，让他们理解企业的员工关系管理政策，增强企业女职工权益保护意识。总体上看，中资企业在不同国家会面临不同的劳动关系风险，但上述三方面最为重要，要求中方管理者依法依规和尊重当地文化习俗，通过沟通协商，有序应对处理。

其二，建立文化秩序，推进文化融合，在跨文化管理中贡献中国方案与中国智慧。

党的十九大报告提出，中国将"积极参与全球治理体系改革和建设""贡献中国智慧和中国方案"。因此，跨国经营中的文化融合，不是简单的文化输出与接纳，而是基于文化秩序的"中国方案"贡献，以及"中国智慧"与"中国力量"的展现。这体现在：第一，文化秩序构建是文化融合的核心。丰富多彩的各种联谊活动是文化融合的外层，其破冰后产生的内在吸引力是文化融合的中间层，文化制度、秩序构建是文化融合的核心层。最终在边界认同的基础上，形成一种理性、稳固而制度化的关系，在这种关系中逐渐沉淀出共同价值观，成为跨文化管理长治久安的基础。第二，有原则的和谐是文化融合的基础。和谐是有原则的和谐，和谐是维护卓越绩效的和谐，和谐是要让优秀员工干劲十足的和谐，和谐是基于充分沟通的和谐。和谐是基于企业共同战略目标、基于文化秩序与制度的可以代际传承的和谐。第三，"文进人退"是文化融合的目标。即在理性、稳固的文化秩序的基础上，扎实推进人力资源本土化，优化中方国际化人才素质与储备、中方外派人员提质减量。退出的是人与成本，提升的是中外方人才素质，留下的是文化融合的长效机制，带来更高绩效的跨文化管理长治久安。第四，日常沟通对话机制是文化融合的催化剂。良好、畅通的沟通对话机制，不仅是构建和谐劳动关系的基础，更是夯实企业文化秩序、引领企业价值导向的基础。重点探索之处是加强由中方高管主动发起的沟通，比如尝试高管信箱与热线、高管座谈开放日、高管日常走访、中巴高管之间的沟通以及高管参与离职谈话，同时创造有利于日常沟通的环境与氛围。第五，中国特色劳动关系协调职能的跨境延伸是文化融合的保障。我们建议，建立职工之家，稳定中方员工队伍；建立职代会制度，进一步强化沟通和参与；传播劳模文化，为卓越绩效护航；推进产业工人队伍建设，优化本土人力资源，以此作为劳动关系领域传播的中国方案和中国智慧。

其三，为企业国际化战略夯实人才队伍支撑，在"一带一路"进程中传承中国基因。

"文进人退"进程之平稳依托于两个必要条件，即在文化融合的同时：中方员工素质的提升以及人才本土化的扎实推进，缺一不可。具体的管理举措包括：第一，中方人才风险防控，包含防控国际化人才质量风险与储备风险两方面。在防控质量风险上，将进一步重视外派选派标准的明确、统一、普及与切实执行。同时需要制定海外项目人员配置标准，提高人力资源全球配置效率。同时完善并系统化国际化人才培训体系。综合考虑境外工作的实际需求以及员工诉求，对原有培训体系进行"查漏补缺"的针对性调整，服务于国际化人才质量提升。国际化人才储备依托于人才质量、人才派遣意愿与人才保留。一方面，在完善国际化人才培训体系的同时，建设高潜人才池，未雨绸缪尽早建立国际化人才储备体系。另一方面，需要保障所储备的高质量国际化人才有外派意愿、珍视外派人员的派外经验、同时加速"90后"国际化人才的识别、培养开发与使用。第二，本土人才战略，吸引与培养优秀人才，传承中国基因。短中期本土人才战略，待遇吸引与培训提质。比如对于基础岗位待遇，薪酬做到贴合市场薪资曲线，对于高管及核心员工岗位，在薪酬之外，需要更加重视愿景与职业生涯管理。同时，通过加强特殊培训，优化人力资本。增加特殊培训的投入，提升员工在本企业的劳动生产率，同时鼓励员工通过社会培训机构进行一般培训。长期本土人才战略，强化特殊培训与文化融合，植入并传承中国基因。具体举措包括：①通过特殊培训植入"中国基因"。通过特殊培训，员工在这个过程中被企业量身订造为适应企业文化符合企业岗位需要的优秀人才，此过程中形成的人力资本和亲情纽带，使得员工离职意愿弱化。这个过程也可以解读为企业基因植入的过程。②通过"中国基因"的传承，强化并稳固文化秩序。比如，从应届生中招聘一部分优秀员工，通过层层培训，并经历层层筛选，让他们成长为熟悉母公司文化的本土管理者。经历中企长期的"特殊培训"和浸润式管理的过程，同时也是文化秩序的同步塑形过程，这些本土员工身上已经种下了中企的"DNA"。我们可以用较长的时间，在企业内及境外市场种下"中国基因"，形成隐形的中企人才高地，推动企业的可持续发展。

当前，世界进入大变局之时。国际环境日趋复杂，不稳定性和不确定性明显增加。2020 年初突如其来的新冠肺炎疫情肆虐全球，导致经济急剧衰退，长期停滞是其主要特征。在经济领域，逆全球化、甚至一定程度上"去中国化"的态势逐渐形成，全球产业链开始重新布局，第四次产业革命和数字经济的发展正在推动深刻的产业结构升级和经济结构调整。凡此种种，都对迈向"十四五"时期的"一带一路"中资企业的合规发展产生重大影响。就此，我们建议，将"一带一路"中资企业合规管理和构建和谐劳动关系首次纳入我国"十四五"时期人力资源和社会保障事业发展纲要，并完善相关指标体系，以更好地促进"一带一路"中企的高质量发展。

参考文献

潘玥、陈璐莎：《"一带一路"倡议下中国企业对外投资的劳工问题——基于肯尼亚和印度尼西亚经验的研究》，《东南亚纵横》2018 年第 1 期。

马蔚华：《中国经济新常态下企业如何"走出去"？》，《中关村》2014 年第 10 期。

肖竹：《"一带一路"背景下"出海"企业的对外劳动关系治理》，《中国人力资源开发》2018 年第 4 期。

李雪婷：《中国企业海外并购法律风险及防范研究》，博士学文论文，西南政法大学，2011。

赵霖、夏芸芸：《中国企业海外并购劳工法律风险防范研究》，《贵州社会科学》，2012 年第 7 期。

刘真：《"一带一路"倡议推进中中国企业法律风险与对策研究》，《湖北大学学报》（哲学社会科学版）2016 年第 6 期。

庄西真：《"一带一路"沿线国家的人力资源开发：现状与问题》，《教育发展研究》2017 年第 17 期。

石美遐、张祖杰、朱往立：《"一带一路"视角下的工会问题研究》，《中国劳动关系学院学报》2020 年第 1 期。

黄岩、巫芊桦：《"一带一路"倡议下越南的劳动管制政策及其中资企业的应对策略》，《中国人力资源开发》2019 年第 7 期。

洪永红、黄星永：《"一带一路"倡议下中企对非投资劳动法律风险及应对》，《湘潭大学学报》（哲学社会科学版）2019年第3期。

陈玉华：《巴西市场人力资源管理的风险点及防范》，《管理观察》2016年第33期。

戴晓初：《强化劳工风险管理　促进体面劳动实现可持续发展》，《中国就业》2018年第10期。

拉塞尔·兰斯伯里、尼克·韦尔斯、格雷格·班伯：《全球金融危机及其对雇佣关系的影响：基于国际比较分析法》，《上海师范大学学报》（哲学社会科学版）2013年第6期。

Social Dialogue and Industrial Relations，*Global Trends*，*Challenges and Opportunities*，International Labour Organization 2018

常凯等：《国际比较雇佣关系——国家规制与全球变革》（第六版），中国劳动社会保障出版社，2016。

乔健、李诚：《中资企业投资"一带一路"国家劳动关系风险防范研究——以巴西为例》，《中国人力资源开发》2018年第7期。

Janna Besamusca，Kea Tijdens，《比较发展中国家的集体谈判协议》，*International Journal of Manpower*，2015（4）．

王黎黎：《"一带一路"下集体劳动关系调整风险及适应性防范》，《中国人力资源开发》2018年第12期。

韩喜平、张嘉昕：《"一带一路"沿线国家劳动关系协调分类研究》，《管理世界》2019年第4期。

杨伟国、周宁：《西方比较产业关系理论：发展与挑战》，《教学与研究》2019年第7期。

张皓：《利益相关者和劳动关系治理——一个新的比较产业关系分析框架》，《教学与研究》2019年第7期。

Aycan，Z.，"The interplay between cultural and institutional/structural contingencies in human resource management practices"，*International Journal of Human Resource Managementt*，2005，16（7）．

赵曙明、〔澳〕彼得·J. 道林（Peter J. Dowling）、〔澳〕丹尼斯·E. 韦尔奇（Denice E. Welch）：《跨国公司人力资源管理》，中国人民大学出版社，2001。

彭迪云、甘筱青：《经济全球化与加快推进我国跨国经营的战略抉择》，《南昌大学学报》（社会科学版）2000年第3期。

陈凌宇、魏立群：《跨国公司人力资源本地化策略》，《中国人力资源开发》2003年第5期。

姚孝军：《跨文化差异对于心理契约的影响分析》，《企业活力》2006年第10期。

林新奇：《国际人力资源管理实务》，东北财经大学出版社，2012。

王蓓、蒋琳瑶：《一带一路背景下中国企业海外并购的劳动法律风险及防范》，《山东财经大学学报》2018年第6期。

张原、刘丽:《"一带一路"沿线国家劳动力市场比较及启示》,《西部论坛》2017年第 6 期。

田永坡:《"一带一路"沿线国家的人力资源:现状、特点与国际合作》,《中国人事科学》2019 年第 8 期。

第九章　新冠肺炎疫情卫生紧急状态对意大利劳动法的影响：批判性概述[*]

〔意〕威廉·奇亚罗蒙特[**]

摘　要： 本文概述了意大利的新冠肺炎疫情传播及控制病毒感染所采取的基本措施。着重阐述了意大利卫生紧急状态下的劳动法规体系，包括保证工作场所健康与安全的规定，对劳动者隐私权的影响，鼓励灵活办公，便于协调治疗、生活和工作需求的措施，禁止因经济原因解雇或集体解雇，收入保障措施及外籍非法劳工管理等。这些立法创新旨在最大限度地消除或延迟疫情危机带来的就业影响，在一定程度上改变了国家劳动法的面貌。这些措施是否会给国家带来沉重负担，值得

---

[*] 本文重述并扩展了2020年10月29日在中国劳动关系学院举办的全球抗疫复工劳动关系系列讲座中的内容，文章概述了截至2020年10月31日的意大利的情况。

[**] 威廉·奇亚罗蒙特（William Chiaromonte），意大利佛罗伦萨大学法学院研究员，主要研究方向为劳动法和高级劳动法。

深入思考。

关键词： 紧急状态劳动法　立法修改机制　常态化

一　意大利的疫情传播以及控制病毒感染所采取的措施

2020 年 1 月 30 日，意大利首次确诊两例新冠肺炎感染病例。由于病毒传播导致患者感染发病，引起公共卫生安全事件，次日，意大利政府宣布意大利全国进入国家紧急状态持续 6 个月，同时政府也被赋予更多的职权来应对卫生紧急状态。最近，意大利国家紧急状态被延长至 2021 年 1 月 31 日[①]，此外，意大利政府能够采取特殊的行动措施，通过颁布"意大利总理令"和卫生部条令，在公共生活诸多方面未能涵盖的事项中发挥作用。因此，遏制疫情传染的首批措施最先在地方一级实施，随后在全国范围内实施。

意大利在确诊首例新冠肺炎病例（2020 年 2 月 19 日，于伦巴第大区科多尼奥医院）以及在随后几日内出现的首批死亡病例之后，内阁会议下令对疫情严重的 11 个市镇封城，并暂停任何性质的公共和私人活动、非公共事业的商业活动、劳动、娱乐活动和体育活动，并关闭各级学校。在随后的两个月中，意大利总理朱塞佩·孔特颁布了一系列"意大利总理令"，限制措施更加严格，并在意大利全境内施行。

在"第一阶段"（2020 年 3 月 9 日至 2020 年 5 月 3 日），即"封锁阶段"，意大利采取了更具限制性的措施：暂停普通零售商业活动，随后还暂停了所有非必要的生产活动；暂停教学活动和餐饮服务；禁止在公共场所或向公众开放的场所集会；除经证实的工作需要、紧急情况和健康原因外，所有人均不得使用公共或私人交通工具出行或前往所在市镇之外的地区。

---

① 2020 年 10 月 7 日内阁会议决议。

在"第二阶段"（2020年5月4日至2020年6月14日），鉴于疫情曲线呈下降趋势，因此意大利政府对先前采取的限制措施逐步放宽：在遵守防控感染措施的前提下，个人活动自由程度进一步扩大，部分生产活动得以恢复，零售业务恢复营业。

在"第三阶段"（2020年6月15日至今），限制措施进一步放宽，进入新冠肺炎防控常态化的（困难）阶段。然而，自2021年8月中旬以来感染病例数量增加，并且自10月以来感染人数激增，因此又颁布了全新的和进一步的限制性措施，例如，之前规定从18时至次日6时在公共场所需佩戴口罩，随后规定应全天佩戴口罩。

迄今为止，疫情给意大利造成的损失是非常沉重的。截至2020年10月31日，意大利的新冠肺炎累积确诊感染人数为679430例，其中289426例已康复出院，累积死亡病例38618例，现有确诊病例351386例；已完成15784461次病毒拭子检测，意大利在全球感染人数总数排名中居第13位，死亡病例人数排名第6位。

二 卫生紧急状态下的劳动法

前文对2020年1月至2020年10月间意大利卫生紧急状态的进展和管理进行了简要的回顾，现在继续探讨意大利政府为控制疫情传播及遏制疫情对经济的影响，特别是对劳动力市场的影响所采取的主要措施。

意大利国家统计局于2020年9月11日发布的2020年第二季度的劳动力市场情况的季度报告表明，与2019年第二季度相比，就业人数减少了841000人，其中大部分为固定期限劳动合同的雇员，以及自雇劳动者；另外，无限期劳动合同的雇员数量没有下降，从工作时间的角度来看，疫情对他们的影响是有限的，只有50.6%的劳动者每周的工作时间达到了至少36个小时。

为应对疫情而采取的这些措施，在其广泛实施的过程中，打开了一个前所未有的新局面，严重影响着千百万人的人身自由，并对其经济状况和工作情况都产生了重大影响。

从宣布开始进入紧急状态以来，意大利已经建立了非常严密的法规体系来管理疫情危机。最为相关的是，意大利政府采用了不同的法律政令，在此基础上随后发布了 22 个"意大利总理令"；除此之外，还增加了卫生部长法令以及众多的大区主席法令和市长法令。然而过多层级的法规措施，造成了在法律释义层面错综复杂的混乱局面①。

很容易理解的是，这对整个法律系统产生了巨大的影响，同时也使人们产生怀疑，以下四个主要方面是否与宪法的准则具有相容性（在此无法深入探讨）：遵守宪法职能间的平衡；遵守保护基本权利的法律特权；遵守刑事法律的特权；国家法律法规与地方法律法规之间的关系②。

值得强调的是，在出现的诸多问题中，让人困惑的是在应对紧急状态时，意大利不仅可以选择宪法中针对紧急状态所制定的措施和手段，即立法法令③，还可以（尤其是）选择行政文件（意大利总理令），然而在整个法律的体系中，"意大利总理令"位阶较低。特别是在疫情的情况下，行政法规对人们行使符合宪法的自由权利产生了深远的影响，法律政令在任何情况下都是受到专门管控的法律文书，例如在转化为法律期间的"意大利共和国总统令"和"议会令"。然而，在"意大利总理令"的采用中，并没有提供这些保障。

我们从所提到的由法规产生的混乱框架中，了解到了在卫生紧急状态下真实的劳动法——我们最为关心的话题，以及诸如劳动法之类的法律"通常不稳定"的症结，特别是对于一种不断根据政策、经济和社会变化进行

---

① V. Ferrante, *Le fonti e il dialogo sociale*, in *Labor*, 2020, 403 ss.

② F. Pallante, *Il diritto costituzionale e l'emergenza Covid*-19, in O. Bonardi, U. Carabelli, M. D'Onghia, L. Zoppoli（a cura di）, *Covid*-19 *e diritti dei lavoratori*, Ediesse, Roma, 2020, 30 ss.

③ 《意大利宪法》第 77 条款规定，在必要的和紧急的特殊情况下，意大利政府可以在其责任下采取具有法律效力的临时措施，并应在当天提交至组成议会的众议院和参议院转化为法律，即使议会已被解散，也需要专门召集并在五日之内召开会议。法律政令具有法律效力，其有效期限为 60 日；如果议会在此期限内未将其转化为法律，则这些法律政令会从一开始就失去效力。

调整的法律，这种不稳定更加凸显[1]。

《意大利宪法》的第 32 条款中规定了保障健康权利的首要需求，换句话说，这就导致了一项法规的诞生，而这项法规则是与其他基本权利（迁徙自由、集会自由、宗教自由、劳动权）相平衡的结果。实际上，若想要对问题的各方面进行最大限度的综合，可以说，在健康权利和其他基本权利之间冲突时，紧急状态中的法规无疑牺牲了后者[2]。

在下文的段落中，本文将会探讨并详述在卫生紧急状态下劳动法干预措施的主要方面——正如前文所提到的——仅对隶属于私营领域劳动的法律干预进行深入探讨。

在最近几个月以来产生的各个法律法规中，我们特别关注创新的内容，这些创新旨在最大限度消除或延迟疫情危机带来的令人担忧的就业影响，至少已经在一定程度上改变了国家劳动法的面貌。这些干预措施以扩大收入保障措施为基础，旨在使企业不承担与劳动者相关的固定成本，同时，禁止因经济原因解雇劳动者。另外，在社会多方的积极参与下，还制定了预防措施框架，以确保返回工作岗位的劳动者的安全。

1. 保证工作场所健康与安全的规定

不可避免地，工作环境中也同样面临着因疫情所导致的严重卫生健康问题，因此，工作场所具有避免感染风险、或至少最大化降低感染风险的需求。

涉及意大利全国范围的主要规定，在法律政令以及几个月以来连续颁发的"意大利总理令"中都可以见到。实际上，特别是针对工作场所的政府规定，社会各方通过制定《工作场所中预防和遏制新冠肺炎病毒传播措施的共同监管协议》（以下简称《监管协议》）来执行，上述协议发布于 2020 年 3 月 14 日，鉴于紧急状态逐渐舒缓，于 2020 年 4 月 24 日进行了更新。除了这些主要由雇主和工会联合会签署的协议之外，还增加了许多个特定类别和特

---

[1] Per un quadro d'insieme sul diritto del lavoro italiano cfr. W. Chiaromonte, M. P. Monaco, M. L. Vallauri（a cura di），*Elementi di diritto del lavoro*, Giappichelli, Torino, 2019.

[2] A. Bellavista, *Normativa emergenziale e diritti fondamentali*, in O. Bonardi, U. Carabelli, M. D'Onghia, L. Zoppoli（a cura di），*Covid-19 e diritti dei lavoratori*, cit.，37 ss.

定行业的协议①。最后，最为相关的公共机构（主要是意大利国家工伤和职业病保险局、国家劳动监察局、劳动部和卫生部）发布的多个注释和通知也使得这些规定得以实施。

简而言之，政府法规主要包含限制企业员工出勤人数的规定。另外，该协议主要涉及卫生健康措施和组织措施，换言之，在工作场所内部要保证"适当的保护水平"②。

这些措施从根本上有以下规定（或视情况而定）。

在卫生紧急状态期间，在立法者的协助下，最大限度地减少企业中出勤的雇员人数，开展灵活办公、轮班、休假等。

向劳动者提供有关新冠肺炎产生的风险以及在公司中建议和采用的卫生与健康措施的信息。

为劳动者、用户、供应商等，提供出入公司的特殊方式（分散出入时间，保持距离）。

测量体温，当体温超过被认为是限值的情况下（体温高于 37.5℃），采取后续措施。

每天对环境进行清洁和消毒（定期及必要时进行）。

强制保持个人卫生，并提供相应的清洁和消毒工具。

遵守人与人之间的最小社交距离。

---

① S. Bologna, M. Faioli, *Covid – 19 e salute e sicurezza nei luoghi di lavoro: la prospettiva intersindacale*, in *Rivista del diritto della sicurezza sociale*, 2020, 375 ss.

② G. Natullo, *Covid-19 e sicurezza sul lavoro: nuovi rischi, vecchie regole?*, in O. Bonardi, U. Carabelli, M. D'Onghia, L. Zoppoli (a cura di), *Covid-19 e diritti dei lavoratori*, cit., 49 ss.; C. Lazzari, *Per un (più) moderno diritto della salute e della sicurezza sul lavoro: primi spunti di riflessione a partire dall' emergenza da Covid-19*, in *Diritto della sicurezza sul lavoro*, 2020, 1, 136 ss.; M. Marazza, *L'art. 2087 c. c. nella pandemia Covid-19 (e oltre)*, in *Rivista italiana di diritto del lavoro*, 2020, I, 267 ss.; P. Tullini, *Tutela della salute dei lavoratori e valutazione del rischio biologico: alcune questioni giuridiche*, in *Rivista del diritto della sicurezza sociale*, 2020, 335 ss.; S. Giubboni, *Covid-19: obblighi di sicurezza, tutele previdenziali, profili riparatori*, WP C. S. D. L. E. "Massimo D'Antona". IT-417/2020; S. Dovere, P. Pascucci, *Covid-19 e tutela della salute e sicurezza dei lavoratori*, in *Giornale di diritto del lavoro e di relazioni industriali*, 2020, 373 ss.

如果无法保持规定的社交距离，则应按照科技部门和卫生部门的规定，提供专用的个人防护用品，例如口罩和其他防护用品。

进入公共区域要限制人数。

由具有专业能力的医生加强卫生监督，根据法律要求，该医生应在公司中，尤其要关注那些"脆弱"的劳动者，对有症状的人员采取措施。

成立一个（公司或地区的）委员会，对《监管协议》中的规定进行施行和审核，该委员会由企业工会代表和劳动安全劳动者代表参加。

从系统的角度来看，这些措施可以追溯到法律赋予雇主的安全义务以及相关的保护性法规手段。《意大利民法典》第2087条，就该内容的核心规定为：雇主必须根据劳动的特殊性质、经营经验和技术条件，为保障劳务提供者的身体完整和人格尊严采取必要的保护措施。

法律根据"技术上可能实现的最大安全性"原则解释了这条规定的广泛实施范围，因此，根据这条规定，不能仅通过遵守特定活动或流程中所规定的技术要求，就认为企业主已经遵守了该条规定的要求，而是在必要的情况下，还应根据最新技术标准（在市场上可获得的）采取其他措施，为劳动者提供全面安全条件的保障。

在保护劳动者的健康和安全方面，值得注意的是，一方面，将新冠肺炎等同于常见疾病，是劳动者无法继续提供劳动的原因（而雇主有义务向劳动者支付薪资），劳动者在医学上被确诊为被感染者，在感染期间，应遵照公共卫生医生的医嘱进行隔离并主动监测，或停留在指定住所中进行主动监测；另一方面，劳动者在工作期间感染新冠肺炎被视为工伤，将由意大利全国工伤事故和职业病保险局对感染的劳动者给予赔偿①。

2.对劳动者隐私权的影响

在意大利的法律体系中，雇主不仅有义务保护劳动者的健康，而且有义

---

① G. Ludovico, *Malattia*（*per i quarantenati e per gli affetti*）*e infortuni sul lavoro*, in O. Bonardi, U. Carabelli, M. D'Onghia, L. Zoppoli（a cura di）, *Covid-19 e diritti dei lavoratori*, cit., 69 ss.; Id., *Il contagio da Covid-19 come infortunio sul lavoro tra copertura INAIL e responsabilità civile*, in *Rivista del diritto della sicurezza sociale*, 2020, 535 ss.; M. T. Carinci, *Obbligo di sicurezza e responsabilità datoriale：il rischio di contagio da Covid-19*, in *Labor*, 2020, 385 ss.

务保护与劳动者个人范畴相关的任何信息①。

在上文中提到的协议中所规定的内容，以及与工人健康检查流程相关的传染病预防安全措施都会影响到劳动者的隐私。一般来说，这些检查通常是由公共卫生机构来进行的（第300/1970号法律第5条款）。但是，为了应对新冠肺炎疫情，这些协议将上述职能指派给了主管医生。这里所述的主管医生，可以是公司的雇员，也可以是外部专业人员，是雇主在保护劳动者健康和安全方面的对接人和专业医疗合作者。因此，在与雇主的协同合作方面，该主管医生的作用大大地加强了②。

同样，接触跟踪工具可能会对劳动者的隐私保护产生重要影响，该工具旨在检查劳动者是否遵守了安全社交距离，同时跟踪新冠肺炎测试呈阳性的劳动者在工作场所中与他人的密切接触情况，以便能够采取必要和适当的预防措施来控制疫情的传染蔓延。这些工具会产生所谓的"远程监控"，即通过电子工具或信息工具来控制雇主的劳动者活动，并采取特殊预防措施（第300/1970号法律第4条款）。实际上，只有当公司的工会代表在公司层面达成集体协议或经地方劳动监察机构批准许可之后，此类工具才可被视为允许使用。

3. 鼓励灵活办公

灵活办公（或智能办公）在意大利的法律体系中是一项相当新的举措，在2017年才引入使用（第81/2017号法律），是一种特殊的办公方式，具有以下特点：

工作内容一部分在企业内部工作场所中进行，一部分在外部场所进行；

没有常规的工作时间，遵守法律和集体劳动合同中所规定的每日和每周工作时间的最高时长限制；

---

① L. D'Arcangelo, *La tutela dei dati personali nei luoghi di lavoro al tempo del Covid-19*（*e oltre*），in O. Bonardi, U. Carabelli, M. D'Onghia, L. Zoppoli（a cura di），*Covid-19 e diritti dei lavoratori*, cit., 119 ss.

② C. Lazzari, *La sorveglianza sanitaria eccezionale nel sistema aziendale di prevenzione*, in *Diritto della sicurezza sul lavoro*, 2020, 2, 11 ss.

可以使用技术工具来开展灵活办公。

实际上，这种办公方式通常可以借助技术资源，在任何场所、在家中或其他地方，至少部分工作在公司内部及在公司外部随时进行。根据第81/2017号法律的规定，采用灵活办公这一方式不能由雇主或劳动者单方面决定，而是需要双方之间达成协议，是主要劳动关系的附属内容。

新冠肺炎疫情证实了这项举措的巨大潜力。灵活办公作为一种便于协调工作时间与生活时间并提高竞争力的方式，现在已经成为保护个人和集体健康的重要手段。鉴于需要保证人与人之间的距离，尽可能避免出差，意大利政府将灵活办公作为私营领域和公共部门首选的办公方式。因此，为了防止疫情的传播，灵活办公已成为意大利普遍的办公方式。然而，与该项举措的常规规定相比，在疫情期间采取灵活办公具有广泛的"去管制化"，特别是，单方面授予雇主对于可以采用远程办公的业务启用灵活办公的职权，出于防控的需要，安排劳动者完全在家中办公①。

出于多种原因，直到数个月之前，灵活办公一直都难以被广泛采用，而现在，由于新冠肺炎疫情规定的保持距离，灵活办公使用人数呈指数性增长。然而，卫生紧急状态中的所有法规也对灵活办公造成了歪曲，使其缺少劳资双方的共识，并从根本上降低了其灵活性（灵活办公被"呆板地"限制在劳动者的家中）。

4. 便于协调治疗、生活和工作需求的措施

政府为应对疫情而做出的决定，在很长一段时间内使劳动者居家隔离，学校、生产和娱乐活动暂停，同时还采取了大量措施来减轻对经济和社会的

---

① C. Alessi, M. L. Vallauri, *Il lavoro agile alla prova del Covid-19*, in O. Bonardi, U. Carabelli, M. D'Onghia, L. Zoppoli (a cura di), *Covid-19 e diritti dei lavoratori*, cit., 131 ss.; R. Romei, *Il lavoro agile in Italia: prima, durante e dopo la pandemia*, in Labor, 2020, 423 ss.; M. Brollo, *Il lavoro agile tra emergenza pandemica e riemersione della questione femminile*, in Labor, 2020, 507 ss.; B. Caruso, *Tra lasciti e rovine della pandemia: più o meno smart working?*, in Rivista Italiana di diritto del lavoro, 2020, I, 215 ss.; M. D. Ferrara, *Oltre l'emergenza: lavoro, conciliazione e agilità in condizioni di fragilità*, WP C. S. D. L. E. "Massimo D'Antona". IT – 426/2020.

负面影响[①]。

特别是，根据 2020 年 3 月 4 日的"意大利总理令"，学校和教育服务的暂停将一直持续至 9 月，这就要求劳动者采取具体且即刻的干预措施才能使照顾子女成为可能。对于子女不满 12 岁，未受到停产影响的劳动者，第 18/2020 号法律政令中规定了特殊假期（新冠肺炎特别假），值得一提的是，该假期可以在学校停课期间使用，最长 30 天，同时劳动者可获得工资的 50% 作为补贴。而对于子女不满 16 岁的劳动者，法律也规定了假期，但这种情况下则没有任何补贴，在第二种情况中，只是具有停工的权利。

休假可以由夫妻双方轮流使用，且不能在相同的日期使用——可享有这一休假的前提条件是在该家庭中，夫妻中一方的工作在被中止或终止的情况下没有收入补助，或另一方是失业者或不工作的劳动者。

在学校停课期间，对于具有带补贴休假权利的劳动者，如果夫妻双方都没有停工，可以根据第 18/2020 号法律中的规定申请"保姆费"，最初为 600 欧元，之后提高至 1200 欧元。

对于子女有严重残疾的，以及需要照顾家中具有严重残疾的家属的劳动者，上述的假期也将延长。

鉴于学校长期停课，而上述假期的时长有可能不足，因此，对于子女不满 14 岁的劳动者、身有残疾的劳动者，或者有照顾家中残疾家属负担的劳动者，即使没有单独的协议也享有灵活办公的权利，作为一般性和补充性措施。

学校在 2020/2021 学年度延迟开学，使政府再次提出了更长的假期，从而使身为父母的劳动者即使在经济活动停摆逐渐好转的阶段也可以休假。

最后，根据第 111/2020 号法律的规定，家中不满 14 岁的子女如在学校内接触了新冠肺炎感染者而强制在家隔离，则劳动者可以采用灵活办公直至 2020 年 12 月 31 日。如果父母中其中一人无法以灵活办公的方式开展工作，

[①] L. Calafà, *Conciliare nell'emergenza*, in O. Bonardi, U. Carabelli, M. D'Onghia, L. Zoppoli（a cura di）, *Covid-19 e diritti dei lavoratori*, cit., 131 ss.；M. D. Ferrara, *op. cit.*；A. Donini, *Permessi e congedi*, in *Rivista del diritto della sicurezza sociale*, 2020, 393 ss.

则可以停工。在这种情况下，在其休假期间可享有50%的工资作为补贴。这些措施只能由父母二人中的一位提出。

5. 禁止因经济原因解雇或集体解雇

意大利为遏制疫情而采取的封锁措施已导致大量劳动者生产活动受阻，除极少数的例外，生产活动的继续开展急剧放缓。

在这种情况下，政府设定的首要目标是消除对就业可能带来的影响，通过联合干预措施，政府一方面禁止企业出于经济原因而解雇劳动者，另一方面，也试图减轻这些企业原本无法维持的劳动力成本，能够让他们获得特殊的经济支持。

关于解雇，在意大利法律体系中有一项规定，在法律效力下，若要合法解雇一名具有无限期合同的劳动者，必须遵守指定的程序规定，并且首先必须有合理的理由解雇（第604/1966号法律），劳动者在法庭上能够以该理由不成立驳回。

因此，要明确分辨出是由于劳动者的行为或举止构成了严重的合同违约，是因纪律原因或因主观原因的解雇，还是由于经济原因或是由于公司改制或重组的公司决策而导致的客观原因解雇。

同时，还存在集体解雇现象，企业可以是出于客观原因同时解雇多人，也可以是自主规定解雇多人。第18/2020号法律的第46条中规定了暂停集体解雇手续，并禁止企业因经济原因而解雇员工，最初该规定期限直至2020年8月17日，随后延长了数次（最后一次延长的期限直至2021年3月21日）①。显而易见，这绝对是一项特殊措施，其先例可以追溯到第二次

---

① F. Scarpelli, *Blocco dei licenziamenti e solidarietà sociale*, in *Rivista italiana di diritto del lavoro*, 2020, I, 313 ss.；U. Gargiulo, V. Luciani, *Emergenza Covid-19 e 《blocco》 dei licenziamenti: commento all'art.* 46 *del d.l. n.* 18/2020（*conv. In l. n.*27/2020），in O. Bonardi, U. Carabelli, M. D'Onghia, L. Zoppoli（a cura di）, *Covid-19 e diritti dei lavoratori*, cit., 206 ss.；C. Zoli *La tutela dell'occupazione nell'emergenza epidemiologica fra garantismo e condizionalità*, in *Labor*, 2020, 439 ss.；M. T. Carinci, *Covid-19 e "blocco" dei licenziamenti: ratio, limiti e opportunità di una misura in bilico fra il primo e il secondo comma dell'art.* 41 *Cost.*, in *Giornale di diritto del lavoro e di relazioni industriali*, 2020, 571 ss.；A. Maresca, *La flessibilità del divieto di licenziamento per Covid (prime riflessioni sull'art.* 14 *D. L. n.* 104/2020）, in *Labor*, 2020.

世界大战结束时颁布的第 523/1945 号的"代理长官立法令"。在多数生产活动和职业活动突然停顿的情况下，政府试图抑制疫情对经济影响的恐慌向劳动力中的快速流入。

禁止企业因客观原因解雇个人和集体仅适用于具有无限期劳动合同的劳动者，在此"标准"合同之外的其他劳动合同中的劳动者均不在该规定范围之内。但适用于所有雇主，无论其雇员人数的多少。因此，因纪律问题被解雇的劳动者仍被排除在法律范围之外；其风险在于，企业可以利用所谓的劳动者未履行义务（或可能有略微的缺点）来解除劳动合同。

对于暂时禁止解雇的规定，还有很多的释义性的关键内容，在这里无法详细介绍——这属于紧急状态法规中的内容。该项规定与多项给予企业支持的干预措施相结合且相关联，我们将在下文中讨论。其表现的是贯穿整个应急法律的团结一致的基本原则，是一项旨在遏制应急状态对整个经济体系带来负面影响的直接措施。

6. 收入保障措施

与其他国家一样，意大利的收入保障体系在新冠肺炎疫情冲击下经受了巨大的压力测试，因为新冠肺炎疫情形成了社会保障体系中未涉及的失业风险。因此，疫情未被列为因工作时长的减少或企业经营的暂时中断而采取收入保障干预措施的事件中。

新冠肺炎疫情期间收入保障紧急法令的颁布，与那些受第 148/2015 号立法法令（主要是普通收入与特殊收入的补助基金管理局①）约束的、被我们定义为"传统"的收入保障举措并驾齐驱，还有一些"紧急状态"下的收入保障举措以及一系列的特殊补贴，尤其是对于自雇劳动者以及工作具有特殊季节性和不稳定性的劳动者（例如具有季节性的旅游业和农业劳动者）。这些收入保障措施（由国家和企业共同出资）规定，其要求非常复

---

① 补助基金管理局是一个复杂的法律机构，根据该机构，在出现一些与公司关键性事件相关的原因时，企业主可以根据已批准的行政措施，减少所有雇员或一部分雇员的工作时间，或暂停所有雇员或部分雇员的劳动，而不支付部分（在减少工作时间的情况下）或全部（在完全停工，工时为零的情况下）薪酬，这部分薪酬将由国家支付给劳动者。

杂，因此无法在此详述；但是至少可以在此突出其共同特征①。

这些举措具有各自的流程和原因，其特征是行政手续特别精简，资金项目涉及一般税收（而不是纳税比例），总拨款金额约为 350 亿欧元，是一个专用资助和给付简化的体系。这些举措对意外事件（由于疫情导致公司停业或生产活动减少而产生失业风险）进行管理，出于这个原因，其相对的时间有效性是有限的（最近，可以享受新的收入保障措施的期限已推迟到 2021 年 3 月底）。

最后，在这些特别措施中，还有一项纯福利措施，被称为"紧急状态收入"（第 34/2020 号法律第 82 条），其目的是帮助在疫情紧急状态下符合法律规定的具有经济需求的家庭。

7. 外籍非法劳工的管理

在新冠肺炎疫情的卫生紧急状态的最重要时期，意大利政府还采用了一项主要针对外籍非法劳工的合法化程序（第 34/2020 号法律第 103 条）②。

推进政府批准这一程序的主要原因有：需要确保相应水平的个人和集体健康保护，尤其是要保证所有非法劳动者的健康权利，因其经常在不确定的卫生健康条件下作业，同时遏制疫情蔓延；据估计，意大利目前大约有 60 万非法外国人，其中大多数是非法工作者，因此，促进与至少一部分的非法劳工确立雇佣关系也是适宜的。

该程序的特点是其实际的适用领域非常受限，仅涉及三个领域：农业，个人照护和满足家庭需求的家政工作，除此之外，还该程序还具有许多重要特征，在此就不深入探讨了。

---

① R. Del Punta, *Note sugli ammortizzatori sociali ai tempi del Covid-19*, in *Rivista italiana di diritto del lavoro*, 2020, I, 251 ss.；M. Faioli, *Covid-19 e istituti speciali di sostegno al reddito*, in O. Bonardi, U. Carabelli, M. D'Onghia, L. Zoppoli（a cura di），*Covid-19 e diritti dei lavoratori*, cit., 167 ss.；Id., *La prospettiva del《more than just》per il sostegno al reddito durante e dopo la pandemia*, in *Rivista del diritto della sicurezza sociale*, 2020, 409 ss.

② W. Chiaromonte, M. D'Onghia, *Cronaca di una sanatoria in tempo di emergenza sanitaria：genesi, finalità e limiti*, in *Diritto, immigrazione e cittadinanza*, 2020, n. 3.

三　结语

最后，有人不禁会问，在前文中所探讨的卫生紧急状态下的劳动法——应急性法律触发了复杂的立法修改机制，是否会反过来给国家带来沉重的负担——对意大利劳动市场产生过渡性的影响，或者在疫情期间所引入的一些措施是否将成为国家劳动法规的长期组成部分。

可以肯定的是，在某些情况下，如果应急性法规能够全面实施，将一定能够改善劳动包容体系，例如对身有残疾的劳动者或那些有照顾残疾家属负担的劳动者权利的保障，此外，正如人们所看到的，在没有单独的协议作为一般性和补充性措施的情况下，灵活办公的权利也受到认可。

应急性法规除了缓解卫生危机对就业的影响之外，其另一个被认可的优点是，揭露了在诸如农业食品这种高度雇佣外国劳工的领域中企业的弊端，从而对移民实行了紧急的正规化。

到目前为止所谈论的内容足以给我们留下了一个开放性的问题，这是否是一个在社会和经济层面可持续发展的体系，不论是从短期还是从长期考虑，特别是在紧急状态下引入的一些措施将有可能变成"常态化"。为了应对这一复杂的问题，面对疫情带来的挑战，必然要摆脱紧急状态保护措施的逻辑，同时要铭记欧盟宏观经济和宏观社会政策实施的背景。

第十章 2020年新冠肺炎疫情与英国 劳动力市场和劳动关系 及影响、对策与展望

曹学兵*

摘　要：　2020年蔓延全球的新冠肺炎疫情也波及英国，短短数月之间导致大量民众感染病毒、数万人因此病亡。严重的疫情导致英国经济停滞甚至出现了倒退，对劳动力市场的发展和劳动关系的走向产生了深远影响。本文着重介绍了新冠肺炎疫情对英国劳动力市场的影响，分析了疫情期间政府、工会和雇主三方的应对措施，并讨论了英国劳动关系理论与实践发展的下一步方向。

关键词：　新冠肺炎疫情　英国劳动力市场　劳动关系

一　英国新冠肺炎疫情概况

由于地处欧洲大陆之外，英国新冠肺炎疫情的开始比大部分欧洲国家要晚，首例确诊病例于2020年1月底才出现。但3月后英国的疫情加重并席卷全国，新增病例和死亡病例迅速增多。起初政府在抗疫政策上摇摆不定，直到3月下旬才采取措施、逐步加大防控力度，2020年3月23日开始英国

---

* 曹学兵，英国基尔大学商学院人力资源管理高级讲师、博士。主要研究方向为比较劳动关系、劳动力市场和工会。

陆续停工、停产、停业、停课，政府呼吁减少人群聚集、保持社交距离并强制全民居家隔离。同时在抗疫设备和组织上加强管理，逐渐提高了国家医疗服务体系（NHS）的反应速度、增加了各类设施的供应，召集大批医护和志愿人员，采购防护器械和物资，举全国之力抗击疫情。

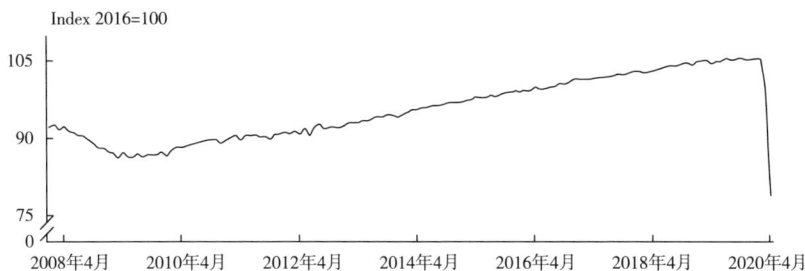

图1 2008年4月至2020年4月英国GDP变化情况
资料来源：英国国家统计局（http：//ons.org.uk）。

由于英国政府在初期防疫工作上的失策，卫生部门防疫设备供应缓慢、总体防疫效率低下，再加上人口老化、医疗资源紧张，疫情发生后大量民众感染病毒，确诊病例和和死亡人数迅速升高。从3月下旬到6月中旬的三个月间，英国经历了疫情最紧张、防疫最艰苦的一段时间，高峰期间每天有1000多人感染死亡，直到5月下旬后疫情才逐渐缓解。截至2020年8月15日，英国确诊病例累计达到31.7万人，死亡4.13万人[1]，高居欧洲榜首、居全球第五。连首相约翰逊也因染病住院治疗。

新冠肺炎疫情的肆虐给英国经济带来沉重打击，造成该国历史上最严重的一次经济衰退。3月下旬之后，英国全国进入封城状态，大部分人停工停课回家抗疫，经济活动几乎陷入停摆，直到6月以后才陆续恢复。疫情重创服务业、制造业、非食品零售业和建筑业，造成旅游业、交通、航空和酒店业大幅下滑，3~5月英国的国民生产总值下跌将近20%。大量企业停工或

---

[1] UK Government, *Coronarivus（COVID-19）Government Information*, 2020.

倒闭，大批劳动力失去收入，消费疲软，经济衰退的证据十分明显①。当时有专家预测，英国 2020 年全年的 GDP 可能下跌 10%～14%，失业率会高达 14%～20%，而新冠肺炎疫情造成的经济影响也波及普通民众，据当时预计每户家庭的年收入将减少 8%②。对此英国央行两次下调基准利率以缓和冲击，以历史最低点的基准利率为企业减负。财政部也为企业提供各种税收减免措施，减轻企业负担，帮助它们渡过难关。

二　新冠肺炎疫情冲击下的英国劳动力市场

1. 疫情对劳动力市场的影响

作为老牌的资本主义国家，英国拥有一个传统上比较稳定的劳动力市场，供求状况一直比较平衡，劳动人口整体就业率比较高，2019 年年底就业率高达 76.2%，失业率仅为 3.8% 左右③。在产业结构方面，英国经济偏向服务业，在低薪岗位的就业人口比较多，而且有分散灵活就业的趋势。由于传统技术培训体制被诟病，英国工人的技术水平受到限制，平均劳动生产率比经合组织的平均水平还稍低一点④。在劳动力市场规制方面，英国的劳动法律属于普通法/案例法体系，雇佣关系有比较健全的立法规定，劳动保护和就业机会平等的程度比较好，就业质量比较高。

新冠肺炎疫情发生后，英国的劳动力市场直接受到三个方面的冲击：大量工人停工待岗、招工招聘大幅减少、企业减员造成失业人数上升。2020年 3～5 月，新增的职位空缺比 2019 年同期减少了 34.2 万个，是近 20 年最大的跌幅⑤。劳动力供需的变化导致工资下行压力增大，特别是低工资行业

---

① BBC：《英国经济：11 年来首次衰退就业数据尤其堪忧》，2020 年 8 月 13 日，BBC 中文网。
② "Despite record growth in June, UK suffers one of the largest coronavirus economic hits among rich countries", *Resoluation Foundation*, 2020.
③ ONS: Labour Market overview, UK: December 2019, Office for National Statisticss, 2019.
④ Taylor, M., Marsh, G., Nicol, D., & Broadbent, P., *Good work: The Taylor review of modern working practices*, London: Department for Business, Energy & Industrial Strategy, 2017.
⑤ "UK coronavirus job losses: the latest data on redundancies and furloughs", *Guardian*, 2020.

工人收入降幅比较大。就业需求的减少主要是因为经济活跃度下降，尤其是餐饮业、酒店、旅游、交通等行业受到疫情影响非常严重，开工不足造成劳动力需求疲软，比如80%的餐饮企业在4月停业，140万员工回家待岗，是受影响最大的一个行业。

疫情对劳动市场最大的影响是企业经营困难导致的裁员和失业率的上升。因为企业经济活跃度低、无法创造就业机会，英国企业的工作岗位减少、就业率下降。很多大型企业已经宣布采取裁员或自动离职计划减员，其中包括英国航空公司裁员1.2万人，汇丰银行3.5万人，以及壳牌石油1万人。2020年4~6月，在岗职工比2019年同期减少了22万人，大部分受影响的是兼职零散人员和自雇人员。2021年1~5月，申领失业救济金的劳动人口比例由1.2%上升至2.8%（见图2）。2020年3~6月，领取正常工资的人员数量减少了65万[1]。到8月中旬，已有17.5万多人被企业裁退，937万停工人员领取政府津贴[2]。

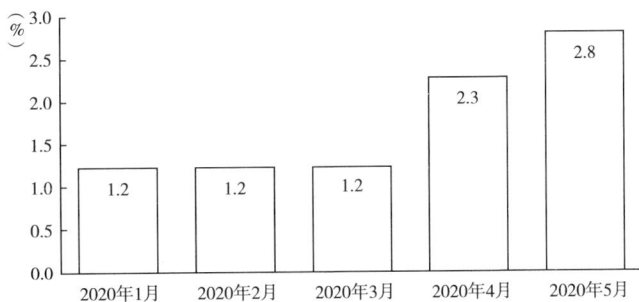

图2　2020年1~5月失业救济申领人数占比

资料来源：英国国家统计局（http：//ons. or. uk）。

失业率上升也暂时缓解了劳动力紧缺和技术短缺的局面，但总的来说负面影响比较严重，失业危机已经来临。估计在10月政府对劳动力市场的补

---

[1]　Francis-Devine, B., Powell, A. and Foley, N., "Coronavirus：Impact on the labour market", *House of Commons Briefing Paper*, No. 8898, 12 August 2020.

[2]　"UK coronavirus job losses：the latest data on redundancies and furloughs", *Guardian*, 2020.

贴停止后，会有更大规模的裁员潮出现。

与裁员潮相反，个别企业和行业的业务经营却受益于消费者需求的变化，大规模增加业务并提供了新的就业机会。特别是那些在疫情期间为数不多的坚持营业而且需求旺盛的企业，例如超级市场集团和在线食品零售企业的业务量增长迅猛，需要新增大量工作岗位以迎合市场需求，据统计，疫情期间超市行业至少新增了4.5万个新岗位①。其次是物流配送行业，因为面对面购物的减少和防疫的需求，相当一部分零售业务转至线上，需要有大量的物流配送服务，因此物流需求上升，导致人手不足需要增加新的员工人数。第三是基础设施和建造业。为刺激经济，政府已经决定开始投入巨资进行基础设施维修和建设，推动经济发展、创造就业机会。因为大型基建项目具有中长期性质，效果如何需要看投资是否到位、配套政策如何等后续的手段。

2. 英国政府的劳动力市场干预措施

为减轻疫情造成的严重影响，英国政府由2020年3月下旬开始，陆续出台了一系列强有力的财政干预措施，为企业和个人提供财政帮助，为劳动力市场纾困。在全国封城防疫的第一个星期，财政大臣就立刻宣布实施抗疫第一阶段的救市措施，投入总值为1600亿英镑的抗疫资金，包括490亿英镑投入国家卫生服务体系，惠及多达1200万职工的停工抗疫特别工资补贴，覆盖将近100万个企业的补贴、贷款和降息等财政扶持②。

2020年3月23日英国全国开始封城抗疫后，大量企业停产员工停工回家待岗。3月26日，英国政府正式实施防疫停工工资补贴计划（Job Retention Scheme），为因新冠肺炎疫情影响而停工回家待岗的员工提供80%的工资补贴，上限为每人每月2500英镑。参加计划的企业不需要任何烦琐的措施，只需在政府网站申请即可得到。3月27日政府又宣布对自由职业/自雇人员实施收入补贴计划（Self-employed Income Support Scheme），补贴水

① "UK new jobs tracker: Supermarket giants lead 40, 000 job hiring spree as coronarius demand intensifies", *Forbes*, 2020.

② UK Government: *Coronavirvus（COVID-19）Government Information*, 2020.

平为上年平均每月利润的 80%，上限为每人三个月 6750 英镑。这两项补贴在 7 月到期后，因为疫情仍未过去，均得以延期三个月。其中防疫停工工资补贴按月逐步降低到工资的 70% 和 60%，自雇人员补贴降低到 70%。考虑到企业逐渐开始复工、经营逐渐正常，第二期停工待岗人员补贴的发放需要由企业补足剩余部分。两项补贴均将于 2020 年 10 月底停止发放。

除直接发放停工补贴外，英国政府对劳动力市场的干预主要集中在劳动力的供给和需求上[①]。在劳动力供给方面，政府主要计划通过加强就业培训提高年轻人技术水平，达到提升就业质量和劳动生产率的目的。这些措施包括提供为帮助企业渡过难关、稳定就业的员工留置津贴（Job Retention Bonus），由政府为企业提供在岗补贴，为每个停工后返回企业并工作到 2021 年 1 月的员工提供 1000 英镑补贴。政府同时投入 16 亿英镑增强就业支持、培训和学徒工制度，帮助民众找工作。在已有 1000 英磅补贴的基础上，雇主每聘用一名 25 岁以下学徒工，政府追加 2000 英镑补助；投入 1.1 亿英镑用于高质量青年工人技术培训；投入 1700 万英镑用于扩大行业技术学院培训名额三倍；投入 9 亿英镑将工作绩效辅导的范围扩大一倍；投入 3200 万英镑到国家职业服务机构，惠及 25 万年轻人。

在劳动力需求方面，政府的干预政策主要致力于增加需求、创造新的工作岗位。政府通过专门的工作启动计划（Kickstart Scheme），为失业的年轻人提供新的工作机会。这项价值 20 亿英镑的工作启动计划将为 18~24 岁申请社会福利的年轻人开设数十万新的岗位，以最低工资为基准提供每周最多 25 小时、为期 6 个月的工资补贴，剩余工资部分由雇主补足。此外，未来几年政府将斥资 88 亿英镑投资基建、减排和维修，创造数十万个的新工作机会，其中包括 30 亿英镑的绿色投资计划，升级建筑标准、减少排放，创造 14 万个绿色经济工作机会；20 亿英镑的绿色房屋补贴用于改造房屋、减少能源消耗、创造工作机会；58 亿英镑用于基础建设建设，包括 15 亿英镑

---

① Dalton, G. and Pope, T., "The government's post-COVID-19 stimulus package", *Institute for Government*, 15 July 2020.

用于医院建筑升级改造，1 亿英镑用于公路交通网络升级，10 亿英镑用于中小学校校舍维修，7.6 亿英镑用于其他教育设施改造，10 亿英镑用于地方经济项目，和 1.42 亿英镑用于法院设施改造等。

另外一项在改善劳动力需求方面的措施是保护现有工作岗位、减缓企业裁员。政府采取刺激消费、振兴餐饮业的办法，鼓励人们到餐饮业消费，帮助行业员工保住就业。为鼓励人们在安全保障前提下到餐馆消费，政府出台了一项出外就餐互帮互助计划（Eat out help out），在 8 月每个周一到周三在全国范围就餐将享受半价优惠，优惠部分由政府补贴。旅游餐饮业也得到政府特殊的商业增值税减免，将旅游、餐饮、住宿服务业的商业增值税税率由 20% 减至 5%，为此平均每户家庭每年消费将减轻 160 英镑左右的负担，使企业负担减轻，从而减少裁员压力。为振兴房地产市场，政府业出台了暂时的印花税减免措施，到 2021 年 3 月底为止，低等级购房印花税的征税起点由房价 12.5 万英镑调高至 50 万英镑，为购房者减轻负担，客观上活跃了房地产交易市场[①]。这两项措施使 15 万家企业和 240 万员工受益，帮助他们在疫情缓解后逐步增强信心，增加商业活力，走出困境。

政府干预劳动市场的政策起到了非常积极的作用，减缓了疫情对劳动力市场的冲击，直接缓解了裁员潮。截至 2020 年 8 月初，已有 960 万在岗职工受惠于政府特殊补贴，120 万个企业机构受益，270 万自雇人员也受惠于政府的补贴，为此政府在这两项政策上的支出超过 400 亿英镑[②]。当然，疫情中受影响的行业和人员并非平均分布，零售业、餐旅业等服务行业受到沉重打击，而金融、农业、公共服务等行业受影响比较小。受疫情影响最严重的群体多数是抗疫前线岗位员工，比如交通运输、健康护理、医护人员的健康安全受到很大威胁，低收入群体中的女性、年轻人和少数族裔也受到很大影响。在疫情期间坚持在关键岗位上工作的交通运输工人中 28% 是少数族裔，1/3 的 18~24 岁的年轻工人因停工暂时待岗或因裁员失去工作。

---

① UK Government, *Coronaviru（COVID-19）Government Information*, 2020.

② Francis-Devine, B., Powell, A. and Foley, N., "Coronavirus: Impact on the labour market", *House of Commons Briefing Paper*, No. 8898, 12 August 2020.

　　尽管政府的抗疫收入补贴和税收减免措施比较慷慨，在一定程度上减缓了疫情对劳动力市场的冲击，但政府对劳动力市场的保护仍有不足并受到有关人员的批评。有批评意见指出英国政府的干预政策令人失望，因为它的出发点是保护企业的商业活动，而不是工人的利益。在此情况下，政府救市措施并没有特别考虑受到损失最大的群体，比如零散工人、抗疫前线员工和一些弱势群体。少数族裔因为在交通、零售、看护等行业的人数比例很高，而且感染新冠肺炎死亡率比其他族裔要高，社会各界都批评政府并没有采取特别的措施来保护这些工人。一些法定的病假工资水平太低，比最低工资水平还低30%，显然对患病员工起不到足够的保护作用①。2020年10月随着政府的工作收入补贴计划停止，工会和反对党认为政府应该继续补贴，否则大量工人将失去工作，会引起更大规模的经济衰退与裁员、失业危机②。

三　疫情下劳资双方的反应

1. 企业的反应

　　尽管政府的抗疫、救市、减税等措施减轻了疫情带来的影响，但仍有很多英国企业因经营困难被迫节流裁员，甚至还有不少企业倒闭。由于经营受到影响，多数企业会减少新增工作岗位，并对薪酬的调整持谨慎态度。对于大多数企业和雇主来说，长达数月的疫情已经对生产经营产生了深远影响，比如政府要企业以前所未有的态度对待工作场所安全卫生和健康的要求，提供必要的消毒防疫措施，在经营和开工期间也会尽量保持社交距离。为防止疫情扩散，很多企业根据国家的安排使员工停工待岗，由国家支付相当于员工工资80%的抗疫或居家工作补贴，在此期间雇主有义务向自我隔离人员发放病假工资，并对停工待岗人员尽量补足国家补贴后的20%剩余工资。大部分企业会尽量安排职工休带薪年假和其他假期。可以说大部分企业都能

---

①　Novitz T. ，"COVID-19 and labour law：United Kingdom"，*Italian Labour Law Journal*，2020，13（1）.

②　"Pressure grows on Rishi Sunak to extend UK furlough scheme" *Financial Times*，7 August 2020.

遵守政府的官方指引，并在政府保就业补贴计划的帮助下，尽量减少裁员或不裁员。

在人力资源管理方面，新冠肺炎疫情造成大量办公场所关闭，回家办公成为新趋势，如何远距离管理和激励员工并保持稳定的劳动生产率和绩效已成为企业的新课题。据2020年6月英国特许人事发展协会（CIPD）发布的一项调查，2/3的英国职工在2020年增加了远程或居家办公的次数和天数，当然由于工作岗位和性质的不同，金融、管理和专业技术人员更容易适应远程办公，而低技术岗位和服务业比较难转移到居家办公。调查还显示，疫情期间企业主要面临的挑战包括员工的焦虑情绪、居家工作的担心和子女停课带来的工作生活平衡问题，企业还担心员工因病休假对生产造成负面影响，当然也有不少企业担心支付工资带来的压力[1]。

2. 工会的反应

英国是第一次工业革命的发源地，是世界上最早通过集体谈判解决劳资纠纷和劳动争议的国家，工会历史悠久、劳工运动比较成熟。在此背景之下，英国劳动关系的主要传统是企业重大事项，包括工资都由集体谈判和集体协议解决，虽然近年来工会影响不断下降，但集体谈判作为一项重要的工资解决机制仍然具有重要的地位。

疫情发生后，以英国全国工会联合会（TUC）为首的工会组织集中力量为工人争取解决特殊时期的收入待遇问题，并向社会发出呼吁、积极游说中央政府采取特殊的劳动力市场政策，包括停工期间的工资发放、病假休假待遇和灵活工作安排等，还有提供工作场所的防疫措施和卫生健康安全保护等[2]。在宏观层面，英国全国工会联合会在政策讨论上发挥了很大的作用，在疫情初期就开始与政府积极协商，参与新时期特殊政策讨论，多项重大劳动力市场稳定建议已经被政府采纳，包括防疫收入补贴、自由职业收入补贴政策的出台，都与TUC的游说和宣传有很大关系。在企业和工作场所层面，

---

① "Impact of COVID-19 on working lives", *Chartered Institute of Personnel Management*, 4 June 2020.

② "Covid-19 coronavirus: Guidance to unions", *Trades Union Congress*, 16 April 2020.

工会组织也积极参与抗疫活动，为员工排忧解难。比如 Unite 工会为服务业会员在疫情期间工作的安全健康问题提供特别协助；RCN 向政府多次争取为护士提供足够的防疫设备；也有个别工会，比如独立从业人员工会（IWGB）向政府提出法律诉讼，要求给会员提供足够的法定病假工资，尤其是要求给从事平台经济的工人提供必要的健康保护①。

四　疫情下的劳动关系

新冠肺炎疫情的影响暴露了英国劳动关系中近年来一些比较突出的问题，包括低收入群体的待遇、不稳定工作和不稳定收入的问题，还有近年来由于工会影响力下降工会权益保护和集体谈判面临的重大挑战。疫情期间因企业大量停工，劳动争议数量大为减少，而工人抗争也以线上留言、签名和捐款等新型方式进行。当然围绕裁员浪潮，在部分行业也出现了多起大型集体劳动争议活动。因受疫情影响，各大学新生入学受到影响，可能会导致整个高等教育界损失 27 亿英镑左右，如果没有采取措施，英国大学可能在近期裁员高达 3 万人②。收入减少不仅导致多所大学停止招收和使用兼职员工和短期合同员工，从而引发工会抗争、抗议，而且大规模裁员的前景将对整个高等教育行业的劳资关系产生不可估量的负面影响。

私营企业裁员引发的劳动争议也是疫情期间的热点。作为疫情影响最大的行业之一，英国航空业受到严重损失，比如英国航空公司因亏损严重而计划裁员 1/3，有超过 1.2 万名员工将失去工作。为此英航的机师工会经过谈判与雇主达成协议，用少量自动离职、待岗和减薪的方法避免大规模裁员；而代表地勤和空勤的大部分员工的工会无法与公司达成协议，因为双方要求差距太大：公司目标是裁员 13000 人，而工会认为公司财务状况良好，裁员

---

① "Coronarirus: government facing lawsuit for 'failing to protect gig economy workers'", *Sky News*, 12 May 2020.

② "Coronavirus: Manchester staff 'horrified' by prospect of job cuts", *Times higher education*, 24 April 2020.

计划有利用疫情实现削减人工成本之嫌①。现在双方争议的焦点是是否大规模裁员，如何走向现在还不明朗，但肯定的一点是英航的劳资关系将接受重大考验。

疫情期间也有一些行业的劳资争议继续进行。高等教育教师工会（UCU）与雇主的"四项抗争"集体谈判已经进行了一年多，主要围绕工资、工作量、平权和短期合同工的使用条件等。2020年7月该工会会员经投票拒绝接受资方的最新条件后，工会正在组织讨论是否接受会员的意见而和雇主继续抗争，甚至采取工业行动。疫情期间也有停止罢工的案例，比如考虑到疫情期间邮政服务的重要性，皇家邮政工会2020年3月主动宣布，叫停一项已经投票通过的罢工计划，全力投入抗疫物流前线②。

因为还有不少生产工作活动以各种方式继续进行，工人的集体抗争活动并未因疫情完全停止，但罢工的组织工作受到严重影响。由于种种原因，近年来英国的劳工法律对罢工的组织方式进行了非常严格的规定，包括必须组织邮寄投票决定采取工业行动，必须有超过半数的会员投票才算合法，而且罢工前14天必须通知雇主等。疫情期间罢工的组织活动遇到两个障碍，首先，专职工会人员多半在家办公无法和会员面对面交流、动员；其次，组织邮寄投票的投票点算机构（Civica Election Services）停工数月，在此期间无法处理罢工投票。因为目前电子投票尚未推广，所以组织罢工在事实上非常困难。工会和学界早已呼吁改革不合理的工业行动组织法例，尽快承认电子投票的合法性③。

与疫情对劳动力市场带来的负面影响相比，工会在招收新会员方面取得了出人意料的积极成果。从2019年5月到2020年5月，英国最大的工会之一——Unison会员增长了18%。代表医生的英国医生协会2021年也增加了

---

① "British Airways faces strike threat over job cuts", *Reuters*, 28 July 2020.

② "Postal workers deliver massive strike ovte but offer to become additional emergency service", *Communications Workers Union*, 17 March 2020.

③ "Majority of British people say electronic balloting to vote for strikes is appropriate", *Trades Union Congress*, 2016.

6000名新会员，代表中小学教师的全国教育工会从封城抗疫开始增加了2万名会员，比2019年同期增加了数十倍。工会会员的大量增长主要是因为抗疫前线员工包括健康护理和交通、食品零售等行业员工的入会率上升，说明工人在疫情期间对健康安全的重视和对工作职位有潜在的担忧，增加了工人加入工会的动力，当然工会在保护会员利益方面也起到了积极的作用①。当然如果疫情进一步发展，2020年下半年私营企业裁员会随之增加，工会会员人数上升的空间可能会被挤压。工会的增长令工运人士倍感欣慰，但各级工会组织是否能够利用这次难得的机会重整旗鼓、实现真正的力量复兴，还有待观察。

五　劳动关系视角下的评估与展望

在高失业率和低就业率可能会持续一段时间的大环境下，新冠肺炎疫情严重影响旅游业、餐饮业、零售、服务业，由此造成的裁员、失业危机将对今后的劳动关系走向造成深远影响。首先，因为劳动力需求下降，雇主将更加强势，而社交距离的规定和居家工作的兴起会使工会组织活动更加困难，造成劳资双方力量对比的进一步不平衡。其次，在经济下行期间企业经营困难后停工、裁员、工作量和安全健康问题会越来越多，由此引发的各类劳动争议和冲突会增多。再次，未来劳动力市场发展的一个主要趋势就是对传统工作方式的冲击，可以预见灵活就业和灵活办公今后几年都会成为主流②。劳动力市场供求关系将与疫情走向息息相关，但短期内劳动力市场肯定是供大于求、工资下行压力比较大。对于工作场所安全健康的要求会提高，这也是今后劳动关系的一个主要焦点。最后，疫情给工会组织带来双重影响，既有转型压力，也有因会员大幅增加而复兴的机遇。虽然新的工作模式比如居家工作和灵活就业等可以减缓失业的负面效果，同时也缓解工会的压力，但

---

① "Pandemic crisis prompts revival in trade union membership", *Financial Times*, 28 May 2020.
② Morris, J. and Hassard, J., "Home working? The present and future of how and where we work in the context of COVID-19", *Cardiff Business School COVID-19 and Work Working Paper*, 2020.

总体上来说劳资双方和政府在今后一段时间内都会直面经济下行压力，而工会也面临转型的挑战。正如《经济学家》的评论所述，疫情危机使得工会组织正在重新赢回影响力、关注度与会员信任，入会率的大幅提高给英国工会重整力量提供了十分难得的机遇①。尤其是在危机面前工会组织善于寻找机会、灵活处理与政府和企业的关系，比如工联会的游说就十分成功，使得政府很快就采纳了它的一些建议，在公众面前得分不少，也为今后它发挥政治影响起到积极的作用。在劳动关系的走向不会特别明朗的大前提下，工会如何扩大会员数量、组织工人进行有效的活动必须要有创新思路。目前三大工会（GMB，Unison 和 Unite）的领导层会在近两年进行更换，新的工会领袖将如何带来新的政纲、带领工会团结工人、走出困境将是今后几年的一个重大看点，也会对英国的劳动关系走向带来新的希望。

目前疫情尚未结束，开展学术研究、收集数据等还面临很多障碍，比如高校尚未开放办公设备、组织调研困难重重、学术会议基本停摆等。但劳动关系学术组织和学者并未停下脚步，他们都在以各自的方式进行继续进行各种劳动关系的科研活动。作为影响最大的劳动关系专业学会，英国大学劳动关系协会（Buira）在疫情期间多次组织网络会议、组织论文征集、邀请同行分享学术成果等。劳关学者则集中关注劳动力市场、灵活用工、办公、安全健康和新形势下新型劳动关系的探讨。因疫情尚未消失、经济前景不明，学者们在劳动力市场的研究方面普遍持观望态度，甚至比较悲观，一些学者认为劳动力市场还会下探，裁员减员会随着政府救市措施结束而加剧，未来两年对求职和在职人员来说都比较困难②。

受工会委托，Taylor 等在全英国的多间话务中心进行了大型员工调查③，发现一方面话务中心普遍存在防疫危险，因病毒防治条件受到工作场所的限制，

① "Trade unions are back: The crisis is winning trade union infleunce, attention and members", *Economist*, 16 May 2020.

② Bell D. and Blanchflower D., "US and UK labour markets before and during the COVID-19 crash", *National Institute Economic Review*, May 2020.

③ Taylor, M., Marsh, G., Nicol, D., Broadbent, P., Good work: The Taylor review of modern working practices, 2017.

员工在工作场所存在交叉感染病毒的可能；另一方面他们发现雇主为了追求劳动生产率，仍然想方设法让员工集中上班，造成严重健康隐患。研究呼吁，无论如何一定要以员工安全健康为重而不是以业务为第一要务，而工会应该以此向雇主和政府施加压力。Kessler 等人为护理康复机构的劳动关系正名①，认为护理前线不再应该被视为"低技术"，应该以公平护理和整合雇佣关系的理念提高这部分员工的工作待遇和社会待遇。居家工作的兴起引起了学界广泛关注，如何在疫情期间和之后保持居家工作的绩效、保持员工的身心健康也是学者们讨论的焦点。研究认为长期居家工作的负面影响与传统办公有所不同，尤其对于低收入和妇女劳动者以及以前很少居家办公的人，居家工作会造成员工一定程度的不适应、孤独、心里焦躁及加剧工作家庭冲突；而对于管理层、专业技术工作人员来讲，居家工作实他们能够更好地兼顾家庭与工作②。

在宏观劳动关系研究方面，Dobbins 提出后疫情时代劳动关系的关键在于建设强有力的新型社会契约③，向欧洲的模式学习，让英国的工人阶级和工会重新站在社会潮头，实施更大的对政府的影响，建立有责任和效力的三方机制。在国际比较研究方面，学者们也在关注和比较各国对应疫情危机不同的劳动力市场政策和各国员工对待疫情的心理承受等等。在理论建设方面，Hodder 最近在 *New Technology，Work and Employment* 期刊上发表后疫情时代劳动关系的总结性分析，对数字化工作与劳动关系的未来进行了有力的探讨④。

从劳动关系理论的视角来看，英国劳资双方之间既有利益矛盾，也会相互依存的关系是一个永恒的变化过程，也受到双方力量对比的影响⑤。尽管

① Kessler, I., Grimshaw, D. and Bach, S., "Don't just clap for carers: change policy to ensure fair employment for care workers", *King's College London KBS COVID-19 Research Impact Papers*, No. 1, 2020.

② Morris, J. and Hassard, J., "Home working? The present and future of how and where we work in the context of COVID-19", *Cardiff Business School COVID-19 and Work Working Paper*, 2020.

③ Dobbins, T., "Job crisis: The case for a new social contract", *The Coversation*, 21 July 2020.

④ Hodder, A., "New Technology, Work and Employment in the era of COVID-19: reflecting on legacies of research", *New Technology, Work and Employment*, 2020.

⑤ Hyman, R., *Political Economy of Industrial Relations: Theory and Practice in a Cold Climate*, Springer, 2020.

在初期的防疫措施广受批评，但英国政府在劳动力市场方面的救市措施比较及时，一系列的干预措施对稳定劳动力市场起到了关键作用。对于保守党这样一个奉行"市场优先"原则的执政党，施行大规模的福利政策，包括投入巨资给全国相当一部分职工提供 3~6 个月的收入补贴是比较罕见的，甚至有评论说这样的短期财政手段是保守党短暂向左倾的信号，毕竟这样具有社会福利主义的慷慨经济政策非常罕见①。

疫情期间英国的劳动力市场、政府反应和劳动关系走向给我们带来三点启示。首先，劳动力市场不仅对于劳、资、政三方在疫情期间的反应有决定性的影响，也是劳动关系走向的重要先决条件。劳动力供求关系的波动不仅会波及工资水平，而且还对劳资双方力量对比产生影响。对于工人和工会而言，疫情带来的失业裁员危机会削弱工会的力量，不利于工会对职工的权益保护。其次，政府对劳动力市场的强力干预不仅能直接影响劳动者的就业和工资情况，还凸显国家在劳动关系调整和劳动力市场规制中的重要地位②。最后，新冠肺炎疫情为劳动关系研究转型提供了新的机遇。比如新型的居家工作模式、网络和数字化工作模式，以及灵活化的工作模式都对带来新的劳动关系带来新的挑战。传统劳动关系理论是基于大工业、流水线式的劳动密集型企业内部的劳动关系，而现在新型的工作场所更趋多样化，雇佣关系更加碎片化、灵活化、零散化，如何定义这些新的现象，如何在数字时代继承和提升经典的劳关理论值得我们进一步去研究③。当前工会整体正处于后疫情时代变革的十字路口，工会是否能够抓住机遇实现复兴，也是劳动关系学界所关注的主要课题之一。

---

① Elliot, L., "Rishi Sunak's min-budget will be the most leftwing in years. Can Labour capitalise?", *The Guardian*, 7 July 2020.

② Edwards, P., "The employment relationship", In Edwards, P. (eds.) *Industrial Relations: Theory and Practice*. 2 edition. Wiley, 2003.

③ Hodder. A., "New Technology, Work and Employment in the era of COVID-19: reflecting on legacies of research", *New Technology, Work and Employment*, 2020.

六　结语

综上所述，2020 年新冠肺炎疫情对英国劳动力市场的冲击力度很大，虽然政府已经进行了强有力的干预，但效果如何尚未明朗，仍有待进一步观察。对于工人和工会来讲，疫情带来的负面影响给已经下滑的劳工运动带来严重的挑战。工会如何在配合政府和雇主共渡难关的基础上增强力量、保护工人权益，将是今后一段时间内的主要任务。与此同时，雇佣劳动的新变化也给劳动关系的研究提供了新的机遇，学术界如何借此机会更新研究方法和创新理论方向值得我们期待。

第十一章 2020年新冠肺炎疫情下法国抗疫复工情况和相应政策变化

韩 壮*

摘 要: 本文介绍了法国新冠肺炎疫情暴发和抗疫复工的基本情况。重点介绍了2020年以来法国新颁行的与复工相关的法律法规,即为解决临时劳动力供给失衡而采取的灵活用工措施;为解决企业和劳动者临时困难而扩大适用"部分就业"制度;为解决因隔离措施而被迫在家工作而扩大适用"远程工作"制度。并对这些临时法律规制的实施效果进行了评析。

关键词: 法国 抗疫复工 灵活用工 部分就业 远程办公

2020年3月,新冠肺炎疫情在法国本土暴发。为了减少传染,政府决定关闭人群聚集的场所。马克龙总统于2020年3月12日在电视上发表演说,宣布关闭所有学校。然而在严峻的局势面前法国政府于3月16日不得不决定全法进入为期至少两周的全面封闭隔离状态。从3月17日午时起,除必不可少的上班、出差、购物、就医、照顾家人和孩子以及在住所周围健身或遛宠物等活动以外,其他人一律不得出门。近300万的法国劳动者中除属于必要领域而必须坚持工作的劳动者外,其他人或转为远程办公,或进入

* 韩壮,法国普瓦捷大学国际法研究所研究员,主要研究方向为比较法。

暂时离岗的状态。

封闭隔离状态分别于 3 月 27 日和 4 月 13 日两次延长，至 5 月 11 日开始解除。离岗的劳动者以及从事远程办公的劳动者逐渐返岗。鉴于《劳动法典》第 L4121-1 条要求"雇主必须采取一切必要措施以保障劳动者的安全与身心健康"，用人单位被要求采取严格的卫生措施，避免其雇员感染新冠肺炎。

疫情暴发后，法国政府和议会动用了大量财力扶持停产的企业，避免员工失业。措施包括为企业银行贷款提供国家担保，向暂时离岗的劳动者支付"部分就业"补偿金，缓缴或减免企业税收和社会保障缴费，为中小企业提供补贴，扶持旅游、航空、汽车等受疫情影响严重的行业等。

进入夏季后，疫情有所缓和。国家开始将视线转移到经济复兴上面。2020 年 9 月 3 日，法国政府宣布了 1000 亿欧元两年重振计划。资金的主要来源是欧盟重振计划补贴（400 亿欧元）和国际市场的借贷。资金主要投向再工业化计划（400 亿欧元），新能源开发（200 亿欧元），就业（200 亿欧元）和社会福利（200 亿欧元），并通过给企业提供雇佣补贴奖励招聘青年人。政府也积极为青年人直接增加了十几万短期就业岗位，并增加了大量职业培训名额。

但是，疫情在经过夏季的短暂平复后，于入秋后再次暴发，7 月 10 日已经解除了的紧急卫生状态，不得不于 10 月 17 日予以恢复。巴黎、马赛、里昂、图卢兹等多个大城市每日于 21 时至次日 6 时实行宵禁。酒吧、饭店、舞厅、健身俱乐部等人群相对密集的场所再次关闭，员工或离岗或远程办公。10 月 30 日，在危重病人数量迅速上升的压力下，法国政府宣布全国进入第二次全国性隔离。

在 2020 年 3~5 月的第一次隔离期间，法国立法与行政机构为抵御危机颁布了大量法律法规，包括为抗疫提供资金支持的预算法修正案，为应对紧急卫生局势的新冠肺炎流行病应对法、紧急卫生状态法、紧急卫生状态组织法、紧急卫生状态措施法等，至今已经颁布了近 800 个法律法规。

为了有效地应对新冠肺炎疫情，2020 年 3 月 23 日第 2020-290 号法律设立紧急卫生状态制度，并在法国《卫生法典》中增加了第 L3131-12 条：
"如果发生性质和严重程度足以威胁人民健康的卫生灾害，可以在本土全部
或一部，在《宪法》第 73 条和第 74 条规定的地区以及新喀里多尼亚宣布
紧急卫生状态。"根据该法律第 11 条的规定，政府有权在紧急卫生状态发
生时以条令方式采取任何本属于立法范畴的措施。

在已经颁布的诸多法律法规中，与复工相关的法律法规主要有以下
几个：

2020 年 3 月 25 日关于劳动时间的条令；

2020 年 3 月 27 日关于部分就业的条令；

2020 年 6 月 17 日关于职工借调的法律；

2020 年 6 月 18 日关于固定期限劳动合同的法律。

上述法律可以总结归纳为三个方面：

第一，为解决临时劳动力供给失衡而采取的灵活用工措施；

第二，为解决企业和劳动者临时困难而扩大适用"部分就业"制度；

第三，为解决因隔离措施而被迫在家工作而扩大适用"远程工作"制度。

一 灵活用工措施

法国政府和议会分别于 2020 年 3 月 25 日和 6 月 17 日通过条令和法律，
将疫情期间的对工时和休息休假，以及固定期限劳动合同制度的灵活性扩大
到最大范围。

1. 放松对工时限制

法国《劳动法典》已经对劳动者工作时间和休息时间作了一般性和限
制性规定。遵照《劳动法典》第 L3121-27 条，劳动者的标准工作时间为每
周 35 小时。其他时间段的标准工作时间据此推算（每日工作时间 8 小时，
每月工作时间 151.67 小时，每年工作时间 1607 个小时）。超过时间属于
加班。

为了保证劳动者的安全和健康，《劳动法典》对加班时间设定了两道限

制：一般加班限制和特殊情况下的最长工作时间限制。

就每日工时而言，在一般情况下，劳动者最多可以每日工作 10 小时[①]，每夜 8 小时[②]，每周 48 小时[③]，日班连续 12 周平均每周 44 小时[④]，夜班连续 12 周平均每周 40 小时[⑤]。

如果出现特殊情况需要延长工作时间的上限，则必须经过行政部门审批[⑥]或集体合同规定[⑦]。比如，每日最长工作时间在满足前述条件的情况下可以从 10 小时增至 12 小时。每周工作时间的上限可以由行政部门可以在咨询员工代表后根据规定从 48 小时增至 60 小时[⑧]。

就连续 12 周的平均每周工作时间而言，原则上不得超过 44 小时，但是集体合同可以将平均每周最长工作时间从 44 小时延长至 46 小时[⑨]。如果没有集体合同，行政部门可以在咨询企业员工代表机构后将平均每周最长工作时间增至 46 小时[⑩]。甚至，"作为特例，在特定部门，特定地区或特定企业，可以根据最高行政院的规定，在咨询企业员工代表机构后可以批准在一定期限内超过 46 小时"[⑪]。

就夜班工作时间而言，原则上不得超过每夜 8 小时，但是集体谈判可以按规定将夜班每日的工作时间提至规定的 8 小时以上[⑫]。在特殊情况下，劳动监察部门也可以按规定在咨询企业员工代表机构后调升夜班时间上限[⑬]。由于夜班对劳动者的生理有更大的影响，《劳动法典》对长期持续的夜间加

---

① 《劳动法典》第 L3121-18 条。
② 《劳动法典》第 L3122-6 条第 1 款。
③ 《劳动法典》第 L3121-20 条。
④ 《劳动法典》第 L3121-22 条。
⑤ 《劳动法典》第 L3122-7 条。
⑥ 《劳动法典》第 L3121-18 条。
⑦ 《劳动法典》第 L3121-19 条。
⑧ 《劳动法典》第 L3121-21 条。
⑨ 《劳动法典》第 L3121-23 条。
⑩ 《劳动法典》第 L3121-24 条。
⑪ 《劳动法典》第 L3121-25 条。
⑫ 《劳动法典》第 L3122-17 条。
⑬ 《劳动法典》第 L3122-6 条第 2 款。

班持谨慎态度，因此无论是集体合同还是政府条例，都不得将劳动者连续12周的每周夜班平均工作时间从40小时增加到44小时以上[1]，即平均每夜最多加班0.5小时。

关于劳动者的休息权，《劳动法典》规定劳动者每日连续休息时间一般应低于11个小时[2]，但集体合同可以根据业务需要[3]或业务超量增加等原因减少每日休息时间[4]，但不得减少至9小时以下[5]。

新冠肺炎疫情发生后，法国政府于2020年3月25日颁布的条令大大放宽了《劳动法典》对最长工作时间和最短休息时间所做的三道限制。不仅排除了集体谈判，甚至取消了行政审批环节。根据该条令，雇主可以直接将雇员的工作时间增至《劳动法典》规定的最上限，不需征求企业社会经济委员会（企业职工代表机构）的意见或当地劳动行政部门的批准，只需"及时采用一切手段通知企业社会经济委员会和当地的企业、竞争、消费、劳动和就业部门负责人"即可。

毫无疑问，2020年3月25日发布的条令对工时制度的修改是劳动法史极为罕见的做法。马克龙总统在3月12日发表的演说中多次将疫情比作"战争"。2020年3月25日发布的条令可以看作是"战争时期"的例外安排，一旦"战争"结束将恢复常规制度。因此，2020年3月25日发布的条令规定，有关工时的例外安排在2020年12月31日失效。

2020年3月25日发布的条令适用于对国家安全和社会经济维系至关重要的行业。究竟是哪些行业该条令本身没有具体说明，因此需要政府通过具体条例予以确定。据媒体转引劳动部官员称，所谓国家安全和社会经济维系至关重要的行业是指交通、物流、食品加工、农业、能源、通信等行业。事实上，具体条例一直没有出台。可能是因为没有出现大规模增加工作时间的

---

① 《劳动法典》第 L3122-18 条。
② 《劳动法典》第 L3131-1 条。
③ 《劳动法典》第 L3131-2 条。
④ 《劳动法典》第 L3131-3 条。
⑤ 《劳动法典》第 D3131-6 条。

需求，也可能是对固定期限劳动合同的放宽更好地解决了相关企业人手不足的问题。

2. 放宽对固定期限劳动合同的限制

法国《劳动法典》第 L1221-2 条第 1 款规定："无固定期限的劳动合同是劳动关系的一般和普通形式。"固定期限劳动合同属于例外，只能用于法律明确许可的情形。

根据法国《劳动法典》第 L1242-2 条规定，固定期限劳动合同仅可以在以下情况使用：

代替缺勤的、临时实行部分工作时间的、劳动合同暂停的、因岗位取消离职的、尚未上岗的无固定期限劳动合同的职工；

为了应对企业临时增加的业务；

属于季节性工作岗位；

特殊就业政策规定的雇佣；

有使用固定期限劳动合同惯例的特殊行业（演艺、体育、酒店等）。

《劳动法典》明确禁止使用固定期限劳动合同的情形。根据《劳动法典》第 L1242-1 条的规定，固定期限劳动合同不能以代替企业一个长期的正式工作岗位为目的，也不可以造成类似后果。《劳动法典》第 L1242-5 条禁止利用固定期限劳动合同聘用职工替代前 6 个月内由于经济原因被解雇的职工（除非合同期限不超过 3 个月或者因临时出口订单增加）。《劳动法典》第 L1242-6 条禁止利用固定期限劳动合同聘用职工替代参加集体行动的劳动者或专门从事特定的危险工作。

固定期限劳动合同的最多续约次数由行业集体合同确定[1]。如果没有集体合同，固定期限劳动合同最多只能续约两次[2]。

一般企业不能与同一劳动者就同一岗位连续签订固定期限合同，即固定合同的续约应遵守间隔期。而间隔期的计算方式可以通过行业集体合同确

---

[1] 《劳动法典》第 L1243-13 条。

[2] 《劳动法典》第 L1243-13-1 条。

定①。行业集体合同可以确定不适用间隔期的情形②。如果没有集体合同，则间隔期为到期劳动合同期限的 1/3，或（如果到期合同的期限少于 14 日）1/2③。

2020 年 6 月 17 日的法律规定比《劳动法典》更加灵活。其主要表现在，将固定期限劳动合同使用条件的决定权从行业层面下降到企业层面。通过企业内部的劳资谈判，签订集体合同决定续约次数、间隔期的计算方式乃至取消间隔期。这一例外安排无疑大大方便了企业使用固定期限劳动合同的灵活性。

二 "部分就业"制度

"部分就业"原称"部分失业"，与失业救济制度有着密切渊源。

古典时代的失业救济制度的基本做法就是国家直接提供就业岗位，比如法国 1848 年 2 月革命推翻了"七月王朝"后，新成立的临时政府设立"国家工厂"，收容失业工人。但是，后来"国家工厂"的解散遭到工人的强烈反对，导致了"六月起义"爆发。此后，由国家直接提供就业岗位的做法逐渐被现金形式的失业补偿所取代。

法国的失业保险体制始建于 1958 年。1958 年 12 月 31 日，工会和雇主协会签订全国跨行业集体合同，正式成立失业保险制度。

十年后，劳资双方于 1968 年 2 月 21 日签订"部分失业"跨行业集体合同。合同第一条规定："如果发生以下情形，可以根据本集体合同的规定启动部分失业补偿：由于经济状况的变化、能源或原材料供应困难而导致的工作时间减少，除非供应困难的起因是集体纠纷、没有导致劳动合同中止的灾害、公司的转型、重组或现代化。如果灾害导致劳动合同的中止，雇员在本集体合同规定的条件下，在劳动合同中止后的前两周内领取部分失业补

---

① 《劳动法典》第 L1244-3 条。
② 《劳动法典》第 L1244-4 条。
③ 《劳动法典》第 L1244-3-1 条。

偿金。"

1984 年 3 月 21 日发布的条令将"部分失业"制度引入了《劳动法典》，规定雇员在保持劳动合同的同时，可以因劳动收入减少而享受由国家承担的部分失业补偿金，条件是收入减少必须是因为雇佣其工作的企业临时关闭，或是企业通常工作时间减少至法定工作时间以下。

2013 年 6 月 14 日颁布的法律将"部分失业"制度改成"部分就业"制度。

现行法国《劳动法典》第 L5122-1 条规定："雇员因下列情形在报酬上遭受损失，在经过行政当局的明确或默示批准后，进入部分就业状态；（一）其机构全部或部分暂时关闭；（二）其实际工作时间减少到法定工作时间以下……劳动者从其雇主处领取相当于其先前报酬一部分的补偿……雇主领取由国家和失业保险管理机构共同发放的补贴……"

"部分就业"制度行使的必要条件是须经行政当局明示或默示批准。"部分就业"的法定期限为 6 个月，但可延长。在具体的数额上，劳动者在"部分就业"期间领取相当于其税前工资 70% 的补偿；企业从国家和失业保险管理机构领取不低于每小时 7.23~7.74 欧元的补贴。由于 2020 年法国的最低工资（税前）为 10.15 欧元，所以公共补贴等于最低工资岗位劳动者在"部分就业"时从企业领取的收入。

1968 年 2 月 21 日签订的跨行业集体合同和 2013 年 6 月 14 日颁布的法律都将"部分失业"解释为劳动合同的中止。但是，合同"中止"不是一个十分明确的法律概念。根据法国最高法院社会庭 1996 年 6 月 18 日判例的解释，"部分失业"不构成对劳动合同的修改。换句话说，劳动者在不工作期间依然与雇主维持劳动合同关系。显然，最高法院认为劳动关系的必要条件是雇主对劳动报酬的支付，而雇员的劳动付出不构成要件。

既然劳动者在部分失业期间身份没有改变，收入没有显著减少。因此部分失业的说法不尽符合事实，所以 2013 年 6 月 14 日颁布的法律将"部分失业"制度改成"部分就业"制度。

然而，1968 年的"部分失业"制度基本是保险性质的，即劳动者在部分失业期间领取的补偿由企业方设立的基金支付。由于基金的支付能力有限，1984年3月21日发布的条令改变了这一制度，规定劳动者在部分失业领取的补偿由国家承担。即劳动者从其雇主处领取补偿；雇主再从国家领取相应的补贴。

既然"部分就业"不构成对劳动合同的改变，其实施也就不需要劳动者同意。因此《劳动法典》第L5122-1条将行政当局的明确或默示批准作为适用部分就业的唯一必要条件。

事实上，现行的"部分就业"制度与1968年的"部分失业"制度已经相去甚远，不仅制度不同，待遇也有很大变化：补偿的比例从1968年的50%增至70%甚至100%（最低工资）；领取补偿的时间从1968年的两周增至6个月，救济性的补偿金已经成为替代性收入。经济状况的恶化，能源或原材料供应困难等客观原因被政府审批所替代，制度的互助保险机制被行政干预机制取代，国家成为"部分就业"制度的支撑。领取"部分就业"补偿的人群也不仅限于因工作量减少而下岗的劳动者，甚至在家照看未成年子女的劳动者也被纳入了"部分就业"制度。

尽管如此，"部分就业"毕竟与失业有着很大差异："部分就业"劳动者并不都是潜在的失业者。领取"部分就业"公共补贴的企业也不都是濒临破产的企业。所以，"部分就业"的原则是双重的：保护企业，维持劳动者的收入①。

从实证上看，"部分就业"制度确实对失业起到了遏制作用。根据法国国家统计与经济研究所的统计，2020年的失业率居然从第一季度的7.8%降低到第二季度的7.1%；而较2019年同比下降了1.3%。但同时，不被视为失业者而有求职需求的人一年中激增了1/3。失业压力依然严峻。

三　"远程办公"制度

根据法国《劳动法典》第L1222-9条中的定义："远程办公是指员工在

---

① 参见法国众议院于2020年3月19日发布的《关于2020年预算调整法草案的报告》。

自愿基础上借助信息和通信技术完成原本应在雇主场所完成的工作的组织形式。"

起源于美国电脑行业的远程办公作为新的工作形式在互联网普及后进入欧洲，并于2002年被欧洲劳资框架协议（Framework agreement）初次予以规范。

法国劳资双方也在2005年根据欧洲框架协议对远程办公达成跨行业集体合同。2012年法国议会通过立法，将2005年关于远程办公的集体合同纳入了《劳动法典》。

远程办公在法国一直进展缓慢。根据法国劳工部研究统计局的数据，2017年仅有约7%的劳动者或多或少地从事远程工作。

根据现行法国《劳动法典》第L1222-9-I条的规定，实行远程办公的决定一般需要经过集体谈判和个体协议两道程序。首先，远程办公应根据集体合同实行，但是如果尚未达成集体合同，雇主也可以咨询社会和经济委员会（雇员代表机构）后通过制定规章实施；其次，如果即没有达成集体合同也没有制定规章，雇主依然可以与雇员就远程办公达成协议。

远程办公应由劳资双方自愿决定。即使集体合同或企业规章中确定实施远程办公也必须经过劳资双方的同意。

《劳动法典》第L1222-9-3条规定，如果某员工基于集体协议或规章的规定申请远程办公，雇主可以拒绝，但必须说明理由。同样，如果雇主基于集体协议或规章的规定安排某雇员远程办公，该雇员也有权拒绝。该拒绝不构成解除劳动合同的理由。

然而，远程办公的自愿原则有一个例外，2012年法国议会通过立法将2005年关于远程办公的集体合同纳入《劳动法典》时，有鉴于2009年发生的禽流感事件，对远程办公的适用增加一个额外规定："在特殊情况下，尤其是出现传染病威胁或不可抗力时，实施远程办公可以被视为维持企业的运转和保护员工所必要的工作岗位调整。"在此，实施远程办公是"必要的工作岗位调整"，可理解为企业工作条件的改变，而非劳动合同的修改，因此无须征求雇员同意。如果雇员拒绝远程办公将构成过失行为，雇主可以据此给予处罚。

2020 年 3~5 月隔离期间从事远程办公的雇员当中有 73%希望继续远程工作。但是大多数企业对远程办公信心不足。根据 BCG/ANDRH 的调查，尽管 64%的人力资源管理经理认为远程办公会提高劳动效率，但 88%的人力资源管理经理认为远程办公会减弱员工的归属感和协同性。

四 结语

目前，法国推行的各种拯救与重振计划将耗资至少 5000 亿欧元，相当于法国国内生产总值的 1/5。巨额开支为国家财政所无法承受，虽然欧盟重振计划给法国提供了 400 亿欧元的无偿补贴，但是大部分资金还是只能到国际金融市场筹措。如今，疫情的结束遥遥无期，资金供应是否能一直得到保持存在疑问；灵活用工、部分就业补贴以及远程办公是否足以帮助企业渡过难关也是个问号。

第十二章　对德国新冠肺炎疫情
与劳动关系的初步分析

〔德〕斯特凡·施马尔茨*

摘　要： 本文追溯了新冠肺炎疫情期间德国劳资关系的发展。有人认
为，德国政府设计了与 2008~2009 年类似的措施来应对劳动
力市场受到的影响，但在开局良好的情况下，其政策在很大
程度上未能阻止新冠病毒的传播。因此，特别是经济部门的
"基本工人"可能会接触到病毒并且工作中缺乏健康保护，
这些人都感染了病毒。疫情的这种不均衡传播也与德国劳资
关系的重组有关。

关键词： 新冠肺炎疫情　劳动关系二元体系　危机法团主义

一　疫情下的德国

新冠肺炎疫情对德国的影响颇为深重。截至 2021 年 6 月初，德国累计
确诊病例 370 万例，累计死亡 89512 例。整体经济也受到重创，GDP 下降了
约 5%，达到了 2008~2009 年金融危机以来的最低值。可见，疫情给德国社
会和经济带来的影响不可小觑。鉴于封锁措施和医疗管控，接待、旅游等行

---

* 〔德〕斯特凡·施马尔茨（Stefan Schmalz）现为埃尔福特（Erfurt）大学 294 号合作研究中
心、马克斯·韦伯高级文化和社会研究中心的研究组长，主要研究方向为国际社会比较和全
球劳工研究。

业首当其冲。不过，劳动力市场保持了相对稳定。有别于许多其他欧美国家，德国的失业率从 5.3%（2020 年 1 月）小幅上升到 6.4%（2020 年 8 月）。虽然这些数字看起来比较惊人，但是同期美国因疫情临时裁员数量高达 4000 万人。

德国劳动力市场发展分化既源于其具体管控措施，又源于劳动力市场政策和劳动关系的固有制度。疫情期间，德国调整了 2008～2009 年金融危机时施行的措施并予以使用，本文也将就此展开研究。尽管战"疫"未取得全面胜利，德国却成功地将失业率维持在较低水平。但这其中也不乏例外，比如，疫情对不稳定就业人员的影响特别大。为了证实以上论点，本文将首先分析疫情前的劳动关系，然后论证德国传统的劳动关系二元体系中发生的巨变，即形成了两个劳动关系世界。尽管金融危机后，出现了新的"危机法团主义"（crisis corporatism），德国劳动力市场也取得了相对强劲的发展，但劳动关系第二世界的松懈制度和不稳定雇佣关系已经扎根。疫情期间，德国政府采取了类似应对金融危机时的措施，但并未有效阻止疫情蔓延。此外，疫情对不同行业及就业群体的影响不同。所谓的"基本工作者"（更有可能接触病毒、职业卫生标准有缺陷的工作者，尤其是第二世界中的工人）是感染率最高的人群之一。本文的结论是，今后的政策很可能会由 2021 年 9 月的联邦选举决定，并勾勒出一些可能的情景。

二 压力下的德国模式

许多学者认为，德国资本主义和劳动关系的基本特征在 19 世纪后期成形，并在二战后取得了更深层次的一致性[1][2]。所谓的"德国模式"的一个

---

① Albert, M. *Kapitalismus contra Kapitalismus*, Frankfurt/M. and New York：Campus, 1992.

② Hall, P. A., and Soskice D.（eds.），*Varieties of Capitalism：The Institutional Foundations of Comparative Advantage*, New York：Oxford University Press, 2001.

重要特征是有组织的劳动关系①。从传统来说，德国的"劳动关系二元体系"包括全行业、高度管制的集体谈判体系和工厂层面的工人委员会（选举产生的工人代表）体系，这两种体系的覆盖率较高。20世纪80年代，全行业的集体协议覆盖了超过80%的在职人员，工人委员会代表了大约2/3的在职人员②。德国的集体谈判制度原本基于劳资双方的妥协，其中雇主联盟（BDA）和德工联（DGB）作为谈判的主体。尽管这个系统两极分化，却能够有效避免大范围罢工活动，因为"社会伙伴"通常需要几轮谈判，然后工会才能合法地呼吁无限期罢工。此外，工会和雇主通常会在小范围内签署行业内协议，而后再推广至其他地区。国家只负责给谈判各主体提供法律框架。

因此，"劳动关系二元体系"的某些特征在现今德国仍然存在。德国的平均罢工数量比其邻国法国少约10倍，国家整体罢工活动也处于较低水平③。集体谈判制度中，主要规定的内容是工资，工人委员会允许员工提出定性的个人事务问题，如工厂层面的雇佣程序、工作流程制定和管理合规性（事故预防等）。因此，工人委员会并不是集体谈判制度中正式的一部分，而是一个重要的共同决定机构。工会通过选举形成工人委员会。德国的共同决定制度覆盖工厂层面，工人委员会在形式上仍然独立于工会。

二战后，"德国模式"下的经济和社会运行相对较好。直至20世纪80年代，德国GDP增长率居高、劳动生产率持续向好、实际工资不断增长。此外，与英国和美国不同的是，直至20世纪90年代初，德国经济和劳动关系的变化一直是循序渐进的。然而，从1990年德国统一和社会民主党（SPD）领导的红绿联盟政府推行自由化政策开始，德国资本主义和劳动关系经历了深刻的

---

① Dörre, K, "Überbetriebliche Regulierung der Arbeitsbeziehungen", in F. Böhle, G. G. Voß and G. Wachtler (eds.). *Handbuch Arbeitssoziologie*. Wiesbaden: Springer VS, 2010, pp. 873–912.

② Haipeter, T., "Einleitung: Interessensvertretungen, Krise und Modernisierung-über alte und neue Leitbilder", in T. Haipeter and K. Dörre (eds.). *Gewerkschaftliche Modernisierung*. Wiesbaden: VS Verlag für Sozialwissenschaften, 2011, pp. 7–28.

③ Dribbusch, H., and Birke, P., "The DGB unions since the crisis. Developments, Challenges, Strategies", *Friedrich Ebert Foundation*, 2014.

变化①。自那时起，"德国模式"的资本主义和劳动关系变得愈加混乱。私有化、金融化和全球化等趋势改变了德国经济的结构，并造成了深远的影响。除了开放的资本市场和大型国企的"股东价值导向"②，还有大规模的私有化和公共服务、社会福利以及前国企的重组。在坚持保守自由主义的科尔（Kohl）政府领导下，德国邮政、德国联邦铁路和汉莎航空等大型国企转为私企③。自那以来，服务行业的许多其他分支，如公共基础设施（能源、供水、电信等）、医疗行业和部分教育行业企业也变为私有制。

这些变化大多恶化了工人的工作条件。例如，由于不稳定劳动力不受集体谈判协议的保护，许多新的服务公司利用低工资节省开支④。这导致所有行业里都形成了一种恶性循环，工人工资和工作条件不断恶化。随着集体协议覆盖率的下降，低工资行业的增加和工作条件愈加恶劣，集体谈判机制也逐渐弱化。德国的统一也助长了这种恶性循环，由于高失业率等基本社会经济现状，民主德国的集体协议的覆盖范围从未达到联邦德国的水平⑤。而且，金融化和跨国化资本主义为雇主提供了许多机会，帮助他们转移生产、对工人施压。这样一来，工人的罢工意愿也降低了。如果企业退出集体协议，国家还会给予额外的激励。施罗德政府在2002~2003年实施了《2010议程》，这项失业福利和劳动法改革的影响十分深远⑥。《哈茨四号（Hartz

---

① Schulze-Cleven, T., "German labor relations in international perspective: a model reconsidered", *German Politics & Society*, 35（4）, 2017, pp. 46-76.

② Sablowski, T., "Towards the Americanization of European finance? The case of finance-led accumulation in Germany", in L. Panitch and M. Konings（eds.）, *American Empire and the Political Economy of Global Finance*. New York: Palgrave Macmillan, 2009, pp. 135-58.

③ Engartner, T., *Staat im Ausverkauf. Privatisierung in Deutschland*. Frankfurt/M: Campus, 2016.

④ Holst, H., and Singe, I., "Ungleiche Parallelwelten-Zur Organisation von Arbeit in der Paketzustellung", *AIS Studien*, 6（2）, 2013, pp. 41-60.

⑤ Fichter, M., "Unions in the New Länder: evidence for the urgency of reform", in L. Turner（ed.）, *Negotiating the New Germany: Can Social Partnership Survive?* Ithaca and London: Cornell University Press, 1997, pp. 87-111.

⑥ Dörre, K., "Social capitalism is a thing of the past: competition-driven Landnahme and the metamorphosis of the German model", in P. Chiocchetti and F. Allemand（eds.）. *Competitiveness and Solidarity in the European Union: Interdisciplinary Perspective*. London: Routledge, 2018.

IV）劳动力市场法》解放了临时工作，引入了政府资助的自由职业项目（Ich AGs 项目）和零工（每月工资低于 450 欧元的免纳税工作）。因此，现在的雇主协会有许多迂回之法，避免与劳动者建立标准的雇佣关系，降低劳动者应有的薪资水平。鉴于以上原因，工会的地位非常被动。特别是在民主德国，出现了失业率升高、工厂搬迁和人员流失等情况。

三　劳动关系的两个世界与危机法团主义

21 世纪以来，德国的劳动关系发生了巨变。20 世纪 90 年代，许多公司退出了雇主联盟，逐渐退出集体谈判体系。1996 年，集体协议覆盖原民主德国所有在职人员的 56% 和原联邦德国所有在职人员的 70%，而到了 2016 年，这两个数字分别下降至 51% 和 36%[①]（见图 1）。集体谈判制度的弱化使得低工资行业平地而起。在哈茨改革后的十年间，收入处于底层 10% 的人群的工资持续走低。改革还导致了不稳定就业越来越多，如低薪工作和兼职工作。在过去几年间，低工资行业员工占总体的比例为 22%~24%，有固定合同的正式员工占比在 2017 年创下 8.3% 的新高[②]。2005 年以来，即便是在汽车等传统工会强势行业，不稳定的临时员工数量也在持续走高，工人委员会无法合法地代表他们。例如，在莱比锡的宝马工厂，2015 年，大约 31% 的员工是临时员工（包括现场承包商）[③]。几项实证研究表明，这些变化导致工人的不稳定性和主观消极性加重。有着稳定、高薪工作的工人担心被工作不稳定的工人所取代，而这些工作不稳定的工人也担心类似的情况，

①　Ellguth, P., and Kohaut, S., "Tarifbindung und betriebliche Interessenvertretung: Aktuelle Ergebnisse aus dem IAB-Betriebspanel 2017", *WSI Mitteilungen*, 71（4），2018, pp.299-306.

②　Hohendanner, C., "Reform der befristeten Beschäftigung im Koalitionsvertrag: Reichweite, Risiken und Alternativen", *IAB-Kurzbericht*, 16/2018.

③　Dribbusch, H., and Birke, P., "The DGB unions since the crisis. Developments, Challenges, Strategies", *Friedrich Ebert Foundation*, 2014.

他们甚至担心由于缺乏失业补偿而陷入贫困的窘况①。

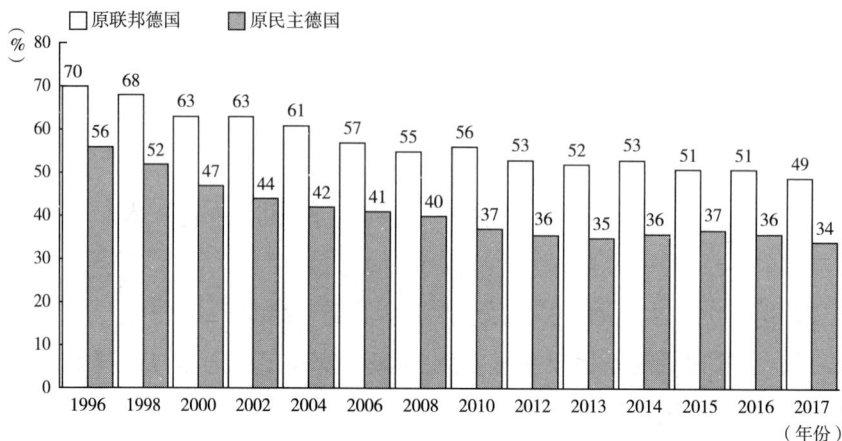

图1　1996~2017年德国全行业集体协议所覆盖的员工比例
资料来源：Ellguth 和 Kohaut 2018；Schmalz 和 Schneidemesser 2019。

　　总体而言，在2008~2009年金融危机冲击欧洲之前，德国模式和德国劳动关系已经发生了巨变。德国经济现在依赖于庞大的低工资行业体系，且对出口愈加依赖。此外，劳动力市场的结构是公平划分的，不稳定行业占比较大。两个监管世界逐渐形成：在第一世界中，集体协议仍然有效，主要是拥有共同决定机制（如汽车行业）的大型私企和公共部门；在第二世界中，劳动关系无统一标准，主要包含食品工业、建筑行业、服务行业，主要是一些中小型企业。第一世界基本按照"劳动关系二元体系"的规则运作，而第二世界的松懈管制导致了越来越多工厂、公司层面的罢工活动②。然而，

---

① Dörre, K., Scherschel K., Booth M., Haubner, T., Marquardsen, K., and Schierhorn K., *Bewährungsproben für die Unterschicht? Soziale Folgen aktivierender Arbeitsmarktpolitik*, Frankfurt/M. and New York：Campus, 2013.

② Schmalz, S., and Schneidemesser, L., "The End of the German Model? The Transformation of German Capitalism and Fragmented Labour Relations", in Schmalz, S., and Sommer, B.（eds.）, *Confronting Crisis and Precariousness：Organized Labour and Social Unrest in the European Union*, Lanham：Rowman & Littlefield, 2019, pp. 151-168.

这两个世界并不完全相斥，它们能够相互作用。例如，第二世界的低标准也会给第一世界的高标准带来压力。其中一个重要的因素就是临时工作，例如，汽车行业中的临时工人的出现给工资的总体水平提高和工作条件改善造成了矛盾。

2008~2009 年的金融危机是对德国劳动关系的一次抗压测试。金融危机席卷欧洲时，给德国的出口产业带来了重创。2009 年，德国的 GDP 下降了了 5.6%。但在接下来的几年里，德国决策者并没有采取严格的财政紧缩措施。相反，大联合政府（保守派和社会民主党）先采用了"危机法团主义"政策①，让产业工会共同参与政策制定，如五金工会（IG Metall）和化学工人工会（IG BCE）。因此，工会成功地落实了一些应对危机的政策，如增加更多临时工作（政府暂时支付工资的 80%，以避免裁员）、"旧车换现金"，旨在挽救工业的就业机会；也达成了集体谈判的协议：适度加薪，保障工作岗位。所以，即使在危机最严重的时候，德国也没有因为临时工作的增加而造成失业猛增。金融危机最大的受害者是第二世界的部分工人，特别是工业中的不稳定工人（例如临时工）。总体而言，危机时期的法团主义成功地保护了核心劳动力（临时工除外），因此在第一世界中，工会被重新引入与政府的对话中。与其他欧洲国家不同，德国政府没有推行全面紧缩政策；相反，他们只削减了一些社会福利（如 2009 年的养老金）。这就是德国没有出现大规模反危机、反紧缩抗议②的原因之一，也是总理默克尔领导的基督教民主联盟（CDU）在 2013 年 9 月以 41.5% 的高得票再次当选的原因之一。金融危机之后的几年间，德国失业率持续下降到 6% 以下的低水平。此外，基民盟和社民党在 2015 年初的第二次大联盟执政中引入了最低工资标准，适度稳定了第二世界的工资标准。

---

① Urban, H. J., "Crisis corporatism and trade union revitalisation in Europe", in S. Lehndorff (ed.). *A Triumph of Failed Ideas: European Models of Capitalism in the Crisis*. Brussels: European Trade Union Institute, 2012, pp. 219–41.

② Schmalz, S., and Weinmann, N., "Between power and powerlessness: labor unrest in Western Europe in times of crisis". *Perspectives on Global Development and Technology*, 15 (5), 2016, pp. 43–66.

然而，危机时期的法团主义和后危机时期的改革并没有变革德国劳动力市场或社会福利政治，反而保留了这种两极化的劳动关系。劳动关系两个世界的行业领域基本没有变化，2015 年后未签订集体协议的公司比例甚至还在上升。此外，就业也并没有随着不稳定和低收入行业的大幅减少而增加，因此，疫情前的德国可以被看作"不稳定的充分就业社会"①。这种两极化的劳动关系也导致了经济问题：由于劳动力成本低、国内需求疲软，德国经济在欧元区内部产生了经常性账户盈余，导致南欧国家出现债务问题，进而导致了 2010~2013 年的欧元区危机。总之，事实证明，德国危机社团主义成功预防了一场全面的劳动力市场危机，但同时也巩固了劳动关系的两极化世界②。

四　德国的新冠肺炎疫情概述

德国首例新冠肺炎病例发现于 2020 年 1 月底。2 月中旬，疫情已蔓延至全国大部分地区。到 3 月中旬，每日新增病例高达 3000 例（统计数据中不包括大量未报道病例）。政府从 3 月 22 日开始实施封锁措施。不过，政府采取封锁策略相对宽松，关闭了学校和幼儿园，以及大部分服务行业（零售业、酒店业等），鼓励在家办公，实施了严格的卫生条例，但是没有实行宵禁，人们的户外见面也不受限制。事实验证了这些封锁措施的效果，到 2020 年 6 月，德国每日新增病例减少到 300 至 400 例，每日死亡病例减少到 10 例以下。总体来看，到 2020 年 9 月底，德国死亡人数保持在 1 万以下，远低于英国、法国、意大利和西班牙死亡人数（这些国家的死亡人数均超过 3 万人，且本身人口基数较少）。

---

① Dörre, K., Scherschel K., Booth M., Haubner, T., Marquardsen, K., and Schierhorn K, *Bewährungsproben für die Unterschicht? Soziale Folgen aktivierender Arbeitsmarktpolitik*, Frankfurt/ M. and New York: Campus, 2013.

② Schmalz, S., and Schneidemesser, L., "The End of the German Model? The Transformation of German Capitalism and Fragmented Labour Relations", in Schmalz, S., and Sommer, B. (eds.), *Confronting Crisis and Precariousness: Organized Labour and Social Unrest in the European Union*, Lanham: Rowman & Littlefield, 2019, pp. 151-168.

然而，这些政策放宽地过早。2020 年 10 月，德国每日新增病例再次飙过 3000 例。政府再次采取行动，关停了部分服务行业（休闲产业、个人服务等），但这次的政策未能奏效。因此，到 2020 年底，德国每日新增病例超过 2 万例，每日死亡病例约 600 例。此外，政府官员担忧医院 ICU 病床数量不够①。2020 年 12 月底，政府决定采取与春季类似的政策，虽然第二波疫情来势更加凶猛，但仍成功将每日新增病例降至约 7000 例（2021 年 2 月之前）。问题是，新的变异病毒开始传播，导致病例再次激增，必须采取额外措施，预防第三波疫情。政府在发病率高的地区实行了深夜宵禁。疫苗接种刚开始的节奏有些拖沓，但从 2021 年 4 月起加速推进，至 6 月中旬，约一半人口接种了第一针疫苗，每日新增病例跌至 1000 例以下。病例减少和疫苗接种也有助于德国逐渐放开政策（重新开放小学、幼儿园和有强制卫生检测的户外餐厅）。据估计，德国的疫情不太可能再次飙升至高水平，即使秋季第四波疫情会影响到未接种的人群，也不一定会导致公共卫生危机或再次封锁。因此，德国危机政策的结果相当矛盾：未能按时实施严格的第二次封锁、疫苗接种起步缓慢，导致了许多不必要的死亡病例和自由限制。然而，到 2021 年 6 月，死亡率仍明显低于许多邻国，如英国或法国。

疫情对德国经济影响也颇为深远。2020 年，德国 GDP 缩水约 5%，是金融危机以来的最差表现②。特别是出口行业受到重创，下降了 9.3%。德国出口行业的疲软表现也不能仅归咎于疫情，还源于整个汽车行业所面临的电动化、数字化挑战。与金融危机不同，德国不仅出口导向型工业受到了打击，国内服务业也受到了打击，尤其是餐饮、住宿和旅游等行业惨遭重创。不过这些行业已经出现了快速复苏的迹象，据估计，2021 年，德国 GDP 增速将达到 3.5%，到 2022 年年中，德国经济将恢复到疫情前的水平。

---

① DW. *Coronavirus digest*：*Germany ICU capacity at "critical" level*，2020.
② Brandt, P., Bunde N., Rumscheidt, S., and Wohlrabe, K., "Branchenentwicklungen 2020/2021: Eine Übersicht für die Industrie, den Handel und den Dienstleistungssektor", *ifo Schnelldienst*, 74 (01), 2021, pp. 66-72.

政府的措施既为缓解经济影响，又为缓解社会影响。2020 年，政府动用了大量资金来应对疫情。"德国疫情防护盾"计划包括约 3533 亿欧元的直接救济金和 8197 亿欧元的金融担保和信贷等巨额财政措施。此计划涉及不同行业，如税收相关的援助措施（如降低增值税）、低息贷款、为公司提供担保和额外资金、资助疫情相关措施（为卫生系统和医院提供额外资金等）、文化和餐饮业紧急援助，以及一些社会援助款项[1]。还有一项重要举措，即沿用应对金融危机时的临时措施，到 2020 年 5 月，德国政府发薪给 730 万名临时工人，再次有效避免了企业大面积裁员[2]。这些措施经过调整能够解决不同社会群体的需求，如 2010 年 3 月之前失业的人员获得了额外的补贴。

综上，这些措施的确缓解了疫情带来的社会影响。尽管小企业家（如店主）、服务行业（餐饮、旅游等）的不稳定工人和自由职业者等群体备受打击[3]，劳动力市场仍然保持了相对稳定，许多大公司都没有裁员。因此，到 2020 年 7 月，德国危机政治的支持率高达 90%[4]。直至 2021 年 3 月，公众情绪才发生转变，当时政府重新实施封锁措施，媒体曝光了私企为口罩交易贿赂执政党基民盟议员的丑闻（所谓的"口罩丑闻"）。

五 新冠肺炎疫情的影响：压力之下的劳动关系

疫情对劳动关系和劳动力市场的影响与当年的金融危机类似，因此德国政府也复用了当时的一些应对措施。在劳动力市场中，最重要的举措是延长

---

[1] BMWI., *A protective shield for employees and companies. Package of measures to mitigate the impact of the coronavirus*, 2020.

[2] Ifo-Institut, "Im Mai waren 7, 3 Millionen Beschäftigte in Kurzarbeit", *Pressemitteilung*, 2020.

[3] Buch, T., Hamann, S., Niebuhr, A., Roth, D., and Sieglen, G., "Arbeitsmarkteffekte der Corona-Krise-Sind Berufsgruppen mit niedrigen Einkommen besonders betroffen?", *Wirtschaftsdienst*, 101 (1), 2021, pp.14-17.

[4] BfR, *BfR Corona Monitor*, 2020.

临时工作的时间，将失业率维持在较低水平①。从图 2 可知，德国的失业率从 2020 年 1 月的 5.3% 上升到 2020 年 8 月的 6.4%，又在 2021 年 5 月缓慢下降到 5.9%。如前文所述，这与美国的情况大相径庭。美国的失业率从 2020 年 1 月的 3.5% 升至 2020 年 4 月的 14.7%，又于 2021 年 5 月弹回 5.5%，仍远高于危机前的水平。换句话说，尽管临时工作在一定程度上缓冲了疫情所带来的深远影响，但许多工人不得不忍受几个月的低工资，还有许多不稳定工人失业。在年度比较中，约有 15% 的临时员工失业，因此到 2021 年 5 月，临时员工的人数达到了 748000 人的低水平②。

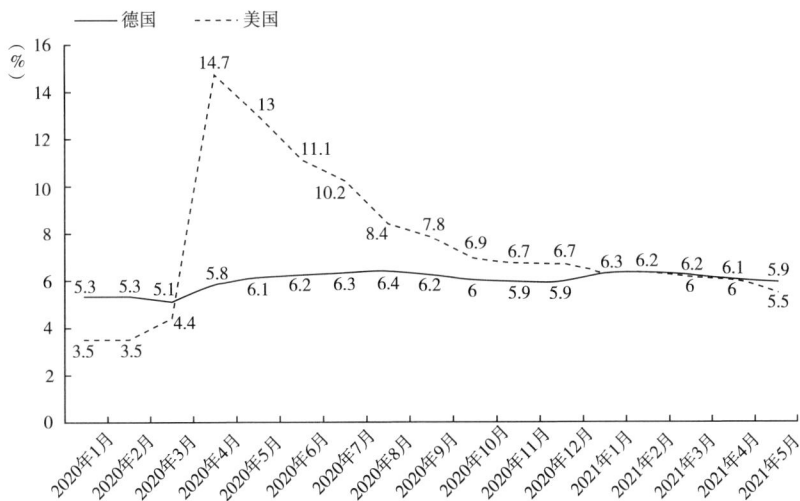

图 2　2020 年 1 月至 2021 年 5 月德国与美国失业率对比

资料来源：Own Elaboration。

还有一个问题是，许多企业还没能重新开张就不得不再次暂时关停、面

---

①　Schulten, T., and Müller, T., "Kurzarbeitergeld in der Corona-Krise: Aktuelle Regelungen in Deutschland und Europa", *WSI Policy Brief*, 38, Hans-Böckler-Stiftung, Wirtschafts-und Sozialwissenschaftliches Institut (WSI), Düsseldorf, 2020.

②　Bundesagentur für Arbeit Statistik/Arbeitsmarktberichterstattung, "Entwicklungen in der Zeitarbeit", *Berichte: Blickpunkt Arbeitsmarkt*, Januar 2021.

对收入减少的窘境。疫情对休闲产业和餐饮业的影响非常严重，破产和裁员的企业屡见不鲜。零售业也有一些企业破产，比如运动鞋品牌 runner point 和牛排连锁店 Maredo。此外，许多公司利用此次疫情来节约成本[①]。汽车行业的裁员情况格外严重。工会认为，企业以疫情作为借口，采取了谋划已久的"合理化措施"。轮胎生产商大陆集团（Continental）就是一个臭名昭著的例子，该集团计划进行大规模裁员，但员工几次罢工，导致其不得不与五金工会（IG Metall）重谈裁员计划。然而，尽管有裁员和大量临时工作，劳动力市场在 2020 年的经济低迷期中仍然颇富韧性。

另外，疫情对不同行业及其员工群体的影响并不均衡。医疗保险公司的几项研究表明，员工与客户和同事有密切个人接触的行业大多感染率较高[②]。比如，护理人员、幼教和卫生工作者均属于易感群体。但公共服务或 IT 行业的员工感染率要低得多，因为他们可以远程工作、在家办公，显著地减少了工作中的人际接触。不过，这两种工作之间的区别只是影响病毒传播的第一条分界线。第二条分界线则是两个劳动关系世界之间的分界线（见图 3）。研究表明，管制松懈、不稳定的工作场所因不受工人委员会管制通常卫生标准较差，健康风险更高[③]。因此，许多第二世界的"基本工作者"在疫情期间因工作压力大、感染风险高而辞职。但在工业生产或物流等感染风险相对较小的行业，也有许多公司的卫生标准存在问题。

综上，疫情期间"基本工作者"（卫生、零售、运输、食品加工等行业从业者）的重要性凸显，也成为感染率最高的人群。这不仅因为他们接触病毒的风险更高，还因为第二世界工作场所的卫生标准不足。

---

① Müller Dirk, Kilroy Juri, " Streikmonitor: Die Arbeitskonflikte im ersten Halbjahr 2020 ", *Z. Zeitschrift Marxistische Erneuerung* 120, 2021, pp. 143-155.

② Barmer, *BARMER-Branchenauswertung-Corona grassiert vor allem in Sozialberufen*, 2021.

③ Brinkmann, U., Becker, K. and Engel, T., " Arbeits-und Gesundheitsschutz & Leiharbeit-zwei problematische Handlungsfelder", *Arbeit*, 21 (1), 2012, pp. 20-38.

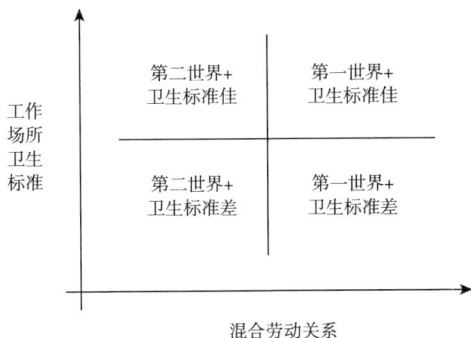

图3 劳动关系世界之间工作中病毒感染的分界线

数据来源：Own Elaboration。

六 放松管制之后将何去何从

本文简述了德国疫情管控的矛盾结果：在2020年春季良好开局之后，政策措施效果不佳，导致2020年底病例飙高。到2021年6月，随着疫苗接种快速推进，感染病例逐渐减少，整体情况有所改善。与此同时，德国劳动力市场表现可圈可点，主要因为政府借鉴了2008~2009年金融危机期间的管控经验。总体而言，多亏广泛引入了临时工作，此次疫情对劳动力市场的影响比较有限。

2021年6月，德国似乎已经渡过了疫情的高潮，感染人数得到控制，即使秋季可能出现疫情，可能也无须进一步封锁。目前主要问题在于今后的政策方向。联邦政府咨询机构提议将退休年龄提高一年（68岁），引发了一场危机管理高昂成本的公开辩论。德工联和几个左翼政党（左翼党、绿党和社民党）受到了严厉批评，这也侧面表明了与雇主联盟、基督教民主联盟和自由民主党的新分歧，这一点短期内可能会比较重要。

今后的政策方向可能将由2021年9月的联邦选举确定。最近的民意调查显示，保守党和绿党可能会当选，这样一来，环境保护将成为政策重点，在经济和社会政治中也将以民意为主。但由于选举在社会动荡期间很不稳定，其他党派也有可能当选。所以，今后的发展也充满了各种可能性。

尽管总体政治方向悬而未决，但也有一些趋势比较明朗。首先，疫情造成的经济压力可能导致新的社会冲突。左翼将要求提高所得税、财产税和冻结租金，而右翼将试图削减这些支出。这些政治冲突将在未来几年内现形。其次，劳动关系不会发生过大的变化。社民党领导的劳动部出台了一些计划，如利用疫情的机会整改肉类加工业的分包、外包工作，推动医护人员的加薪，但到目前为止，并没有切实地扩大集体谈判协议的范围，也没有重新规范第二世界的劳动关系准则。只有由社民党、左翼党和绿党组成的左翼联盟才会采取上述政策，但这些党派的胜算着实不高。最后，人们一致认为，国家需要在经济政策中发挥更大的作用。疫情前，关于更积极的产业政策和广泛的刺激政策的辩论表明，投资和需求驱动的政策在保守党基民盟中广受欢迎。

总而言之，2021年9月的选举对今后政策和劳动关系的进一步发展至关重要。然而，政府内不太可能发生巨变。也就是说，短期内劳动关系仍然会表现为两极分化。

第十三章　美国共享经济发展中的劳动关系问题

潘泰萍*

摘　要：　共享经济的快速发展给美国现有的劳动法律和劳动关系带来了新问题和新挑战，共享经济中的劳动关系认定标准如何确定是目前政府、平台企业和劳动者面对的首要问题。美国对劳动关系的认定主要依赖《公平劳动标准法》《国家劳动关系法案》《美国国内税收法典》的判例标准，依据这些传统的判例标准，共享经济中的员工一般不会被认定为"雇员"，没有"雇员"应享有的各种权利。员工被排除在劳动法律保护之外，使共享经济中关于劳动关系认定和劳动者权益保护的劳动争议案件在美国各地不断涌现。2019 年加州众议院通过的《AB5 合同工法》推出了一个新的劳动关系判断标准，带来了共享经济中劳动关系认定标准的突破。根据这个标准，共享经济中的员工有很大可能会被认定为是"雇员"。但是，2020 年 8 月，以 Uber 和 Lyft 为代表的平台企业对加州《AB5合同工法》进行了集体抵制，拒不接受该法律。目前，平台企业和加州政府关于共享经济中劳动关系的认定标准问题还在博弈中。在共享经济时代，美国劳动关系认定中两分法带来的劳动保护的"全有或者全无"的问题已经受到不少诟病。在"雇员"和"独立合同工"之间建立第三种员工类别

---

* 潘泰萍，中国劳动关系学院劳动关系与人力资源管理学院副院长，教授，主要研究方向为劳动关系、工会理论、民主管理与职工参与。

成为可能的选择。

关键词： 共享经济　劳动关系认定　两分法　第三种员工类别

　　普华永道的一份报告预测，到 2035 年，共享经济主要领域的收入将会增长到 3350 亿美元。2019 年底的数据显示，在过去的两年里 Uber 在美国的总单量为 23 亿单。Uber 成立于 2009 年，正值美国经济衰退时期，Uber 试图通过应用程序无缝连接乘客与司机，并使城市通行更便捷，为乘客提供更多的可能性，给司机带来更多的业务。虽然 Uber 不是唯一一家利用社交技术平台强大自身力量的公司，但确实是终极共享经济业务模式的典型代表。Uber 自称为技术领域的 eBay（提供驾驶服务方面）。根据这一定义，Uber 不把司机视为员工，而是把他们视为直接向 Uber 用户提供服务的独立合同工[①]。Uber 把驾驶员当作独立合同工为公司节省了一大笔费用，还减少了法律纠纷。目前，Uber 不支付雇主方应支付的工资税、工伤保险、健康保险、加班工资或失业保险。从商业角度来看，节省成本可以最大限度地增加收入和利润，而节省成本的方式之一是使用独立合同工而非正式雇员。Uber 的成功吸引了大批追随者，它们模仿了技术应用程序的服务共享模型，使用独立合同工提供服务，例如，Lyft（乘车中介），Sidecar（配送中介），TaskRabbit（家务市场），Fiverr（创意和专业服务市场），Postmates（配送服务平台），Favor（配送服务平台），Homejoy（清洁服务市场）和 Instacart（杂货配送平台）。而且，除了基础的拼车业务外，Uber 也在不断拓展其他业务，如 UberX，UberRUSH 和 UberEATs。[②] 共享经济的快速发展改变了美国经济的格局，并在其现有政策、法律、劳动关系等各个方面都产生

[①]　本文中"独立合同工"是与"雇员"相对应的一种称呼，主要指从法律上看没有建立劳动关系的员工，有时也称之为"独立承包人"。

[②]　Megan Carboni, "A New Class of Worker for the Sharing Economy", *Richmond Journal of Law & Technolog*, 2016, XXII (4).

了重要影响。什么是共享经济？现有法律对共享经济中的劳动关系如何认定？共享经济中的员工是否应该享有劳动法的保护？针对共享经济给劳动关系带来的新问题和新挑战，学者们进行了广泛研究。

一　共享经济的概念

共享经济，又称分享经济，最早于 1978 年由美国教授琼·斯潘思和马科斯·费尔逊提出。而真正付诸实践的，一般认为是美国人罗宾·蔡斯。从此，共享经济开始发展起来，之后随着 Airbnb 和 Uber 的相继出现，共享经济在全球范围内迅速扩张。然而，共享经济至今仍然没有一个统一的定义，对于共享经济的认识也是众说纷纭。罗宾·蔡斯认为共享经济应该是一种协作经济（collaborative economy），其核心要点在于：利用过剩产能、利用科技建立共享平台和个人的参与。雷切尔·博茨曼和路·罗杰斯总结共享经济（原文使用"协同消费"概念）的四大核心原理为聚群效应、闲置产能、社会公共资源、陌生人之间的信任。①

Megan Carboni 对比了"共享经济""零工经济""协作经济"的异同，认为它们都是同义词，但也略有不同。比如，共享经济被定义为"消费者（可能是为了钱）互相授予临时使用未充分利用的有形资产的机会"。协作经济被定义为"建立在相互联系的个人和社区的分布式网络，是相对于集中式机构的一种经济模式，改变了我们的生产、消费、融资和学习方式"。互联网时代的"零工经济"指数量众多的劳动者作为"独立合同工"，通过互联网企业的中介自主地提供计件工作的经济形式。Megan Carboni 指出，这种新经济模式缺乏统一的定义，但其各方面又有共同的特征：使用新技术以利用未开发和未充分利用的资产，促成创新、高效的资产使用，将"被动消费者"转为主动和相互联系的创造者、合作者、生产者、融资者和提

---

① 于莹：《共享经济用工关系的认定及其法律规制》，《华东政法大学学报》2018 年第 3 期，第 49~50 页。

供者等。①

Juliet B. Schor 和 William Attwood-Charles 则对共享经济是怎样成为描述 Airbnb 或 Lyft 之类平台的术语颇有争议。"共享经济"一词自 2010 年开始使用，"协作消费"这一说法就此黯然失色，随着共享经济的发展，其他术语，比如"按需经济""使用经济""零工经济"也如雨后春笋般涌现，并区分了不同类型的平台。然而此时，"共享经济"一词开始制度化。一批平台创始人、顾问和非营利机构组建了一个"共享"清单。2012 年 5 月，旧金山举办了一场大型的"分享"会。这些早期工作展现的一个重要方面是，它们既包括 Airbnb、Lyft 和 TaskRabbit 等营利性平台，又包括维修集体、工具库和时间银行等小型非营利组织。值得注意的是，Uber 从未参加过这些活动，它拒绝使用"共享"一词且将自身定位为一家物流公司。因此，实际上共享经济的定义已经成为参与方的自主选择。虽然几乎是完全相同的平台，Lyft 支持共享经济，Uber 却反对。TaskRabbit 认同共享经济，但亚马逊的 Mechanical Turk 和其他数字劳动平台却不认同。Juliet B. Schor 和 William Attwood-Charles 更倾向于使用平台经济这个概念。他们认为，共享经济也叫平台经济，囊括了住宿、交通、个人服务和耐用消费品等领域的一系列消费品和服务。在平台经济的营利部门，平台使用复杂的软件来组织为消费者提供实际服务的劳动者和资产所有者，用众包评分和声誉数据来促进陌生人之间的交换。此外，平台几乎总是把劳动者看作没有工作保护的合同工。Airbnb（提供住宿服务）和 Uber（提供交通服务）是两个较为突出的平台。也有一些普通的劳务平台，如 TaskRabbit，主要提供家政服务，例如打扫房子，处理杂务，搬家或组装家具等。专门的劳务平台提供宠物护理和其他专门服务。一些平台安排货物（例如车辆）或空间的租赁，而另一些平台则组织邻居之间交换耐用品（例如工具、露营或摄影器材），并提供一系列付款安排（租金、借贷或礼物）。

---

① Megan Carboni, "A New Class of Worker for the Sharing Economy", *Richmond Journal of Law & Technolog*, 2016, XXII (4).

2016 年 6 月，欧盟发布了人们期待已久的 *Communication on the European Agenda for the Collaborative Economy*（European Commission 2016），"协作经济"一词通常用来阐释在线平台在助力临时获取商品和服务（包括劳务外包）方面的作用。支撑文件中对协作经济的定义相当模糊："一种在线平台助力的商业模式，为个人提供的，临时使用的商品或服务提供了一个开放的市场"。定义如此宽泛，理解这种新经济形态对社会的影响也无从下手。此外，通讯指出，对于这一术语还尚未达成任何共识。协作经济有时也被称为"共享经济"、"点对点经济"或"按需经济"。①

关于共享经济的定义，各国学者的观点并不完全一致，美国国内学者的观点也不完全一致，目前尚无固定的术语，而且由于共享经济行业正在经历迅速变化，预计分歧还会再持续一段时间。各种名词的出现和对其的解读反映了人们已经认识到平台对社会、市场、公司和劳动关系产生的巨大影响，其发展变化和发展方向尚不完全清楚。

二　共享经济中劳动关系的认定及其法律依据

共享经济中的员工②是"雇员"还是"独立合同工"是共享经济发展中面临的首要的劳动关系问题。对于劳动者而言，被归类为雇员还是归类为独立合同工对于确定其在不同联邦劳工和税制下的合法权益至关重要，但是美国的几部联邦法令对雇员的定义各有不同。美国关于雇员的认定标准被细化为各因素，在司法裁决中，通过对各因素的逐一审查来综合认定其是否为雇员。目前，美国对雇佣关系的认定主要依赖《公平劳动标准法》《国家劳动关系法案》《美国国内税收法典》的判例标准，根据这些传统的判例标准，共享经济中的员工一般不会被认定为"雇员"，也不享

---

① Jan Drahokoupil，"The platform economy and the disruption of the employment relationship. European Economic"，*Employment and Social Policy*，2016（5）.

② 本文使用的"员工"泛指所有参加劳动的人，既包括法律意义上构成劳动关系的劳动者，也包括不构成劳动关系的其他用工形式的劳动者。

有"雇员"应享有的各种权利。这几个法案对于劳动关系的认定标准可以归纳如下。①

（一）《国家劳动关系法案》的"控制权标准"

《国家劳动关系法案》是美国一项关于雇员组织工会和集体谈判的法案，执行机构为国家劳动关系委员会。《国家劳动关系法案》（NLRA）规定如果劳动者符合 NLRA 规定的"雇员"定义，就有权享有以下权利：组织工会与雇主就工资、工时和其他雇佣条件进行谈判；成立、组织、加入或协助工会；通过雇员自己选择的代表进行集体谈判；与一位或多位同事采取行动、改善工作条件；不参加任何这些协同活动……

《国家劳动关系法案》指出："'雇员'应包括所有雇员，不限于特定雇主的雇员，但不包括……属于合同工的劳动者。"NLRA 选择了一项包括 11 个因素的标准来确定谁是符合 NLRA 寻求保护资格的雇员。与其他多因素测试一样，每个因素的权重不是预先确定的，而是根据案件的实际情况进行权衡。这十一个因素分别是：①雇主的控制程度；②个人是否从事其他的职业或业务；③工作是在雇主的指导下进行还是由专业人士在不受监督的情况下进行；④职业要求的技能；⑤雇主或劳动者是否提供手段、工具和工作地点；⑥雇佣时长；⑦付款方式；⑧工作是否属于雇主的日常业务；⑨双方是否相信他们正在建立独立合同关系；⑩当事人是参与业务；⑪证据是否倾向于表明劳动者实际上将服务视为独立业务来完成。该标准在应用过程中的难点在于，没有一个或一组因素可以确定工人是雇员还是合同工。相反，雇主必须考虑到所有情况才能最终做出决定。

《国家劳动关系法案》的 11 个因素标准实质上是一种"控制权标准"，该标准主要侧重于判断雇主对雇员在组织上的控制权。根据该标准，劳动者的工作越是在受控制下进行，其与资本所有者形成的社会关系被认定为劳动

---

① Megan Carboni, "A New Class of Worker for the Sharing Economy", *Richmond Journal of Law & Technolog*, 2016, XXII (4).

关系的可能性就越大。该理论要求雇员必须服从雇主，遵守雇主的劳动纪律和规章制度，雇主有权监督雇员的工作。

（二）《公平劳动标准法》的"经济现实标准"

《公平劳动标准法》是美国一项关于工人工资、工时和童工的法案，执行机构为美国劳工部所属的工资工时处。根据《公平劳动标准法》，雇员的最低工资和加班费可以得到保证。《公平劳动标准法》（FLSA）将"雇员"定义为"雇主雇用的任何人。"美国联邦最高法院指示："FLSA 对雇员的这种定义过于宽泛，把雇员的含义进行了延伸，涵盖了按照传统代理法原则可能不归为此类的某些群体。"由于该定义模糊不清，雇主无法准确遵守，因此，司法部门和美国劳工部被迫创建了"经济现实标准"，该标准主要侧重于体现员工在经济上对雇主的依赖性。在确定劳动者是否为FLSA 所规定的雇员时，有 6 个因素需要考虑：①雇主对劳动者的控制程度；②劳动者的利润损失机会；③劳动者的业务投资；④工作关系的持久性；⑤完成工作所需的技能水平；⑥劳动者在多大程度上是雇主业务中必不可少的部分。该标准主要聚焦于劳动者在与雇主关系中的"经济依赖"的程度。

（三）《美国国内税收法典》的"多因素标准"

由美国国税局规定的《美国国内税收法典》（IRC）把"雇员"的部分定义为："根据一般普通法规则确定雇佣关系的任何人都具有雇员身份。""一般普通法规则"规定，如果雇主有权控制工人提供服务，将其作为达到目的的手段，则该工人为雇员。其实，雇主不必真正指导或控制提供服务的方式；他有这样的权利就足够了。该规则又提到，如果劳动者仅仅因为要实现完成工作这一结果，而非实现结果的手段和方法，而受他人的控制或指导，那么他就是合同工而不是雇员。一直以来，创建并应用统一的法律测试来确定劳动者是雇员还是合同工都是件难事，为了解决这一问题，美国国税局于 1987 年发布了《税务裁决》（87-41 号）。这一指导文件明确了为了正确区分纳税人的雇佣状态进行工人分类时，雇主和法院应考虑的20个因素：①指示（雇员必须遵守有关何时何地以及如何工作的指示；若雇主有权要求遵守指示，则存在控制因素）。②培训（雇员从雇主方或在其指导下持续接受培训）。③融合（由于服务对企业很重要，因此员工的服务已融合进企业的经营活动中）。④亲自提供的服务（如果必须亲自提供服务，雇主很可能对完成工作、达成最终结果所用的方法感兴趣；员工通常不能将工作分配给其他员工，而合同工可以将工作分配给其他人）。⑤雇用，监督助手并向其支付工资（如果雇主雇用，监督助手并向其支付工资，则一般将工人归为雇员。合同工根据要求他/她提供材料、劳动、且只对结果负责的合同来雇用、监督助手并向其支付工资）。⑥持续性关系（工人与雇主之间的持续性关系表明存在雇佣关系。美国国税局发现，频繁，即便是不定期的工作间隔后依然存在持续的雇佣关系）。⑦设定工作时间（遵循雇主确定的工作时间的工人通常是雇员。合同工会制定自己的工作时间表）。⑧需要全职（雇员通常为雇主进行全职工作，合同工可以自由选择工作时间和工作对象）。⑨在雇主的场所工作（在雇主的场所提供服务、暗示雇主的控制权，因此该工人可能是雇员。只要符合合同要求，合同工可以依照自我意愿在任意场所进行工作）。⑩规则或顺序集（必须按照雇主设定的规则或顺序进行服务的工人通常是雇员，合同工则自己设定规则或顺序进行工作）。⑪口头或书面报告（要求工人向雇主提交定期或书面报告，表明雇主掌握一定程度的控制权）。⑫按小时、周、月付薪（按小时、周或月付薪通常表明雇佣关系）。⑬支付业务和/或差旅费（一般而言，由雇主支付工人的业务和/或差旅费的工人为雇员）。⑭提供工具和材料（如果重要的工具，材料和其他设备由雇主提供，则工人通常为雇员）。⑮重大投资（在其提供服务的设施中进行大量投资的工人可能为合同工）。⑯实现损益（可能会盈利或遭受损失的工人可能是合同工。一般而言，雇员付出他们的时间和劳动，取得报酬，不对业务开销负责）。⑰同时为超过一家公司工作（同时为多家互不相关的公司提供服务的工人可能是合同工）。⑱向公众提供服务（长期面向公众提供服务的工人可能是合同工）。⑲解雇权（雇主有解雇工人的权利，这是表明该工人为雇员的因素之一）。⑳终止权（可以在不承担任何责任的情况下随时辞职的工人通常是雇员）。除了这 20 个因素，美国国税局又增加了三类因素来评估控制和独立的程度：①"行为控制"，包括给出的指示类型，指示程度，评估系统和培训；②"财务控制"，包括投资的程度，是否存在未偿付费用，损益的机会，可向市场提供的服务和支付方式；③"各方关系"，包括查看书面合同，员工福利，雇佣关系的持久性，和作为企业关键活动的服务。要考虑如此多因素，难怪法院和雇主难以将这些美国国税局的规则应用于所有情况。

2019 年 4 月，美国劳工部发布了一份意见书。意见书的发布缘起于一家匿名的虚拟市场交易公司（virtual marketplace company）的律师向劳工部咨询企业网络平台上的网约工是否具有法律意义上的劳动者身份时，而劳工部明确答复这些网约工不属于劳动者群体。该意见书描述了网约工群体的特征，然后开始回顾美国的劳动关系认定标准。因为涉及的是《公平劳动标准法》，此时适用"经济现实标准"来识别劳动者身份。该意见书从"经济现实标准"的 6 个认定要素出发，具体阐述为什么网约工不属于法律意义上的劳动者。最终，该意见书认为，虚拟市场交易公司的网约工不属于劳动者，而属于独立承包人。有专家认为，这是美国劳工部的一个策略，以非常清晰的方式设立标准，这个标准将在诉讼中帮助企业。虽然该意见书并不特指任何一家网络平台，但是事实上，如果 Uber 等公司的商业模式与该意见书中的虚拟市场交易公司的商业模式大规模重合的话，可以推定 Uber 司机属于独立承包人。①

三　共享经济中劳动关系认定标准的新突破

根据前述劳动和就业方面的法律法规以及法律解释，共享经济中的员工经常不被认定为雇员，所以他们无法获得雇员应有的福利以及联邦和州提供

---

① 柯振兴：《美国网约工劳动关系认定标准：进展与启示》，《工会理论研究》2019 年第 6 期，第 59 页。

的法律保护。2019年9月加州众议院通过的《AB5合同工法》提出了一个新的劳动关系判断标准。根据这个标准，共享经济中的员工有很大可能会被认定为是"雇员"，该法案于2020年1月1日开始正式实施。《AB5合同工法》的实施带来了共享经济中劳动关系认定标准的新突破。

（一）由劳动关系认定引发的劳动争议

在共享经济公司做网约工的确有好处（例如灵活性），但网约工无法享受到传统法律对雇员的保护。一些劳动者无法接受这一点，他们认为自己是在为传统雇主工作，而不是作为独立合同工工作。这些劳动者认为他们有权享有作为一名雇员的权利和福利，他们把平台公司告上法庭，以解决被错误分类为独立合同工的问题，争取过去和现在的利益以及作为"雇员"应有的权利。最近几年，关于共享经济中劳动关系认定的案件在美国各地开始不断涌现。案件的原告声称这些公司错误地将劳动者当作独立合同工，导致他们无法获得雇员的许多福利以及联邦和州提供的法律保护。在一些关于劳动关系认定的案件中，劳动者最终胜诉。比如，2015年6月3日，美国加州劳动委员会法官裁定一名叫芭芭拉（Barbara Ann Berwick）的Uber司机为雇员而非独立合同工，Uber公司需支付该司机服务期间4152.2美元赔偿金。无独有偶，2015年9月，加州旧金山地区法院法官Edward Chen在另外一起Uber司机是正式雇员还是独立合同工的案件中，判定该案为集体诉讼（Class Certification）。这两起案件尽管为个案，但影响深远。根据法庭文件，集体诉讼将覆盖加州超过16万名Uber司机，一旦Uber败诉，意味着将至少有16万Uber司机将获取雇员的权益，仅美国Uber一年需要增加的雇佣成本可能达到41亿美元，其中增加的车辆营运费用占成本的65%，员工收入税（包括社保等）占成本的15%，员工福利占成本的15%，失业和医保占成本的5%。更重要的是，这个判决将可能影响美国其他地区法院的类似案件。[①]

[①] 杨云霞：《分享经济中用工关系的中美法律比较及启示》，《西北大学学报》（哲学社会科学版）2016年第5期，第147～148页。

2018 年 4 月在同日快递公司（Dynamex）和旗下送货司机的劳资诉讼中，加州最高法院一致裁定 Dynamex 败诉，认为他们将旗下司机定义为独立合同工，剥夺了后者在劳资法案中本应享有的权益，司机们应当享受到加州法律对正常雇佣员工规定的劳资待遇和福利。

（二）加州《AB5 合同工法》的实施

在同日快递公司（Dynamex）和旗下送货司机的劳资诉讼中，加州最高法院确定了劳动者属于独立合同工的三项判断标准——"ABC"劳动关系认定标准，受该判罚影响，加州众议院在 2019 年 9 月通过了《AB5 合同工法》，州长 Gavin Newsom 随后签署了该法案，该法案于 2020 年 1 月 1 日正式生效。《AB5 合同工法》将上述"ABC 测试"写入法律，作为判断劳动者是否属于合同工的正式标准。该法案的"ABC"劳动关系认定标准首先假设案件中的员工是法律意义上的劳动者，除非雇主能证明同时存在以下三种情况，劳动关系才不会被认定。这三种情况分别是：（A）无论是从合同还是员工的实际工作情况来看，员工从事的工作不受企业的控制或者指挥；（B）员工从事的工作并非企业的日常经营业务；（C）员工所从事的贸易、经营或者职业，性质上与员工向企业履行的工作是一致的，但是员工通常是独立地去工作。《AB5 合同工法》同时规定了一些豁免情况，这些豁免情况集中在某些职业群体，他们的特征是自己设定或者与客户谈判收费的费率，通常也直接和客户沟通，包括医生、保险经纪人、股票经纪人、会计师、工程师、兽医、直销人员、房地产经纪人等。豁免群体还包括一些自由职业者，比如自由作家、摄影师等。

"ABC"劳动关系认定标准使网约工被认定为雇员的概率大增。该标准至少在以下两个方面对网约工有利：首先是举证责任的倒置，即先假设网约工和企业存在劳动关系，再由企业来反驳，其次，对于网约工来说，B 项要求对于他们被认定为雇员非常有利。在 Dynamex 一案中，法官指出，送货司机所提供的服务就是 Dynamex 公司的核心业务，Dynamex 很难举证否认这一条。法官最后判决送货司机与 Dynamex 公司的劳动关系成立。而 Uber 司机提供的乘运服务是 Uber 公司的核心业务。如果加州法院在 Uber 司机案件中也使用"ABC"劳动关系认定标准，那么 Uber 司机应该被认定为雇员。[①]

四 共享经济中劳动关系认定面临的新挑战

自《AB5 合同工法》通过之后，Uber 和 Lyft 两家公司就在加州法院联合起诉加州政府，要求否决该法案。但是他们的诉求被加州法院驳回。两家公司随后拒绝遵守新法。于是，加州政府、旧金山、洛杉矶、圣迭戈等几大市政府在 2020 年 5 月联合起诉 Uber 和 Lyft，要求两家公司将网约车司机视为正式员工，给予他们加州法律规定的薪酬、劳保和医疗等员工待遇。2020年 8 月加州旧金山高等法庭在这一诉讼中判罚 Uber 和 Lyft 败诉，再次命令两家公司将网约车司机视为正式员工。旧金山高等法院在判决书中写道："Uber 声称他们的智能手机 App 平台才是自己的业务，他们的员工主要从事工程、营销、研发等业务。如果我们接受这一主张，那么迅速增长的网约车行业就会合法剥夺众多劳动者根据加州劳动法所规定的基本福利保护。"[②]

（一）平台企业对加州《AB5合同工法》的集体抵制

2020 年 8 月 21 日 Uber 和 Lyft 两大共享出行巨头正式宣布，将从 8 月22 日凌晨开始，在总部所在地加州无限期停业，以一种"停工抗议"的姿态，拒不服从加州政府的新劳动法——《AB5 合同工法》。两家公司决定停业的直接原因是加州旧金山法院给了 Uber 和 Lyft 最后通牒，如果 8 月 21 日还不遵守加州政府的新劳动法，那就必须在加州停止营业。而 Uber 的 CEO科斯罗萨西（Dara Khosrowshahi）和 Lyft 总裁齐默（John Zimmer）一边宣布上诉，一边强硬表示他们宁愿在加州停业，也绝不放弃自己的商业模式。Uber 在加州拥有 20 多万名签约司机，Lyft 则拥有超过 32 万名司机。显然，

[①] 柯振兴：《美国网约工劳动关系认定标准：进展与启示》，《工会理论研究》2019 年第 6 期，第 61 页。

[②] 《加州对共享经济说不：Uber 与 Lyft 停业抗议》，Cnbeta 官网。

Uber 和 Lyft 绝不接受把自己平台上的网约车司机看成自己的全职员工，更不愿意放弃赖以生存的网约车模式。如果网约车司机都要算成正式员工的话，那 Uber 和 Lyft 在加州就变成了以 App 叫车的出租车队公司，他们要给二三十万名网约车司机购买不菲的医疗保险，提供最低工资、加班费和病假待遇。更为严重的是，如果按照新法律的规定，这些上市公司势必会为了控制成本，尽可能控制全职司机的数量。这意味着大量冗余司机都会失去工作机会，社会闲置资源无法用于满足乘客需求，为了保证利润空间，那就只能上调乘车资费。同样情况，DoorDash 和 Postmates 等在线送餐公司也要养一个成本巨大的外卖员队伍。

峰回路转，就在 Uber 和 Lyft 宣布 8 月 22 日就停止营业之后，加州上诉法庭 21 中午宣布暂时停止执行上诉最终期限，等待上诉法庭审理结果。相关案件的法庭辩论将于 10 月中旬开始。这意味着 Uber 和 Lyft 可以继续在加州维持目前的业务模式，暂时避免了彻底退出加州市场的尴尬局面。即便 Uber 和 Lyft 输掉了上诉，它们还有机会在 11 月通过加州公投来改变局面。届时加州选民在投票选总统和议员的同时，也将决定共享经济在加州的命运：通过公投决定是否给予 Uber 和 Lyft 豁免待遇，不将网约车司机定性为全职司机。与两大出行巨头站在一条战壕的，还有送货平台 Instacart、送餐巨头 DoorDash 和 Postmates。[①]

（二）关于共享经济中劳动关系认定的思考

综上所述，因为在劳动关系认定标准的问题上，美国采取了雇员/独立合同工的两分法。所以，一旦员工与企业之间所建立的关系不是劳动关系，员工将无法享受劳动法规定的各种保护。在共享经济时代，美国劳动关系认定中两分法带来的劳动保护的"全有或者全无"的问题，已经受到不少诟病。

如果选择偏向企业而非工人，把共享经济中的员工认定为"独立合同

---

① 《加州对共享经济说不：Uber 与 Lyft 停业抗议》，Cnbeta 官网。

工"，对企业而言既省钱又避免了工作引发的大部分法律责任，可以支持美国市场的发展，但以在市场谋生的劳动者为代价；如果选择重视工人而非企业，把共享经济中的工人认定为"雇员"，使其享有和雇员一样的权利和保护，则可能会扼杀技术进步、损害不断发展的经济。按照美国劳工部的文件，网约工将不享有任何劳动保护。然而，因为网约工在经济上非常依赖平台公司，平台公司也存在滥用权力损害劳动者利益的情况，此时确实需要劳动法的保护。此外，如果网约工遇到工伤等情况也很可能会因为住院治疗等导致贫困，或者因为侵害第三人利益面临赔偿而陷入贫困，此时，网约工也确实需要工伤保险等待遇。另外，按照加州模式，将网约工直接认定为劳动者，也未必完全是好事。首先，它会抑制灵活就业。其次，如果让网约工都成为劳动者，那么企业的用工成本毋庸置疑会增加，从而对共享经济企业的经营带来压力。Uber 等公司可能会因此调整经营，撤出特定的地区和市场，这会导致部分原有的网约车司机失业。因此，在平衡劳动者保护和就业促进之间，还是需要寻找一个平衡。而"全有或者全无"的方式不能很好地解决这个问题。[①]

Megan Carboni 指出，零和博弈不可取，寻求平衡应该是当前比较理想的选择。西班牙、法国等欧洲国家也在引入有别于"雇员"和"合同工"的第三类员工，并探索对第三类工人的认定标准和权益保护规定。对共享经济中的员工如何归类是老问题了，其在新兴经济商业模式的应用颇为复杂，此前所有的劳工和就业法规以及法律解释都不太适用于新的共享经济企业或其员工，还需要对相关法律法规进行修订和完善。

---

① 柯振兴：《美国网约工劳动关系认定标准：进展与启示》，《工会理论研究》2019 年第 6 期，第 62 页。

图书在版编目（CIP）数据

中国劳动关系报告.2020-2021/乔健主编.--北
京：社会科学文献出版社，2021.9
ISBN 978-7-5201-8981-1

Ⅰ.①中… Ⅱ.①乔… Ⅲ.①劳动关系-研究报告-
中国-2020-2021 Ⅳ.①F249.26

中国版本图书馆 CIP 数据核字（2021）第 178098 号

中国劳动关系报告（2020~2021）

主　　编／乔　健

出 版 人／王利民
组稿编辑／任文武
责任编辑／徐崇阳　张丽丽
责任印制／王京美

出　　版／社会科学文献出版社·城市和绿色发展分社（010）59367143
　　　　　　地址：北京市北三环中路甲29号院华龙大厦　邮编：100029
　　　　　　网址：www.ssap.com.cn
发　　行／市场营销中心（010）59367081　59367083
印　　装／三河市龙林印务有限公司

规　　格／开　本：787mm×1092mm　1/16
　　　　　　印　张：14.5　字　数：221千字
版　　次／2021年9月第1版　2021年9月第1次印刷
书　　号／ISBN 978-7-5201-8981-1
定　　价／88.00元